ESPAÑOL
A Descubrirlo

ESPAÑOL
A Descubrirlo
fourth edition

CONRAD J. SCHMITT

PROTASE E. WOODFORD

RANDALL G. MARSHALL

Webster Division
McGraw-Hill Book Company

New York St. Louis San Francisco Auckland Bogotá Düsseldorf
Johannesburg London Madrid Mexico Montreal New Delhi Panama
Paris São Paulo Singapore Sydney Tokyo Toronto

Credits

Editing Supervisor: *Linda Richmond*

Design Supervisor: *Joe Nicholosi*

Production Supervisor: *Suzanne LanFranchi*

Copy Editing: *Suzanne Shetler*

Illustrations: *Joel Snyder*

Text Design: *Aspen Hollow Artservice*

Photographs: *Editorial Photocolor Archives (EPA), New York*

Library of Congress Cataloging in Publication Data

Schmitt, Conrad J
  Español: a descubrirlo.

  1. Spanish language—Grammar—1950–   I. Woodford,
Protase E., joint author.   II. Marshall, Randall G.,
joint author.   III. Title.
PC4112.S34   1976   468′.3′421   76-17857
ISBN 0-07-055395-5

Acknowledgments

The authors wish to express their appreciation to the many foreign language teachers throughout the United States who have shared their thoughts and experiences with us. With the aid of the information supplied by these educators, we have attempted to produce a text that is interesting, appealing, and useful to a wide variety of students from all geographic areas.

The authors are particularly indebted to Dr. Becky Stracener, Coordinator of Foreign Languages, Edison Public Schools, Edison, New Jersey; Ms. Jo Helstrom, Foreign Language Chairperson, Madison Public Schools, and Mrs. Kathy Lynch, Madison High School, Madison, New Jersey; Mr. William Lionetti, Foreign Language Chairperson, Pingry School, Hillside, New Jersey; and Ms. Guadalupe Cortell, New Providence High School, New Providence, New Jersey. They have used the third edition since its publication and were willing to give of their time to consult with the authors and make valuable suggestions during the revision of the text.

Our sincere thanks go also to Ms. Suzanne Shetler and Ms. Teresa Chimienti for their untiring efforts and great assistance in the preparation of the manuscript.

We would also like to thank Señora Rafael Verde Pérez Galdós for permission to include an adaptation of the novel *Marianela* by Benito Pérez Galdós.

We are also indebted to the Spanish National Tourist Office for permission to include the photographs on pages 188, 195, 236, 281, 289, 291, and 311.

The following are captions for colored photographs appearing in the insert between pages 178 and 179.

El Alcázar de Segovia, España

Cartel, Madrid; Vista de Toledo; Metro, Madrid

Jardines, Palacio de oriente, Madrid; Guadix, Andalucía; Fresco, Siglo XIII, Museo de arte, Barcelona

Niños jugando al boliche, México; La Catedral, México, D.F.; La Torre latinoamericana, México, D.F.

El Mercado de Toluca, México

El Lago de Pátzcuaro, México; El Río Florida, México; Mercado de flores, México, D.F.

El Álamo, San Antonio, Texas; Ruinas de una misión, Nuevo México

El Alto Orinoco, Venezuela; La Plaza Bolívar, Maracaibo, Venezuela; El Centro Simón Bolívar, Caracas

El Centro Simón Bolívar, Caracas; Caracas

Izcuchaca, cerca de Huancayo, Perú; Colección de artesanía, Lima

La Plaza San Martín, Lima; Machu Picchu, Perú; Mercado, Chiomu, Perú; Chicos, Huancayo, Perú; Vendedor, Tacna, Perú

Punta del Este, Uruguay; La Plaza de la Constitución, Montevideo; Campo, Uruguay; Autobús, Uruguay

La Avenida Jiménez de Quesada, Bogotá; Niños, Bogotá; La Casa de Bolívar, Bogotá

Puente del Inca, Argentina; Un asado en las pampas, Argentina

El Barrio de la Boca, Buenos Aires

El Condado, San Juan; La Playa de Luquillo, Puerto Rico; Viejo San Juan, Puerto Rico

Preface

The fourth editions of *Español: A Descubrirlo* and *Español: A Sentirlo* are audio-lingual-visual courses designed to teach the basic concepts of the Spanish language over a two-year period at the senior high school level. The two texts and their supplementary materials are the result of nationwide study and observation. In this fourth edition of *Español: A Descubrirlo* the authors have attempted to maintain those qualities which teachers found so successful in the original edition. Minimal changes have been made in the organization of structure. Many stories and conversations have been rewritten to place more emphasis on contemporary life-styles to meet the changing needs and desires of today's students. The cultural thrust is to give students an understanding of the way in which the peoples of the Hispanic world live. All socioeconomic groups are included, and contrasts are made between urban and rural life-styles. In addition, many lessons have been shortened. *Actividades* have been added, all artwork has been redone, and almost all photographs have been replaced in order to present an authentic view of the Hispanic world of today. Maps and additional full-color photographs have been included.

Español: A Descubrirlo is organized in lessons which adhere to the following pattern:

Vocabulario

The new vocabulary to be taught is presented in context with an illustration to assist the students with comprehension. The comprehension of each individual word should be stressed along with the overall understanding of the sentence. Filmstrips are provided so that this section may be taught with the books closed.

Ejercicios de vocabulario

A series of exercises follows the presentation of the new vocabulary. These vocabulary exercises give students the opportunity to practice and use the new words of each lesson before encountering them again in the pattern drills, conversation, and reading selection for further reinforcement.

Estructura

The structural points of each lesson are logically presented through pattern drills. A varied series of exercises with realistic stimuli provides ample practice of each individual concept.

Nota gramatical

Immediately following the pattern drill presentation of each grammatical concept there is a brief explanation, in English, of the particular point presented. Following the explanation there are additional examples. After the grammatical explanation, one or more drills of a more challenging nature appear in order to check mastery of the grammatical point being studied.

Conversación

The short conversation contains previously learned vocabulary and structure. The conversations are constructed to be learned with minimal effort. *Personalized language,* not memorization of the conversation, is the goal of this segment. The conversations are based on the situations presented in the lesson, providing an opportunity for students to verbalize about the situation just presented. Structures which the students have not been trained to use are avoided. Note that the conversation is discontinued after Lesson Ten.

Preguntas

The questions which follow the conversation should be used during the teaching of the conversation and as a culminating activity. These questions check comprehension of the conversation and also aid students to manipulate and personalize the language of the conversation.

Sonido y símbolo

This section teaches "word-attack" skills. All students should be encouraged to learn the graphic symbols of the sounds included so that new words will present minimal difficulty when encountered in print at a later time.

Lectura

Each lesson contains a reading selection. The purpose of the selection is not only to present interesting, culturally authentic reading material but also to expand the situation presented in the conversation. These narratives provide an opportunity for the students to compare and contrast cultures and to learn about the history, geography, literature, and customs of the Hispanic world. New words are side-noted for ease in reading.

Preguntas

The questions which follow the reading selection are designed to assist the instructor in checking the students' comprehension. These will provide an opportunity for students to talk about the material they are reading.

Ejercicios escritos

These exercises are designed to give specific assistance in transferring from oral to written language. Every phase of the lesson is reinforced through these written exercises.

Resumen oral

Each lesson ends with a full-page art illustration. This illustration recombines all the information presented in the lesson. As students look at the art illustration, they can tell a story in their own words based on the material presented in the lesson.

Included at the end of the book are lists of cardinal numbers, hours, and days and months as well as verb charts, a Spanish-English vocabulary, and a grammatical index.

About the authors

Conrad J. Schmitt

Mr. Schmitt, Editor in Chief of Foreign Language Publishing with McGraw-Hill Book Company, is the author of *Español: Comencemos, Español: Sigamos,* the Schaum Outline Series of Spanish Grammar, and the *Let's Speak Spanish* series. He is also coauthor of *La Fuente Hispana.* Mr. Schmitt has taught at all levels of instruction, from elementary school through college. He has taught Spanish and French at Upsala College, East Orange, New Jersey, and at Montclair State College, Upper Montclair, New Jersey. He has also taught methods at the Graduate School of Education, Rutgers University, New Brunswick, New Jersey. He served as Coordinator of Foreign Languages for the Hackensack, New Jersey, Public Schools. Mr. Schmitt has traveled extensively throughout Spain, Mexico, the Caribbean, Central America, and South America.

Protase E. Woodford

Mr. Woodford, Director of Language Programs, Higher Education and Career Programs Division, Educational Testing Service, Princeton, New Jersey, has taught Spanish at all academic levels. He has served as department chairperson in New Jersey high schools and most recently has worked extensively with Latin American ministries of education in the areas of tests and measurements. He has taught Spanish at Newark State College, Union, New Jersey, and methods at the University of Texas. Mr. Woodford has traveled extensively throughout Spain, the Caribbean, Central America, and South America. He is coauthor of *Español: Lengua y Letras* and *La Fuente Hispana.* He is also the author of *Spanish Language, Hispanic Culture.*

Randall G. Marshall

Mr. Marshall, Publisher, Arts and Humanities, Webster Division, McGraw-Hill Book Company, is an experienced foreign language instructor at all academic levels. He was formerly Consultant in Modern Foreign Languages with the New Jersey State Department of Education. Mr. Marshall has served as methods and demonstration teacher at Iona College, New Rochelle, New York; at Rutgers University; and at the University of Colorado. He has traveled extensively throughout Spain, Mexico, the Caribbean, and South America. He is coauthor of *La Fuente Hispana.*

Contents

ESPAÑOL
A Descubrirlo

Lección 1

1. Es Roberto.
Roberto es un muchacho.
El muchacho es guapo.
El muchacho no es feo.
El muchacho es americano.
Roberto no es cubano.

2. María es una muchacha.
La muchacha es bonita.
La muchacha no es fea.
La muchacha es cubana.
La muchacha no es americana.

Ejercicios de vocabulario

A *Contesten.*

1. ¿Es Roberto un muchacho?
2. ¿Quién es un muchacho?
3. ¿Qué es Roberto?
4. ¿Es guapo Roberto?
5. ¿Cómo es Roberto?

6. ¿Es una muchacha María?
7. ¿Quién es una muchacha?
8. ¿Qué es María?
9. ¿Es bonita María?
10. ¿Cómo es María?

3

1. _____ es un muchacho.
2. _____ es una muchacha.
3. Carlos es _____, no feo.
4. El muchacho es americano, no _____.

5. Rosa es una _____.
6. María es _____, no bonita.
7. José es un _____.
8. La muchacha es _____, no americana.

Estructura

El verbo *ser,*
Adjetivos en *–o, –a*

Formas singulares

TERCERA PERSONA

A *Repitan.*

Carlos es un muchacho.
Roberto es guapo.
María es una muchacha.
María es bonita.

B *Sustituyan.*

Juan
Carlos   es un muchacho.
Roberto

Carlos es   guapo.
feo.
americano.

Elena
María   es una muchacha.
Teresa

María es   bonita.
fea.
cubana.

C *Contesten.*

¿Es Juan un muchacho?
¿Quién es un muchacho?
¿Qué es Juan?
¿Es guapo Carlos?
¿Es feo Tomás?
¿Cómo es Tomás?
¿Es americano José?
¿Es cubano el muchacho?

¿Es María una muchacha?
¿Quién es una muchacha?
¿Qué es María?
¿Es bonita Teresa?
¿Es fea Elena?
¿Cómo es Elena?
¿Es cubana Carmen?
¿Es americana Bárbara?

PRIMERA PERSONA

A *Repitan.*

Yo soy un muchacho.
Yo soy Roberto.
Yo soy una muchacha.
Yo soy Elena.

B *Sustituyan.*

Yo soy   Carlos.
Roberto.
Tomás.

Soy   guapo.
feo.
americano.

Yo soy   Elena.
Teresa.
Carmen.

Soy   bonita.
fea.
cubana.

C *Contesten.*

¿Eres tú Juan?
¿Eres tú un muchacho?
¿Eres guapo?
¿Eres feo?
¿Eres guapo o feo?
¿Eres americano?
¿Eres cubano?
¿Eres americano o cubano?
¿Quién eres?
¿Qué eres?
¿Cómo eres?

¿Eres tú María?
¿Eres tú una muchacha?
¿Eres bonita?
¿Eres fea?
¿Eres bonita o fea?
¿Eres americana?
¿Eres cubana?
¿Eres americana o cubana?
¿Quién eres?
¿Qué eres?
¿Cómo eres?

Una muchacha colombiana

SEGUNDA PERSONA

A *Repitan.*

¿Eres Juan?
¿Quién eres?
¿Eres María?
¿Quién eres?

Eres | guapo.
feo.
cubano.

Tú eres | María.
Teresa.
Carmen.

B *Sustituyan.*

Tú eres | Juan.
Roberto.
Tomás.

Eres | bonita.
fea.
americana.

C *Sigan el modelo.*

Yo soy un muchacho. →
Y tú también eres un muchacho.

Yo soy una muchacha.
Yo soy Juan.
Yo soy Carmen.
Yo soy guapo.
Yo soy bonita.
Yo soy americano.
Yo soy cubana.

5

Nota gramatical

The singular of the verb *ser* (to be) has three forms: *soy, eres, es.*

Yo soy Juan.	Eres bonita.
Soy María.	Carlos es un muchacho.
Tú eres guapo.	María es americana.

Note that the subjects *yo* and *tú* can be expressed or omitted.

In Spanish every noun has a gender, either masculine or feminine. The definite article (the) that accompanies a masculine noun is *el.* The definite article that accompanies a feminine noun is *la.*

el muchacho
la muchacha

Most nouns that end in *−o* are masculine.
Most nouns that end in *−a* are feminine.

An adjective must agree with the noun it modifies. Many common adjectives end in *−o* to modify a masculine noun and end in *−a* to modify a feminine noun.

El muchacho es americano.	Carlos es guapo.
La muchacha es americana.	María es bonita.

Los pronombres *él, ella*

A *Repitan.*

Juan es un muchacho.
Él es un muchacho.
María es bonita.
Ella es bonita.

B *Sustituyan.*

Él es | guapo.
       | feo.
       | americano.

Ella es | María.
        | Elena.
        | Teresa.

C *Contesten según el modelo.*

¿Es guapo Carlos? →
Sí, él es guapo.

¿Es americano José?
¿Es feo Tomás?
¿Es cubano el muchacho?
¿Es bonita María?
¿Es fea Teresa?
¿Es americana la muchacha?

Nota gramatical

The subject pronoun that replaces a masculine noun is *él.* The subject pronoun that replaces a feminine noun is *ella.* These subject pronouns can either be expressed or omitted in Spanish.

Carlos es guapo.	María es bonita.
Él es guapo.	Ella es bonita.
Es guapo.	Es bonita.

Conversación

¿Quién es?

María	¿Quién es el muchacho?
Teresa	Es Carlos.
María	Él es muy guapo, ¿no?
Teresa	Sí, es muy guapo. No es americano.
María	¿No? ¿Qué es?
Teresa	Es cubano.

Preguntas

1. ¿Quién es el muchacho?
2. ¿Es él guapo?
3. ¿Cómo es?
4. ¿Es americano Carlos?
5. ¿Qué es?

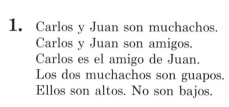

1. Carlos y Juan son muchachos.
Carlos y Juan son amigos.
Carlos es el amigo de Juan.
Los dos muchachos son guapos.
Ellos son altos. No son bajos.

2. María y Teresa son muchachas.
María y Teresa son amigas.
María es la hermana de Teresa.
Las dos muchachas no son
pequeñas.

Ejercicios de vocabulario

A *Contesten.*

1. ¿Son muchachos Carlos y Juan?
2. ¿Son amigos los dos muchachos?
3. ¿Quién es el amigo de Juan?
4. ¿Son guapos los dos muchachos?
5. ¿Quiénes son guapos?
6. ¿Son altos o bajos ellos?
7. ¿Son muchachas María y Teresa?
8. ¿Son hermanas ellas?
9. ¿Quién es la hermana de Teresa?
10. ¿Son pequeñas las dos muchachas?

B *Completen.*

1. Carlos es el _____ de Juan.
2. Carlos y Juan son _____ .
3. Ellos son guapos, no _____ .
4. María y Teresa son _____ .
5. Carlos y Juan son _____ , no bajos.
6. Las dos muchachas no son _____ .

Estructura

El verbo *ser,*
Adjetivos en *–o, –a*

Formas plurales

TERCERA PERSONA

A *Repitan.*

Juan y Carlos son muchachos.
Los dos muchachos son amigos.
María y Teresa son hermanas.
Las dos muchachas son americanas.

B *Sustituyan.*

Juan y Carlos son | muchachos.
hermanos.
cubanos.

Las dos muchachas son | amigas.
hermanas.
americanas.

C *Contesten.*

¿Son amigos Juan y Carlos?
¿Quiénes son amigos?
¿Son guapos los dos muchachos?
¿Son altos Tomás y José?
¿Son bajos Roberto y Eduardo?
¿Quiénes son bajos?

¿Son hermanas María y Teresa?
¿Son bonitas las dos muchachas?
¿Son pequeñas Elena y Bárbara?
¿Son altas Teresa y Carmen?

¿Quiénes son altas?
¿Son americanas las dos amigas?
¿Quiénes son americanas?

PRIMERA PERSONA

A *Repitan.*

Nosotros somos amigos.
Somos altos.
Nosotras somos hermanas.
Somos cubanas.

B *Sustituyan.*

Somos | altos.
guapos.
americanos.

Somos | altas.
bonitas.
cubanas.

C *Contesten.*

¿Son Uds. Juan y Roberto?
¿Son Uds. amigos?
¿Son Uds. hermanos?
¿Son Uds. altos?
¿Son Uds. guapos?
¿Son Uds. americanos?

¿Son Uds. María y Teresa?
¿Son Uds. amigas?
¿Son Uds. hermanas?
¿Son Uds. altas?
¿Son Uds. pequeñas?
¿Son Uds. cubanas?

TERCERA PERSONA—*UDS.*

A *Repitan.*

¿Son Uds. hermanos?
¿Son Uds. amigas?
¿Son Uds. americanos?
¿Son Uds. cubanas?

B *Sustituyan.*

| Uds. son | cubanos, americanos, hermanos, | ¿no? |

| Uds. son | americanas, hermanas, cubanas, | ¿no? |

C *Sigan las instrucciones.*

Pregúnteles a los muchachos si son hermanos.
Pregúnteles a los muchachos si son amigos.
Pregúnteles a los muchachos si son guapos.
Pregúnteles a los muchachos si son cubanos.
Pregúnteles a las muchachas si son hermanas.
Pregúnteles a las muchachas si son amigas.
Pregúnteles a las muchachas si son bonitas.
Pregúnteles a las muchachas si son americanas.

Nota gramatical

The plural forms of the verb *ser* are:

somos
son

Note that the third person plural form can be used for "they" or "you" plural. A second person plural form (*vosotros sois*) also exists, but it is used only in Spain.

Nosotros somos amigos.
Juan y Roberto son hermanos.
Uds. son cubanas.

The masculine plural definite article is *los.* The feminine plural definite article is *las.*

los hermanos	las hermanas
los muchachos	las muchachas
los amigos	las amigas

When a noun is plural, the adjective that modifies the noun must also be plural. Study the following.

Juan y Roberto son guapos.
Los muchachos son altos.
María y Teresa son bonitas.
Las muchachas son altas.

Un muchacho y una muchacha
de México

Los pronombres *ellos, ellas*

A *Repitan.*

Los dos muchachos son guapos.
Ellos son guapos.
Las dos muchachas son bonitas.
Ellas son bonitas.

B *Contesten según el modelo.*

¿Son americanas María y
    Carmen? →
Sí, ellas son americanas.

¿Son hermanas María y Luisa?
¿Son hermanos José y Luis?
¿Son bonitas las muchachas?
¿Son guapos los muchachos?
¿Son amigos Carlos y Tomás?
¿Son hermanas Bárbara y Rosa?

Nota gramatical

The subject pronoun that replaces a masculine plural noun is *ellos*. The subject
pronoun that replaces a feminine plural noun is *ellas*. These subject pronouns can
either be expressed or omitted in Spanish.

Los muchachos son americanos.   Las dos muchachas son hermanas.
Ellos son americanos.   Ellas son hermanas.
Son americanos.   Son hermanas.

Posesión con *de*

A *Repitan.*

Juan es el amigo de Carlos.
María es la hermana de Carlos.

B *Sustituyan.*

Juan Carlos Paco	es el hermano de María.

María Teresa Elena	es la amiga de Carmen.

C *Contesten.*

¿Es Carlos el amigo de José?
¿Es Tomás el hermano de Roberto?
¿Es Pepe el amigo de Elena?
¿Es José el hermano de Carmen?
¿Es María la amiga de Teresa?
¿Es Elena la hermana de Bárbara?
¿Es Carmen la amiga de Paco?
¿Es Teresa la hermana de José?
¿De quién es Juan el hermano?
¿De quién es Teresa la amiga?

Nota gramatical

In English the possessive is expressed by *'s*.

John's sister

In Spanish a prepositional phrase with *de* is used.

El amigo de Carmen
La hermana de Pepe

Muchachos de España

Conversación

¿Quiénes son?

Roberto	¿Quiénes son las muchachas?
Tomás	Son María y Anita.
Roberto	Son bonitas, ¿eh?
Tomás	Pues, una sí.
Roberto	No, las dos. ¿Por qué no somos amigos de ellas?
Tomás	Porque Anita es mi hermana.

Preguntas

1. ¿Quiénes son Roberto y Tomás?
2. ¿Quiénes son las dos muchachas?
3. ¿Son bonitas ellas?
4. ¿Es Roberto el amigo de las muchachas?
5. ¿Quién es la hermana de Tomás?

Sonido y símbolo

a	e	i	o	u
amigo	Elena	amigo	o	cubano
amiga	feo	americano	alto	cubana
americana	de	sí	Paco	muchacho

Dos amigos

Juan y Carlos son amigos. Juan es el amigo de Carlos y Carlos es
el amigo de Juan. Carlos es alto pero Juan es bajo. Los dos
muchachos son guapos. Carlos es americano y Juan es cubano.

    Elena y Sarita son dos muchachas. Ellas son bonitas. Juan no
es el amigo de Elena. Pero, ¡qué estupendo para Juan! Elena es
la hermana de Carlos.

pero *but*

estupendo *fantástico*
para *for*

Preguntas

1. ¿Quiénes son amigos?
2. ¿Quién es el amigo de Carlos?
3. ¿Es alto Carlos?
4. ¿Cómo es Juan?
5. ¿Cómo son los dos muchachos?
6. ¿Es americano Carlos?
7. ¿Qué es Juan?
8. ¿Quiénes son las dos muchachas?
9. ¿Cómo son ellas?
10. ¿Es Juan el amigo de Elena?
11. Pero, ¿quién es Elena?

Ejercicios escritos

A *Complete each sentence with an appropriate word.*

1. Juan es un _____.
2. Roberto es guapo, no _____.
3. María es _____, no cubana.
4. ¿_____ es el muchacho americano?
5. Teresa es _____, no fea.

B *Complete each sentence with the appropriate question word.*

1. Es María. ¿_____ es?
2. Carlos es guapo. ¿_____ es Carlos?
3. Carmen es una muchacha. ¿_____ es Carmen?
4. María es bonita. ¿_____ es bonita?
5. María es bonita. ¿_____ es María?

C *Complete each sentence with the correct form of the verb* ser.

1. Carlos _____ un muchacho.
2. María _____ una muchacha.
3. Yo _____ Tomás.
4. Tú _____ americano, ¿no?
5. Pepe _____ cubano.
6. Yo _____ bonita.
7. Elena _____ americana.
8. ¿Quién _____ cubano?
9. Tú _____ guapo.
10. Yo _____ americana.

D *Complete each sentence with the correct adjective ending.*

1. María es bonit_____.
2. Yo soy american_____.
3. Roberto, tú eres guap_____.
4. Tomás es cuban_____.
5. Elena es american_____.
6. El muchacho es fe_____.
7. ¿Quién es fe_____, María o Teresa?
8. La muchacha es cuban_____.

E *Rewrite each sentence, substituting* él *or* ella *for the subject.*

1. Juan es guapo.
2. María es americana.
3. La muchacha es bonita.
4. Tomás es feo.
5. El muchacho es cubano.

F *Give the opposite of each of the following words.*

1. la muchacha
2. el hermano
3. alto
4. feo
5. guapo
6. bonita

G Complete each sentence with the correct form of the verb ser.

1. Carlos y Juan _____ amigos.
2. Nosotros _____ cubanos.
3. Uds. _____ guapos.
4. Nosotras _____ americanas.
5. Ellas _____ bonitas.
6. Las dos muchachas _____ hermanas.
7. ¿_____ Uds. americanos?
8. Nosotros _____ altos.

H Rewrite each sentence in the plural. Make all necessary changes.

1. La muchacha es bonita.
2. El amigo es alto.
3. Ella es alta.
4. La hermana es bonita.
5. Él es cubano.
6. La amiga es americana.
7. El muchacho es bajo.
8. El hermano es pequeño.

I Rewrite the following paragraph, changing Juan to María.

Juan es un muchacho. Él no es feo. Es guapo. Juan es alto, no bajo. Él es el amigo de Roberto. Es el hermano de Elena.

J Rewrite each sentence, substituting ellos or ellas for the subject.

1. Juan y Roberto son hermanos.
2. Las dos muchachas son bonitas.
3. Los amigos son cubanos.
4. María y Carmen son altas.
5. Las dos hermanas son bonitas.

K Complete each sentence with the appropriate words.

1. Juan es _____ amigo _____ José.
2. María es _____ hermana _____ Carlos.
3. Carlos y Juan son _____ amigos _____ Enrique.
4. Tomás es _____ hermano _____ Teresa.
5. Carmen y Pepita son _____ hermanas _____ Rafael.
6. Rafael es _____ amigo _____ Elena.

L Answer the following questions in paragraph form.

¿Es Juan un muchacho?
¿Es americano él?
¿Es guapo Juan?
¿Es María una muchacha?
¿Es cubana María?
¿Es bonita ella?
¿Es Juan el amigo de María?

Resumen oral

Lección 2

Vocabulario

1. Es el verano.
Hace calor.
Hace sol.
Hace buen tiempo.

2. Es la tienda.
María compra una bolsa.
María compra la bolsa en la tienda.
María lleva la bolsa.

3. Es la playa.
Es el mar.
María toma el sol en la playa.
Carlos nada en el mar.
Carlos nada ahora.

19

4. Carlos habla con María.
Carlos habla español.

5. María toca bien la guitarra.
María toca la guitarra en la playa.
Carlos canta.

Ejercicios de vocabulario

A *Contesten.*

1. ¿Compra María una bolsa?
2. ¿Dónde compra ella una bolsa?
3. ¿Lleva ella la bolsa a la playa?
4. ¿Adónde lleva ella la bolsa?
5. ¿Toma María el sol?
6. ¿Nada Juan en el mar?
7. ¿Dónde nada Juan?
8. ¿Nada Juan en el verano?
9. ¿Cuándo nada Juan?
10. ¿Nada Juan ahora?
11. ¿Cuándo nada Juan?
12. ¿Habla Carlos español con María?
13. ¿Toca María la guitarra?
14. ¿Canta Carlos?

B *Completen.*

1. Hace _____ en el verano.
2. Juan toca la guitarra y la muchacha _____.
3. María toma el sol en la _____.
4. La muchacha _____ una bolsa en la tienda.
5. María _____ la guitarra.
6. El muchacho _____ español.
7. María lleva la _____ a la playa.
8. Tomás nada en el _____.

Estructura

Los verbos en *-ar*

Formas singulares

TERCERA PERSONA

A *Repitan.*

Carlos habla español.
El muchacho nada.
María compra una bolsa.
La muchacha canta.

B *Sustituyan.*

Carlos | nada / toca / canta / habla | bien.

Ella | habla. / canta. / nada. / toca.

C *Contesten.*

¿Habla español Juan?
¿Qué habla Juan?
¿Habla Carlos con María?
¿Con quién habla Carlos?
¿Compra María una bolsa?
¿Qué compra María?
¿Compra María la bolsa en la tienda?
¿Dónde compra ella la bolsa?
¿Lleva Carlos la guitarra?
¿Lleva el muchacho la guitarra a la playa?
¿Adónde lleva el muchacho la guitarra?
¿Nada Elena?
¿Nada ella en el verano?
¿Cuándo nada la muchacha?

PRIMERA PERSONA

A *Repitan.*

Yo nado en el mar.
Hablo español.
Canto bien.

B *Sustituyan.*

Yo | toco / canto / nado / hablo | en la playa.

Hablo / Canto / Toco / Nado | bien.

C *Contesten.*

¿Tocas la guitarra?
¿Tocas bien?
¿Qué tocas?
¿Cómo tocas?
¿Tomas el sol?
¿Tomas el sol en la playa?
¿Dónde tomas el sol?
¿Tomas el sol en el verano?
¿Cuándo tomas el sol?
¿Hablas español?
¿Hablas inglés?
¿Hablas bien?
¿Qué hablas?
¿Cómo hablas?

SEGUNDA PERSONA

A *Repitan.*

¿Llevas la bolsa?
¿Nadas bien?
¿Tocas la guitarra?

B *Sustituyan.*

Tú | nadas / tocas / hablas | bien.

¿Nadas / ¿Tocas / ¿Cantas | en la playa?

C *Sigan las instrucciones.*

Pregúntele a un muchacho si nada.
Pregúntele a una muchacha dónde nada.
Pregúntele a una muchacha si compra
una bolsa.
Pregúntele a un muchacho qué compra.
Pregúntele a un muchacho si habla
español.
Pregúntele a una muchacha qué habla.
Pregúntele a un muchacho si toma el sol.
Pregúntele a una muchacha cuándo toma
el sol.

Nota gramatical

Many verbs in Spanish belong to the same family, or conjugation. The verbs in the first and most common group end in *–ar*. These are called first-conjugation verbs. Study the following singular endings for first-conjugation verbs.

	hablar	**comprar**	**cantar**
yo	hablo	compro	canto
tú	hablas	compras	cantas
él	habla	compra	canta
ella	habla	compra	canta

Resumen

Sigan el modelo.

> Yo hablo español. ¿Y Juan? $\longrightarrow$
> Juan habla español también.

Nadas en el mar. ¿Y Carmen?
Teresa compra una bolsa. ¿Y tú?
Yo tomo el sol. ¿Y el cubano?
Él habla español. ¿Y tú?
Carlos lleva la guitarra. ¿Y la muchacha?
Ella canta bien. ¿Y yo?

Avenida Bernardo O'Higgins, Santiago de Chile

FORMA FORMAL—*UD.*

A *Repitan.*

¿Nada Ud., señor?
¿Compra Ud., señorita?
¿Habla Ud. español, señora?

B *Sustituyan.*

¿Habla
¿Canta
¿Toca   Ud., señor?
¿Nada

C *Sigan las instrucciones.*

Pregúntele al señor si habla español.
Pregúntele a la señorita si canta bien.
Pregúntele a la señora si compra la bolsa.
Pregúntele al señor si toca la guitarra.
Pregúntele a la señorita si nada en el mar.

Nota gramatical

In Spanish there are two ways to express "you." You have already learned the *tú* form. This form is used only when addressing friends, family members, or people of your own age. When addressing an adult, it is necessary to use the formal *Usted* form whose abbreviation is *Ud*. Study the following formal forms.

Ud. habla   Ud. compra
Ud. canta   Ud. nada

Conversación

¡A la playa!

María	¡A la playa!
Juan	Buena idea. Hace calor.
María	¿Llevas la guitarra?
Juan	Sí, yo llevo la guitarra. Tú, la bolsa.
María	¿Tú nadas ahora?
Juan	Sí, ¿y tú, María?
María	Yo no nado ahora. Después, sí.
Juan	No importa. Yo nado ahora y tú tomas el sol.

Preguntas

1. ¿Es Juan el amigo de María?
2. ¿Quién es la amiga de Juan?
3. ¿Hace calor?
4. ¿Lleva Juan la guitarra a la playa?
5. ¿Adónde lleva él la guitarra?
6. ¿Qué lleva María?
7. ¿Nada Juan ahora?
8. ¿Cuándo nada María?
9. Cuando Juan nada, ¿qué toma María?

Vocabulario

1. Los amigos pasan dos horas en la playa.
Ellos toman un refresco.

2. Hay muchas montañas.
Las montañas son altas.
El sol brilla en el cielo.

3. Ellos alquilan un barquito.
Juan y María pescan.
Tomás y Elena esquían en el agua.

Ejercicios de vocabulario

A *Contesten.*

1. ¿Pasan ellos dos horas en la playa?
2. ¿Cuántas horas pasan ellos en la playa?
3. ¿Toman ellos un refresco?
4. ¿Toman ellos un refresco cuando hace calor?
5. ¿Hay muchas montañas?
6. ¿Son altas las montañas?
7. ¿Qué brilla en el cielo?
8. ¿Alquilan un barquito los amigos?
9. ¿Pescan Juan y María?
10. ¿Esquían en el agua Tomás y Elena?

B *Completen.*

1. Los amigos pasan dos _____ en la playa.
2. Ellos _____ un barquito. No compran el barquito.
3. Juan y María _____ en el mar.
4. Ellos _____ un refresco.
5. El sol brilla en el _____.
6. Las _____ son altas.
7. Ellos no nadan; _____ en el agua.
8. El _____ brilla en el cielo.

Estructura

Los verbos en –*ar*

Formas plurales

Los muchachos	cantan tocan nadan	en la playa.

TERCERA PERSONA

A *Repitan.*

Los hermanos cantan.
Los amigos nadan.
Ellos pescan.

B *Sustituyan.*

Ellos	nadan pescan esquían	en el mar.

C *Contesten.*

¿Nadan Juan y María?
¿Nadan ellos en el mar?
¿Toman un refresco los amigos?
¿Toman un refresco en la playa?
¿Dónde toman ellos un refresco?
¿Alquilan un barquito los muchachos?
¿Dónde alquilan ellos el barquito?
¿Hablan español Carlos y Teresa?
¿Qué hablan los dos?
¿Compran una bolsa María y Bárbara?
¿Qué compran las muchachas?

PRIMERA PERSONA

A *Repitan.*

Nosotros nadamos en el mar.
Cantamos bien.
Esquiamos en el agua.

B *Sustituyan.*

Nosotros | cantamos / tocamos / nadamos | bien.

Pasamos dos horas / Tomamos el sol / Tocamos la guitarra | en la playa.

C *Contesten.*

¿Nadan Uds.?
¿Nadan Uds. mucho?
¿Llevan Uds. la bolsa?
¿Qué llevan Uds.?
¿Pasan Uds. dos horas en la playa?
¿Cuántas horas pasan Uds. en la playa?
¿Alquilan Uds. un barquito?
¿Qué alquilan Uds.?
¿Toman Uds. un refresco?
¿Qué toman Uds.?
¿Hablan Uds. español con Juan?
¿Con quién hablan Uds. español?
¿Compran Uds. una bolsa?
¿Compran Uds. una bolsa en la tienda?
¿Dónde compran Uds. una bolsa?

TERCERA PERSONA—UDS.

A *Repitan.*

Uds. hablan bien.
Uds. llevan la guitarra.
Uds. pescan.

B *Sustituyan.*

Uds. | nadan / pescan / esquían | en el mar.

Uds. | cantan / tocan / hablan | en la playa.

C *Sigan el modelo.*

Cantamos. →
Y Uds. también cantan.

Nadamos.
Llevamos la bolsa.
Tocamos la guitarra.
Hablamos español.
Cantamos en la playa.
Alquilamos un barquito.
Esquiamos en el agua.
Compramos una bolsa.
Tomamos un refresco.
Pescamos mucho.

Una playa aislada, Puerto Rico

Nota gramatical

Study the following plural forms of regular first-conjugation verbs.

	hablar	**cantar**	**comprar**
nosotros	hablamos	cantamos	compramos
ellos ellas Uds.	hablan	cantan	compran

Note that in the plural there is no difference between the familiar and the formal "you." In Spain, however, the familiar plural "you" is *vosotros.*

vosotros	habláis	cantáis	compráis

You have now learned all the forms of the present tense of regular first-conjugation verbs. Review the following.

	hablar	**cantar**	**comprar**
yo	hablo	canto	compro
tú	hablas	cantas	compras
él ella Ud.	habla	canta	compra
nosotros	hablamos	cantamos	compramos
ellos ellas Uds.	hablan	cantan	compran

Resumen

Sigan el modelo.

> Carlos nada. ¿Y Uds.? →
> Nosotros nadamos también.

Ellos alquilan un barquito. ¿Y Uds.?
Las muchachas cantan. ¿Y tú?
Carlos lleva la guitarra. ¿Y ellos?
Roberto toca la guitarra. ¿Y Uds.?
Las muchachas toman el sol. ¿Y los muchachos?
Teresa esquía en el agua. ¿Y Uds.?
Yo pesco mucho. ¿Y Juan y María?
Teresa lleva la bolsa. ¿Y Carmen?

Conversación

Hace calor

Juan	Hace calor, María.
María	¿Por qué no tomamos un refresco?
Juan	De acuerdo.
María	Tomás y Elena, ¿cuántas horas pasan Uds. aquí?
Tomás	Dos.
Juan	Nosotros también.
Elena	¿Por qué no alquilamos un barquito?
María	Buena idea. Uds. esquían y luego nosotros pescamos.

Preguntas

1. ¿Qué tiempo hace?
2. ¿Qué toman Juan y María?
3. ¿Con quiénes habla María?
4. ¿Cuántas horas pasan ellos en la playa?
5. ¿Qué alquilan los amigos?
6. ¿Pescan Juan y María?
7. ¿Esquían Tomás y Elena?

Sonido y símbolo

fa	fe	fi	fo	fu
famoso	feo	(fino)	(foto)	(futuro)
favorito	fea			
	Felipe			

la	le	li	lo	lu
la	Elena	Lolita	Lola	(luna)
playa				

ma	me	mi	mo	mu
toma	(mesa)	amigo	tomo	(música)
María		amiga	(monumento)	mucho

Elena no es una muchacha fea.
El amigo de Lolita compra mucho.
La playa es famosa.
El monumento de Felipe es famoso.

Viña del Mar, Chile

Un verano en Viña del Mar

En el mundo hispánico hay muchas playas bonitas. Hay playas bonitas en España, México, Chile, la Argentina, Venezuela y Puerto Rico. En muchas de las playas de España y de la costa del Pacífico en Latinoamérica, las montañas altas bajan hacia el mar. Las pequeñas playas aisladas son muy pintorescas.

José y Carmen son dos muchachos. José es el amigo de Carmen. José es guapo y ella es bonita. Ellos son de Santiago, la capital de Chile. Cerca de Santiago, en la costa del Pacífico, hay muchas playas pintorescas. Viña del Mar es una playa famosa.

Es el verano. El sol brilla en el cielo. Hace mucho calor. José y Carmen pasan mucho tiempo en Viña. Carmen lleva una bolsa a la playa. Teresa, la amiga de Carmen, lleva la guitarra. En la playa las dos muchachas hablan con José. Teresa toca la guitarra y José y Carmen cantan. Luego, los tres amigos nadan en el mar y toman el sol.

Después de unas horas en la playa, toman un refresco. Luego alquilan un barquito. Esquían en el agua y pescan.

mundo *world*
hay *there are*

bajan hacia *descend toward*
aisladas *isolated*
muy pintorescas *very picturesque*
Cerca de *Near*

Luego *Then*

Después de *After*

31

1. ¿Dónde hay muchas playas bonitas?
2. ¿Hacia dónde bajan las montañas?
3. ¿Son altas las montañas?
4. ¿Son pequeñas las playas?
5. ¿Cómo son las playas?
6. ¿Quiénes son dos muchachos?
7. ¿Quién es el amigo de Carmen?
8. ¿Cómo es José?
9. ¿Cómo es Carmen?
10. ¿De dónde son ellos?
11. ¿Dónde hay muchas playas pintorescas?
12. ¿Es famosa Viña del Mar?
13. ¿Es el verano?
14. ¿Qué brilla en el cielo?
15. ¿Qué tiempo hace?
16. ¿Qué lleva Carmen a la playa?
17. ¿Quién es Teresa?
18. ¿Qué lleva Teresa a la playa?
19. ¿Con quién hablan las dos muchachas en la playa?
20. ¿Quién toca la guitarra?
21. ¿Quiénes cantan?
22. ¿Dónde nadan los tres amigos?
23. ¿Qué toman?
24. ¿Toman un refresco?
25. ¿Qué alquilan?
26. ¿Esquían en el agua y pescan?

Ejercicios escritos

A *Complete each sentence with an appropriate word.*

1. En el verano _____ calor.
2. María compra una bolsa en la _____.
3. Carlos _____ la guitarra.
4. El muchacho nada en el _____.
5. Hace buen tiempo en el _____.
6. María _____ la bolsa a la playa.
7. La muchacha toma el _____ en la playa.
8. Carlos habla _____ María.
9. Juan _____ y María toca la _____.
10. Carmen toma el sol en la _____.

B *Complete each sentence with the correct form of the italicized verb.*

1. Él _____ en el mar. *nadar*
2. Yo _____ el sol. *tomar*
3. El muchacho _____ español. *hablar*
4. ¿Por qué no _____ tú la bolsa? *comprar*
5. María _____ la bolsa. *llevar*
6. Tú _____ español. *hablar*
7. La amiga de Juan _____ muy bien. *nadar*

Playa Concón, Viña del Mar

8. Yo _____ muy bien. *cantar*
9. Tú _____ la guitarra. *comprar*
10. Yo _____ la guitarra a la playa. *llevar*

C *Rewrite each sentence in the formal form,* Ud.

1. ¿Hablas con María?
2. Tú cantas muy bien.
3. ¿Nadas en el verano?
4. Tocas la guitarra.
5. ¿Por qué compras la bolsa?

D *True or false. Correct each false statement.*

1. Las montañas son altas.
2. El sol brilla en el mar.
3. Ellos pescan en la tienda.
4. Ellos esquían en las montañas en el verano.
5. Juan y María compran un barquito.
6. El sol brilla en el verano.

E *Complete each sentence with the correct form of the italicized verb.*

1. Ellos _____ un barquito. *alquilar*
2. Nosotros _____ en el agua. *esquiar*
3. ¿_____ Uds. un refresco? *tomar*
4. Juan y Tomás _____ una guitarra. *comprar*
5. ¿No _____ Uds. con Juan? *hablar*
6. Nosotros _____ bien. *cantar*
7. Uds. _____ en el mar. *nadar*

8. Los tres amigos _____ muchas horas en la playa. *pasar*
9. Nosotros _____ español. *hablar*
10. Ellas _____ el sol en la playa. *tomar*

F   *Rewrite each sentence in the plural.*

1. Yo nado en el mar.
2. El muchacho guapo compra la guitarra.
3. La muchacha bonita toma el sol.
4. Yo hablo español.
5. Ud. canta muy bien.

G   *Rewrite each sentence in the singular.*

1. Tomamos un refresco.
2. Los muchachos alquilan un barquito.
3. Uds. nadan bien.
4. Llevamos la bolsa a la playa.
5. Uds. compran la guitarra.

H   *Form sentences according to the model.*

Juan / nadar / mar / María →
Juan nada en el mar con María.

1. amigos / pasar / dos / hora / playa / verano
2. María / comprar / bolsa / bonito / tienda
3. amiga / Juan / cantar / bien
4. Yo / cantar / tocar / guitarra / playa
5. Ellos / llevar / bolsa / playa
6. sol / brillar / cielo / verano
7. Él / alquilar / barquito
8. muchachos / tomar / refresco / playa

I   *Answer the following questions in paragraph form.*

¿Es el verano?
¿Brilla el sol en el cielo?
¿Hace calor?
¿Pasan unas horas en la playa Juan y María?
¿Nadan ellos en el mar?
¿Toman ellos el sol?
¿Toca la guitarra Juan?
¿Canta María?
¿Alquilan ellos un barquito?
¿Toman ellos un refresco en el barquito?
¿Lleva María los refrescos en la bolsa?

Resumen oral

Lección 3

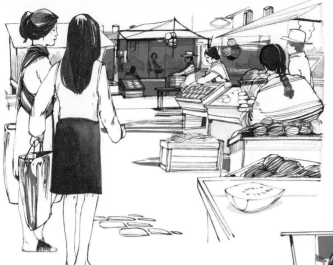

Vocabulario

1. Es el mercado.
El mercado es antiguo.
Es un mercado al aire libre.
No es moderno.
Carmen va al mercado.
Carmen va con María.
Las dos van juntas.

2. Carmen compra salchichas.
Compra también jamón y queso.
Carmen necesita panecillos.
Compra panecillos.
Carmen compra muchas cosas.
En el mercado hay muchos puestos.

3. La empleada da los panecillos a
Carmen.
Carmen da el dinero a la empleada.
Carmen paga.

4. Es el Bosque de Chapultepec.
El Bosque de Chapultepec es
un parque.
El parque está en la Ciudad
de México.
Los chicos están en el parque.
Pasan la tarde en el parque.
Hay un lago en el parque.

5. Los muchachos van a una
merienda.
La muchacha prepara un sándwich.
Un sándwich es también un
bocadillo.
Ellos toman una limonada.

Ejercicios de vocabulario

A *Contesten.*

1. ¿Es antiguo o moderno el mercado?
2. ¿Es un mercado al aire libre?
3. ¿Qué compra Carmen en el mercado?
4. ¿Qué da la empleada a Carmen?
5. ¿Qué da Carmen a la empleada?
6. ¿Qué es el Bosque de Chapultepec?
7. ¿Dónde están los chicos?
8. ¿Qué hay en el parque?
9. ¿A qué van los chicos?
10. ¿Qué toman ellos?

1. Carmen _____ panecillos en el mercado.
2. El mercado es _____, no moderno.
3. Los chicos nadan en el mar y en el _____.
4. Los muchachos _____ una limonada.
5. Toman un sándwich de _____.
6. Carmen _____ a la empleada.
7. La chica _____ al mercado.
8. Carmen da el _____ a la empleada.

Estructura

Los verbos *ir, dar, estar*

PRIMERA PERSONA

A *Repitan.*

Yo voy al mercado.
Yo voy al parque.
Yo doy el sándwich a Juan.
Yo doy el dinero al empleado.
Yo estoy en el mercado.
Yo estoy en la playa.

B *Sustituyan.*

Yo voy
| al mercado.
| al lago.
| al puesto.

Yo doy
| el dinero
| el bocadillo | a Juan.
| la limonada

Yo estoy
| en el mercado.
| en la playa.
| en las montañas.

C *Contesten.*

¿Vas al mercado?
¿Vas al mercado con Carmen?

¿Adónde vas?
¿Con quién vas?
¿Vas a la playa?
¿Vas a la playa en el verano?
¿Adónde vas?
¿Cuándo vas?
¿Das el dinero a la empleada?
¿Qué das a la empleada?
¿A quién das el dinero?
¿Das la limonada a Juan?
¿Qué das a Juan?
¿A quién das la limonada?
¿Estás en la playa?
¿Estás en la playa con María?
¿Dónde estás?
¿Con quién estás en la playa?
¿Estás en el mercado?
¿Estás en el mercado con Carmen?
¿Dónde estás?
¿Con quién estás en el mercado?

LAS OTRAS FORMAS

A *Repitan.*

Carlos va al mercado.
Juan da el queso a Tomás.
La chica está en las montañas.

B *Contesten.*

¿Va Carlos al mercado?
¿Va Elena al parque?
¿Va el chico a la playa?
¿Va el cubano a las montañas?
¿Da Juan el sándwich a María?
¿Da Carmen el dinero al empleado?
¿Da la chica la limonada a Juan?
¿Da el empleado el queso a María?
¿Está en el mercado Eduardo?
¿Está en las montañas Elena?
¿Está en el mercado la empleada?
¿Está en la playa la chica?

C *Repitan.*

Los chicos van a la playa.
Ellos dan el dinero al empleado.
Ellas están en el parque.

D *Contesten.*

¿Van los chicos a la playa?
¿Van ellos al mercado?
¿Van las chicas al parque?
¿Adónde van ellas?
¿Van al parque Juan y María?
¿Adónde van ellos?
¿Dan ellos el dinero al empleado?
¿A quién dan ellos el dinero?
¿Dan los chicos el sándwich a Elena?
¿A quién dan ellos el sándwich?
¿Están en el mercado los empleados?
¿Dónde están los empleados?
¿Están en la playa los chicos?
¿Dónde están los chicos?
¿Quiénes están en la playa?

E *Sustituyan.*

Nosotros estamos | en el mercado.
| en la playa.
| en el parque.

Damos el dinero | a la chica.
| a la empleada.
| a Juan.

Estamos en | la playa.
| el lago.
| el parque.

F *Contesten.*

¿Van Uds. al mercado?
¿Van Uds. al mercado con Carmen?
¿Adónde van Uds.?
¿Con quién van Uds. al mercado?
¿Van Uds. a la playa?
¿Van Uds. a la playa cuando hace calor?
¿Adónde van Uds.?
¿Cuándo van Uds. a la playa?
¿Dan Uds. el dinero al empleado?
¿Qué dan Uds. al empleado?
¿Dan Uds. el sándwich a Paco?
¿Qué dan Uds. a Paco?
¿Están Uds. en el parque?
¿Dónde están Uds.?
¿Están Uds. con Teresa?
¿Con quién están Uds.?
¿Están Uds. en el lago?

G *Sustituyan.*

¿Vas | a la playa?
| a las montañas?
| al mercado?

¿Das el dinero | al empleado?
| a Juan?
| a María?

¿Está Ud. | en el mercado?
| en la playa?
| en el lago?

H *Sigan las instrucciones.*

Pregúntele al chico si va a la playa.
Pregúntele al chico adónde va.
Pregúntele al chico si va con Carmen.
Pregúntele al chico con quién va.
Pregúntele a la chica si da el dinero a
   Carmen.
Pregúntele a la chica qué da a Carmen.
Pregúntele a la chica si está en el mercado.

Pregúntele a la chica dónde está.
Pregúntele a la chica si está con José.
Pregúntele a la chica con quién está.
Pregúntele al señor si va a la playa.
Pregúntele a la señorita si da el dinero.
Pregúntele a la señora si está en el mercado.

I *Repitan.*

¿Adónde van Uds.?
¿Dan Uds. el dinero?
¿Están Uds. en el mercado?

J *Sigan las instrucciones.*

Pregúnteles a los chicos si van a la playa.
Pregúnteles a los chicos si van al mercado.
Pregúnteles a los chicos si van a las montañas.
Pregúnteles a los chicos si dan el dinero.
Pregúnteles a las chicas si dan los panecillos a María.
Pregúnteles a las chicas si están en el mercado.
Pregúnteles a las chicas si están en la playa.

Nota gramatical

The verbs *ir, dar,* and *estar* are considered to be irregular verbs since they do not conform to the regular pattern. Note, however, that these verbs have the same forms as a regular first-conjugation verb with the exception of the first person singular.

ir	dar	estar
voy	doy	estoy
vas	das	estás
va	da	está
vamos	damos	estamos
(vais)	(dais)	(estáis)
van	dan	están

Resumen

Sigan el modelo.

> Voy a la playa. ¿Y tú? →
> Yo también voy a la playa.

María está en el mercado. ¿Y Carmen?
Ellos van al parque. ¿Y Uds.?
Ella va al mercado. ¿Y tú?
Doy el dinero. ¿Y Juan y Tomás?
Ellos van a una merienda. ¿Y tú?
Ella da la bolsa a Juan? ¿Y Uds.?
Teresa está en el parque. ¿Y tú?
Las chicas van a la playa. ¿Y los chicos?
Carlos está en el mercado. ¿Y Uds.?
Damos el sándwich a Juan. ¿Y María?

La contracción *al*

A *Repitan.*

Voy al mercado.
Voy al lago.

B *Sustituyan.*

Vamos al | mercado.
| lago.
| puesto.
| parque.
| bosque.

C *Contesten.*

¿Va Juan al mercado?
¿Adónde va Juan?
¿Va el chico al lago?
¿Adónde va el chico?
¿Va María al parque?
¿Adónde va María?
¿Va Carmen a la playa?
¿Adónde va Carmen?
¿Va la chica a la tienda?
¿Adónde va la chica?
¿Va Enrique a las montañas?
¿Adónde va Enrique?
¿Va el empleado a los mercados?
¿Adónde va el empleado?

Nota gramatical

When the preposition *a* is followed by the definite article *el*, it is contracted to form one word, *al*. With *la, las, los* there is no contraction.

Voy al mercado.   Voy a los puestos.
Voy a la playa.   Voy a las montañas.

Resumen

Contesten según se indica.

¿Adónde va Juan? *mercado*
¿A quién paga Elena? *empleada*
¿Adónde van los chicos? *playa*
¿Adónde vas tú? *montañas*
¿Adónde van Uds.? *puesto*
¿Adónde va el chico? *lago*

La expresión impersonal *hay*

A *Sustituyan.*

Hay | una bolsa
| una guitarra
| un muchacho
| una muchacha
en la tienda.

Hay | puestos
| salchichas
| panecillos
| empleadas
en el mercado.

B *Contesten.*

¿Hay un lago en el parque?
¿Hay una playa en Viña?
¿Hay una bolsa en la tienda?
¿Hay dinero en la bolsa?
¿Hay muchos puestos en el mercado?
¿Hay muchachos en la playa?
¿Hay montañas en México?
¿Hay playas en el mundo hispánico?

Nota gramatical

The impersonal expression *hay* means ''there is'' or ''there are.''

Hay un barquito en el mar.
Hay muchos puestos en el mercado.

Un mercado indio, México

Conversación

Al mercado

Teresa	¿Adónde vas, Carmen?
Carmen	Voy al mercado.
Teresa	¿Por qué no vamos juntas?
Carmen	De acuerdo.
Teresa	¿Qué necesitas en el mercado?
Carmen	Unas cosas para una merienda.
Teresa	¿Una merienda? ¿Dónde? ¿Cuándo?
Carmen	En el Bosque de Chapultepec, el domingo.
Teresa	¿Está invitado Paco?
Carmen	¡Cómo no!

Preguntas

1. ¿Con quién habla Carmen?
2. ¿Adónde va Carmen?
3. ¿Van juntas las dos muchachas?
4. ¿Qué necesita Carmen?
5. ¿Cuándo es la merienda?
6. ¿Está invitado Paco?
7. ¿Quién es Paco?

Sonido y símbolo

na	ne	ni	no	nu
nada	panecillo	bonita	moderno	(monumento)
limonada	dinero	Anita	cubano	(número)
cubana			americano	
americana				

pa	pe	pi	po	pu
panecillo	(peso)	(pipa)	guapo	(popular)
paga	Pedro		(popular)	
español	Felipe			
(papá)	Pepe			
prepara				

El papá prepara el panecillo.
Pepe no paga con pesos.
Pepe paga con dinero americano.
El monumento moderno es popular.

El Retiro, Madrid

Una merienda en Chapultepec

45

Una merienda en Chapultepec

Carmen, una muchacha mexicana, es de la capital, la Ciudad de México. En la capital hay un parque muy famoso. Es el Bosque de Chapultepec. En el Bosque hay un lago y un castillo muy bonitos. El domingo Carmen y sus amigos van a una merienda en el parque. Pasan una tarde muy agradable en el parque. Toman unos refrescos; una limonada, un bocadillo de jamón y queso y unas salchichas. Los muchachos preparan los bocadillos con los famosos panecillos que sólo hay en México, los bolillos.

castillo *castle*

agradable *pleasant*

sólo *only*

El sábado Carmen va al mercado. No va a un supermercado. Va a un mercado antiguo al aire libre. En el mercado hay muchos puestos distintos. Carmen va de un puesto a otro. En uno compra las salchichas y el jamón. En otro compra el queso y en otro los panecillos. En cada uno da los pesos necesarios al empleado.

distintos *diferentes*

cada uno *each one*
pesos *dinero de México*

Llega el domingo. Carmen lleva la comida en una bolsa. Todos sus amigos están en el parque. Toman sus refrescos enfrente de un lago bonito. Dos muchachos tocan la guitarra y los otros cantan.

Llega *arrives*
comida *food*
Todos *All*
enfrente de *across from*

46

Mientras los amigos mexicanos pasan una tarde agradable en el Bosque de Chapultepec, los chicos madrileños (de Madrid) también pasan una tarde agradable. ¿En el Bosque de Chapultepec? No. En el Retiro, el famoso parque de la capital de España. En el parque hay también un lago y muchos monumentos estupendos. Los domingos los chicos llevan su bolsa al parque, alquilan un barquito y reman por el bonito lago del Retiro en el centro de Madrid. Pasan la tarde igual que sus hermanos mexicanos.

Mientras *While*

reman *row*
igual que *the same as*

Preguntas

1. ¿Quién es una muchacha mexicana?
2. ¿Cuál es la capital de México?
3. ¿Qué hay en la capital?
4. ¿Qué hay en el Bosque?
5. ¿Cuándo van a una merienda Carmen y sus amigos?
6. ¿Dónde pasan la tarde?
7. ¿Qué toman?
8. ¿Quiénes preparan los bocadillos?
9. ¿Con qué preparan los bocadillos?
10. El sábado, ¿adónde va Carmen?
11. ¿Cómo es el mercado?
12. ¿Qué hay en el mercado?
13. ¿Adónde va Carmen?
14. ¿Qué compra en un puesto?
15. ¿Qué compra en otro?
16. ¿A quién da ella el dinero?
17. ¿Qué día llega?
18. ¿En qué lleva Carmen la comida?
19. ¿Dónde están todos sus amigos?
20. ¿Dónde toman sus refrescos?
21. ¿Qué tocan dos muchachos?
22. ¿Dónde pasan la tarde los madrileños?
23. ¿Qué hay en el Retiro?
24. ¿Qué alquilan los chicos?
25. ¿Por dónde reman?

Ejercicios escritos

A *Complete each sentence with an appropriate word.*

1. El Bosque de Chapultepec es un _____.
2. Hay un lago y un _____ en el Bosque.
3. El _____ da los panecillos a Carmen.
4. Carmen compra el queso en un _____ de un mercado.
5. Los chicos van a una _____ en el parque.
6. El mercado es _____, no moderno.
7. Carmen compra _____ y _____ en el mercado.
8. La chica _____ un bocadillo.

B *Answer each question according to the model.*

Carmen da el dinero. ¿Y tú? →
Yo doy el dinero también.

1. María va al mercado. ¿Y tú?
2. La chica está en el parque. ¿Y tú?
3. Carmen da la limonada a Juan. ¿Y tú?
4. Pepe va a la playa. ¿Y tú?
5. Ella está en el lago. ¿Y tú?
6. Tomás va al parque. ¿Y tú?

El lago del Bosque de Chapultepec, México

El lago del Retiro, Madrid

C Complete each sentence with the correct form of the italicized verb.

1. Ellos _____ el dinero a la empleada. *dar*
2. Nosotros _____ a una merienda. *ir*
3. Tú _____ con el empleado, ¿no? *estar*
4. Las chicas _____ a la playa. *ir*
5. Yo _____ el bocadillo a María. *dar*
6. Nosotros _____ en el castillo. *estar*
7. El castillo _____ en el parque. *estar*
8. Tú _____ con Carmen. *ir*
9. El empleado _____ los panecillos a Carmen. *dar*
10. Nosotros _____ en la playa. *estar*

D Complete each sentence with al, a la, a los, or a las.

1. Yo voy _____ mercado.
2. Las chicas van _____ montañas.
3. Carmen da el dinero _____ empleado.
4. Vamos _____ castillos.
5. María da el bocadillo _____ chica.
6. Ellas van _____ playa.
7. María va _____ puestos en el mercado.
8. Vamos _____ supermercado.

49

E   *Form sentences from the following.*

1. Yo / dar / dinero / empleado / mercado
2. Nosotros / estar / lago
3. Ellos / ir / playa / verano
4. Yo / dar / bocadillos / chicas
5. Él / estar / María / supermercado

F   *Rewrite the following paragraph, changing* Carmen *to* yo.

Carmen está en el mercado. Necesita jamón y queso. Con el jamón y queso prepara un bocadillo. En el mercado ella va de un puesto a otro. En cada uno da el dinero al empleado.

G   *Complete each sentence with an appropriate word.*

1. El _____ es el dinero de México.
2. En _____ de los puestos Carmen compra otra cosa.
3. Cuando _____ el domingo, los chicos van al parque.
4. Pasan la _____ en el Bosque de Chapultepec.
5. _____ los amigos están juntos.
6. Los chicos _____ en un barquito.

H   *Answer each question with a complete sentence.*

1. ¿Dónde hay muchos puestos?
2. ¿Dónde hay una bolsa?
3. ¿Dónde hay un lago?
4. ¿Qué hay en el mundo hispánico?
5. ¿Qué hay en la bolsa?
6. ¿Qué hay en el mercado?

I   *Answer the following questions in paragraph form.*

¿Es el domingo?
¿Están todos los amigos en el parque?
¿Es bonito el parque?
¿Qué hay en el parque?
¿Toman los chicos un refresco?
¿Alquilan un barquito?
¿Reman el barquito por el lago?
¿Pasan ellos una tarde agradable?

J   *Rewrite the paragraph from exercise I, changing the subject to* nosotros.

Lección 4

1. La familia está en el comedor.
Carlos come carne.
María come ensalada.
El padre come papas.

2. La familia está en la sala.
El padre ve una película
interesante.
Ve la película en la televisión.
Carlos recibe una carta.
Carlos abre la carta.
No escribe la carta.
La madre lee el periódico.
Hay noticias en el periódico.

3. Es una ciudad grande.
Es el centro de la ciudad.
Hay calles anchas en la ciudad.
Las calles no son estrechas.
Hay edificios altos.
Hay una cantidad enorme de gente.

4. La casa está en un pueblo.
La casa es de piedra.
El techo es de paja.
María vive en la casa.
María lleva un vestido.
La familia come en el suelo.
La huerta está cerca de la casa.

5. El señor vende vegetales.
La iglesia está en la plaza.

Ejercicios de vocabulario

A *Contesten.*

1. ¿Dónde está la familia?
2. ¿Qué come Carlos?
3. ¿Qué come María?
4. ¿Quién come papas?
5. ¿Qué ve el padre en la sala?
6. ¿Qué recibe Carlos?
7. ¿Abre la carta?
8. ¿Qué lee la madre?
9. ¿Qué hay en el periódico?
10. ¿Es grande la ciudad?
11. ¿Cómo son las calles?
12. ¿Cómo son los edificios?
13. ¿Dónde hay una cantidad enorme de gente?
14. ¿Dónde está la casa?
15. ¿De qué es la casa? ¿Y el techo?
16. ¿Dónde está la huerta?
17. ¿Qué vende el señor?
18. ¿Dónde está la iglesia?

B *Completen.*

1. Carlos _____ una carta y abre la carta.
2. La familia _____ en el comedor.
3. El padre ve una _____ en la televisión.
4. La madre _____ el periódico.
5. Hay calles _____ en la ciudad.
6. Las calles de la ciudad no son _____.
7. Hay _____ altos en la ciudad.
8. La casa está en un _____, no en una ciudad.
9. La casa es de _____ y el techo es de _____.
10. María lleva un _____.
11. Cerca de la casa hay una _____.
12. El señor _____ vegetales en el mercado.
13. La _____ está en la plaza del pueblo.
14. La familia _____ en una casa pequeña.

Estructura

Los verbos en *–er* e *–ir*

TERCERA PERSONA SINGULAR

A *Repitan.*

Carlos come un bocadillo.
El padre vende la casa.
María recibe una carta.
La familia vive en Guatemala.

B *Sustituyan.*

El padre | recibe / abre / lee | la carta.

Ella vive en | un pueblo. / una ciudad. / una casa antigua.

C *Contesten.*

¿Lee Juan la carta?
¿Qué lee Juan?
¿Vende el padre la casa?
¿Qué vende el padre?
¿Quién vende la casa?

¿Come carne Pablo?
¿Come la familia en el comedor?
¿Dónde come la familia?
¿Vive la familia en Guatemala?
¿Dónde vive la familia?
¿Recibe el periódico el padre?
¿Abre María la bolsa?
¿Ve la película la madre?

TERCERA PERSONA PLURAL

A *Repitan.*

Los chicos venden limonada.
Ellos leen el periódico.
Juan y María escriben en español.
Ellas reciben mucho dinero.

B *Sustituyan.*

Ellos | venden / abren / reciben | el periódico.

Ellos | comen / venden / reciben | mucho.

C *Contesten.*

¿Leen los muchachos las noticias?
¿Venden ellos vegetales?
¿Comen una ensalada los amigos?
¿Viven ellos en una casa de piedra?
¿Reciben una carta Juan y Carlos?
¿Abren la bolsa los chicos?
¿Escriben ellas la carta en español?
¿Ven los amigos una película?

PRIMERA PERSONA SINGULAR

A *Repitan.*

Como salchichas.
Vendo panecillos.
Escribo una carta.
Recibo una cantidad.

B *Sustituyan.*

Recibo │ un periódico.
│ una carta.
│ mucho dinero.

Como │ vegetales.
│ carne.
│ una ensalada.

C *Contesten.*

¿Comes mucho?
¿Comes en el comedor?
¿Dónde comes?
¿Vendes la casa?
¿Qué vendes?
¿Lees el periódico?
¿Abres la bolsa?
¿Abres la bolsa en la playa?
¿Dónde abres la bolsa?
¿Vives en una casa con techo de paja?
¿Vives en una ciudad?
¿Vives en un edificio alto?
¿Recibes las noticias?
¿Qué recibes?
¿Escribes una carta?
¿Ves la bolsa?

SEGUNDA PERSONA SINGULAR

A *Repitan.*

¿Comes mucho?
¿Vendes la casa?
¿Vives en un pueblo pequeño?
¿Escribes en español?

B *Sustituyan.*

¿Abres
¿Lees
¿Escribes │ la carta?
¿Recibes

C *Sigan el modelo.*

Leo la carta. →
¿Por qué no lees tú la carta?

Leo el periódico.
Vendo la casa.
Como ensalada.
Abro la bolsa.
Escribo una carta.
Recibo las noticias.
Veo la película.

PRIMERA PERSONA PLURAL

A *Repitan.*

Nosotros leemos el periódico.
Vendemos la casa.
Comemos papas.

B *Sustituyan.*

Leemos
Vendemos │ mucho.
Comemos
Vemos

C *Contesten.*

¿Leen Uds. mucho?
¿Leen Uds. las noticias?
¿Qué leen Uds.?
¿Venden Uds. limonada?

¿Venden Uds. la casa?
¿Qué venden Uds.?
¿Comen Uds. papas?
¿Comen Uds. salchichas?
¿Comen Uds. queso?
¿Comen Uds. en el comedor?
¿Dónde comen Uds.?
¿Ven Uds. la huerta?
¿Qué ven Uds.?

D *Repitan.*

Nosotros vivimos en México.
Abrimos la bolsa.
Recibimos las noticias.
Escribimos una carta.

E *Sustituyan.*

Nosotros	abrimos recibimos escribimos	la carta.

F *Contesten.*

¿Viven Uds. en una casa antigua?
¿Viven Uds. en una casa moderna?
¿Viven Uds. en una casa pequeña?
¿Viven Uds. en una casa de piedra?
¿Dónde viven Uds.?
¿Abren Uds. la bolsa?
¿Abren Uds. la carta?
¿Qué abren Uds.?
¿Reciben Uds. mucho dinero?
¿Reciben Uds. el periódico?
¿Reciben Uds. las noticias?
¿Escriben Uds. en español?
¿Escriben Uds. muchas cartas?

TERCERA PERSONA PLURAL—UDS.

A *Repitan.*

¿Comen Uds. salchichas?
¿Venden Uds. la casa?
Uds. abren la bolsa.
Uds. escriben la carta.

Chichicastenango, Guatemala

B *Sigan las instrucciones.*

Pregúnteles a los señores si venden vegetales
en el mercado.
Pregúnteles a los amigos si leen la carta.
Pregúnteles a las señoras si viven en un
edificio alto.
Pregúnteles a las señoritas si reciben muchas
cartas.

TERCERA PERSONA SINGULAR—UD.

A *Repitan.*

¿Qué lee Ud.?
¿A quién escribe Ud.?
¿Dónde vive Ud.?

B *Sigan las instrucciones.*

Pregúntele al señor qué lee.
Pregúntele a la señorita dónde come.
Pregúntele al señor cuándo vende la casa.
Pregúntele a la señorita cómo escribe.

57

Nota gramatical

There are two more families, or conjugations, of verbs. The second-conjugation verbs end in –er and the third-conjugation verbs end in –ir. Note that the endings for both second and third-conjugation verbs are the same in all forms except the first person plural (*nosotros*) and the second person plural (*vosotros*).

SECOND-CONJUGATION VERBS

	leer	**comer**	**vender**
yo	leo	como	vendo
tú	lees	comes	vendes
él, ella, Ud.	lee	come	vende
nosotros	leemos	comemos	vendemos
(vosotros)	(leéis)	(coméis)	(vendéis)
ellos, ellas, Uds.	leen	comen	venden

THIRD-CONJUGATION VERBS

	vivir	**abrir**	**escribir**
yo	vivo	abro	escribo
tú	vives	abres	escribes
él, ella, Ud.	vive	abre	escribe
nosotros	vivimos	abrimos	escribimos
(vosotros)	(vivís)	(abrís)	(escribís)
ellos, ellas, Uds.	viven	abren	escriben

The verb *ver* is conjugated as an –er verb.

veo	vemos
ves	(veis)
ve	ven

Resumen

A *Contesten.*

¿Dónde vive Juan?
¿Abren Uds. la bolsa?
¿Lees la carta?
¿Venden Uds. la casa?
¿Recibe el periódico el padre?
¿Escriben ellos la carta?
¿Escriben Uds. en español?
¿Comes un bocadillo?
¿Leen Uds. la carta?

B *Sigan el modelo.*

¿Quién abre la bolsa? ¿Juan?   →
Sí, Juan abre la bolsa.

¿Quién vende la casa? ¿El padre?
¿Quiénes escriben la carta? ¿Uds.?
¿Quiénes leen la carta? ¿Ellos?
¿Quién come el bocadillo? ¿Tú?
¿Quiénes reciben el dinero? ¿Uds.?
¿Quién escribe en español? ¿Yo?
¿Quién vende limonada? ¿El chico?
¿Quiénes leen la carta? ¿Uds.?

Los sustantivos en –dad

A *Repitan.*

La ciudad es bonita.
La oportunidad es estupenda.

B *Contesten.*

¿Vive María en la ciudad?
¿Es bonita la ciudad?
¿Es moderna la ciudad?
¿Es estupenda la oportunidad?
¿Es fantástica la cantidad?
¿Son modernas las ciudades?
¿Son bonitas las ciudades?
¿Son estupendas las oportunidades?

Nota gramatical

All Spanish nouns that end in –dad are feminine. The plural of nouns ending in –dad (or any other consonant) is formed by adding –es.

la cantidad	las cantidades
la ciudad	las ciudades
la oportunidad	las oportunidades

The –dad ending in Spanish usually corresponds to the –ty ending in English. Guess the meaning of the following.

la universidad	la generalidad
la mentalidad	la capacidad

Una casa con techo de paja

Los adjetivos en –e

A *Repitan.*

El mercado es interesante.
La carta es interesante.
Los mercados son interesantes.
Las cartas son interesantes.

B *Sustituyan.*

El edificio es | grande.
interesante.
enorme.

La casa es | grande.
interesante.
enorme.

Los edificios son | grandes.
interesantes.
enormes.

Las casas son | grandes.
interesantes.
enormes.

C *Contesten.*

¿Es interesante el mercado?
¿Es grande el supermercado?
¿Es enorme el parque?
¿Es importante la carta?
¿Es grande la casa?
¿Es enorme la ciudad?
¿Es interesante la carta?
¿Son interesantes los puestos?
¿Son grandes los mercados?
¿Son enormes los bocadillos?
¿Son interesantes las noticias?
¿Son grandes las casas?
¿Son enormes las ciudades?
¿Son importantes las cartas?

Nota gramatical

Adjectives that end in –e have only two forms, singular and plural. Study the following.

el mercado interesante   los mercados interesantes
la carta interesante   las cartas interesantes

Resumen

La carta es interesante. ¿Y el mercado?   →
El mercado es interesante también.

La ciudad es grande. ¿Y el supermercado?
El supermercado es enorme. ¿Y la ciudad?
Las casas son interesantes. ¿Y los mercados?
El parque es grande. ¿Y el lago?
Las huertas son enormes. ¿Y las playas?
La bolsa es grande. ¿Y el bocadillo?
Las cartas son importantes. ¿Y las noticias?

Delante de la iglesia, Chichicastenango

La contracción *del*

A *Sustituyan.*

La carta del | muchacho
amigo
empleado | es importante.

B *Contesten.*

¿Es grande el lago del parque?
¿Es inteligente la amiga del muchacho?
¿Es de piedra el techo del edificio?
¿Son interesantes las noticias del periódico?

¿Son bonitas las playas del mundo hispánico?
¿Son grandes los puestos del mercado?
¿Es bonito el vestido de la muchacha?
¿Es interesante la idea de la película?
¿Es de paja el techo de la casa?
¿Son estrechas las calles de la ciudad?
¿Son pintorescas las plazas de los pueblos?
¿Son importantes las noticias de los
  periódicos?
¿Son interesantes las cartas de las señoras?
¿Están cerca de las playas las montañas?

Nota gramatical

When the preposition *de* is followed by the definite article *el*, it is contracted to form
one word, *del*. With *la, los,* and *las* there is no contraction.

la plaza del pueblo   las plazas de los pueblos
cerca de la iglesia   cerca de las iglesias

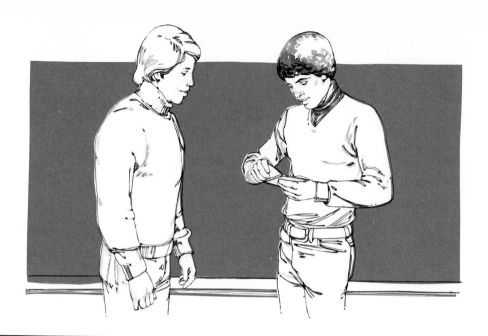

Conversación

Una carta de Guatemala

Tomás y Carlos   Ay, recibimos una carta.
Tomás   ¿Una carta? ¿De quién es?
Carlos   De Jesús Rodríguez.
Tomás   Ah sí. Él vive ahora en Guatemala. ¿Escribe noticias importantes?
Carlos   Psst. Yo leo ahora y tú lees después.
Tomás   ¿Por qué no leemos juntos?
Carlos y Tomás   ¡Fantástico! Es una invitación a Guatemala.

Preguntas

1. ¿Quiénes reciben una carta?
2. ¿De quién es la carta?
3. ¿Dónde vive Jesús ahora?
4. ¿Escribe Jesús la carta?
5. ¿Quién lee ahora?
6. ¿Quién lee después?
7. ¿Leen juntos Tomás y Carlos?
8. ¿Para dónde es la invitación?

Sonido y símbolo

da	de	di	do	du
da	de	dinero	(doña)	(duda)
nada	donde	periódico	mercado	
limonada		edificio	empleado	
comida			todo	
merienda			vestido	
ciudad				

ta	te	ti	to	tu
Anita	Teresa	tienda	todo	tú
carta	techo	antigua	toma	oportunidad
canta	interesante		Donato	
está	importante			

¿De dónde es el indio?
La tienda de Teresa está en la ciudad.
Donato da todo el dinero al empleado.
Tú tomas una limonada en la tienda.
El vestido de la empleada de la tienda es bonito.

El mercado de Chichicastenango

Plaza de la catedral, Guatemala

En un pueblo indio de Guatemala

Guatemala es un país interesante. La capital, la Ciudad de Guatemala, es una ciudad grande y moderna. La vida en la capital contrasta con la vida de María Tujab, una muchacha guatemalteca de un pueblo pequeño del país.

María es una muchacha india. Es muy bonita. En el pueblo donde vive no hay calles anchas y edificios grandes. Las calles son sendas. La casa de la familia de María no es grande. La casa es de piedra con techo de paja. La familia de María no come en el comedor. En la casa no hay comedor. Comen en el suelo. María no come carne, papas y ensalada. Come tortillas de maíz.

Durante la comida, la familia habla. Pero no hablan español. Hablan una lengua india. Después de la comida, María no lee un periódico. No reciben periódicos en el pueblo aislado donde vive María.

Los amigos de María no ven una película en el cine. No van al cine porque en el pueblo no hay cine. Asisten muy poco a la escuela. Así, no escriben mucho.

Los domingos María va con la familia al mercado. El mercado está lejos del pueblo. Ellos van al mercado a pie. Llevan muchas bolsas. En las bolsas hay productos que venden en el mercado. Cuando llegan al mercado, abren las bolsas. En un puesto del

país   *country*
vida   *life*

sendas   *paths*

Durante   *During*
lengua   *language*
cine   *movies*
porque   *because*
Asisten   *They attend*
poco   *little*
escuela   *school*
Así   *Thus*
lejos de   *far from*
a pie   *on foot*

64

mercado la madre y el padre de María venden vegetales. Cultivan los vegetales en una huerta cerca de la casa. Con el dinero
que reciben, compran cosas que necesitan en casa.

En el mercado María asiste a la iglesia. Habla con amigos que
viven en otros pueblos. Las muchachas de otros pueblos no
llevan el mismo vestido que María. Las señoras y las muchachas
del mismo pueblo llevan el mismo vestido. El mercado es el   mismo   *same*
centro de la vida social de María.

Preguntas

1. ¿Cómo es el país de Guatemala?
2. ¿Cómo es la capital?
3. ¿Quién es una muchacha guatemalteca?
4. ¿Es india María?
5. ¿Dónde vive?
6. ¿Hay calles anchas y edificios grandes en el pueblo?
7. ¿Cómo es la casa de la familia?
8. ¿De qué es la casa?
9. ¿De qué es el techo?
10. ¿Por qué no come la familia en el comedor?
11. ¿Dónde come la familia?
12. ¿Qué comen?
13. ¿Qué habla la familia durante la comida?
14. ¿Lee María un periódico?
15. ¿Reciben periódicos en el pueblo?
16. ¿Ven los amigos de María una película en el cine?
17. ¿Hay cine en el pueblo?
18. ¿Adónde va María los domingos?
19. ¿Dónde está el mercado?
20. ¿Qué llevan en las bolsas?
21. ¿Qué venden la madre y el padre?
22. ¿Dónde cultivan los vegetales?
23. ¿Qué compran con el dinero que reciben?
24. ¿A qué asiste María?
25. ¿Con quiénes habla?
26. ¿Qué llevan las muchachas y las señoras del mismo pueblo?
27. ¿Qué es el centro de la vida social de María?

Ejercicios escritos

A *Complete each sentence with an appropriate word.*

1. La familia come _____, _____ y _____.
2. En una _____, hay edificios altos y calles anchas.
3. El señor _____ vegetales en el mercado.
4. La casa es de _____ y el _____ es de paja.
5. En el periódico hay _____ importantes.
6. Juan recibe una carta y _____ la carta.
7. La familia _____ en una casa moderna.
8. La iglesia está en la _____ del pueblo.
9. El señor ve una _____ en la televisión.
10. El _____ es pequeño; la ciudad es grande.

B *Choose the correct word to complete each sentence.*

1. El padre (recibe, vende) una carta.
2. La (ciudad, iglesia) está en la plaza.
3. El chico (lee, vende) la carta.
4. Carlos come (carne, una limonada).
5. El padre (abre, come) la bolsa.

C *Answer each question with a complete sentence.*

1. ¿Dónde viven Uds.?
2. ¿Qué leen Uds.?
3. ¿Qué venden Uds.?
4. ¿Qué reciben Uds.?

D *Complete each sentence with the correct form of the italicized verb.*

1. María _____ la bolsa. *abrir*
2. Los muchachos _____ la carta. *leer*
3. Yo _____ un periódico. *recibir*
4. ¿Por qué no _____ tú la casa? *vender*
5. Nosotros no _____ en el suelo. *comer*
6. Tú _____ una carta interesante. *escribir*
7. Nosotros _____ el dinero. *recibir*
8. El empleado _____ salchichas. *vender*
9. Yo _____ el bocadillo. *comer*
10. Nosotros _____ una película en la televisión. *ver*
11. Nosotros _____ la tienda. *abrir*
12. Uds. _____ en Guatemala. *vivir*

Una vista de Antigua, Guatemala

E *Complete each sentence with the correct verb ending.*

1. Los muchachos nad_____ en el mar.
2. ¿Por qué no vend_____ tú la casa?
3. Nosotros viv_____ en Viña del Mar.
4. Tú escrib_____ mucho.
5. Nosotros toc_____ la guitarra.
6. Uds. abr_____ la bolsa.
7. Él recib_____ muchas noticias.
8. Yo llev_____ las bolsas al mercado.
9. Ellos alquil_____un barquito.
10. Yo com_____ carne y ensalada.

F *Rewrite each sentence in the plural.*

1. La ciudad es moderna.
2. La oportunidad es estupenda.
3. La universidad es antigua.
4. La cantidad es fantástica.
5. La ciudad es bonita.

G *Complete each sentence with the correct form of* interesante.

1. La carta es _____.
2. El pueblo es _____.
3. Las ciudades son _____.
4. Los mercados son _____.

67

H   *Complete each sentence with the correct form of* importante.

1. Las cartas son _____.
2. El dinero es _____.
3. La cantidad es _____.
4. Los amigos son _____.

I   *Rewrite each sentence, substituting* grande *for* pequeño.

1. El mercado es pequeño.
2. Las bolsas son pequeñas.
3. Los lagos son pequeños.
4. La playa es pequeña.

J   *Complete each sentence with the correct form of* de.

1. Las playas _____ mundo hispánico son pintorescas.
2. El comedor _____ casa es grande.
3. La amiga _____ muchacho vive en Santiago de Chile.
4. Las noticias _____ periódico son importantes.
5. La gente _____ pueblos aislados vive en casas pequeñas.
6. El vestido _____ muchacha es bonito.
7. La iglesia _____ pueblo es famosa.
8. Las calles _____ ciudades son anchas.

K   *Form sentences from the following.*

1. familia / María / vivir / casa / pequeño / pueblo
2. padre / vender / vegetales / mercado
3. Yo / asistir / iglesia
4. pueblo / no / hay / cine
5. Ellos / llevar / mucho / bolsas / grande / mercado
6. Nosotros / comprar / mucho / con / dinero / que / recibir

L   *Answer the following questions in paragraph form.*

¿Dónde vive la muchacha india?
¿De qué es la casa?
¿Come la familia en el comedor?
¿Dónde come la familia?
Después de la comida, ¿lee la muchacha el periódico?
¿Reciben periódicos en el pueblo?
¿Adónde va la muchacha los domingos?
¿Qué llevan al mercado?
¿Qué venden el padre y la madre en el mercado?
¿Qué compran con el dinero que reciben?
¿Habla la muchacha con amigos de otros pueblos?
¿Es el mercado el centro de la vida social de la muchacha?

Actividades

A *Complete the following crossword puzzle.*

Horizontal

1. María _____ salchichas en el mercado.
4. Juan es _____ guapo.
5. Alquilamos un barquito y remamos en el _____.
6. _____, yo soy americana.
7. María es la amiga _____ Juan.
8. Nadamos _____ el mar.
9. Los muchachos _____ a la música de la guitarra.
12. Yo voy a la playa _____.
13. La _____ Martínez es muy interesante.
15. Yo voy _____ María.
16. _____ muchacho es muy guapo.
17. _____ sándwich es muy bueno.
18. _____ playas son bonitas.
19. Tomamos _____ merienda en la playa.
20. ¿_____ tú en una casa grande?
21. Tengo _____ amigos muy buenos, Juan y María.
22. Yo _____ al parque con mi amigo.
23. Ella es la hermana _____ Carlos.
24. Yo _____ una limonada en la playa.
26. _____, yo soy cubano.
28. Sí, es el mismo. Es _____.
29. Es un mercado al _____ libre.
30. Yo voy _____ la ciudad.
32. Como _____, carne y papas.
33. Es una _____ muy buena.
34. Vamos al _____ a ver una película.
36. María _____ una bolsa a la playa.
39. ¿Dónde _____ tú el barquito?

Vertical

1. La playa está en la _____.
2. Yo tengo _____ guitarra.
3. Voy _____ centro.
4. Vamos a la _____ para esquiar.
7. María no habla _____ la película.
8. La iglesia está _____ del edificio alto.
10. Es un pueblo muy _____.
11. Voy _____ las montañas.
14. Carlos va _____ _____ playa para nadar.
15. El _____ es el hermano de María.
16. _____ muchacho es muy interesante.
22. Elena _____ una película buena en la televisión.
23. Es un buen _____.
25. Tomamos una _____ en el Bosque de Chapultepec.
26. No comen en el comedor; comen en el _____.
27. Carlos _____ María son hermanos.
29. Las _____ van al centro para ir a la tienda.
30. El pueblo no es moderno; es _____.
31. Los dos chicos _____ español.
35. _____ es una muchacha muy interesante.
37. _____ iglesia es muy bonita.
38. Carmen _____ la hermana de Juan.
39. Voy _____ la plaza.
40. Hace mucho calor en _____ playa.

B *Guess where each person is.*

1. Tomo el sol.
2. Compro salchichas en el puesto.
3. Veo una película interesante en la televisión.
4. Como carne, ensalada y papas.
5. Hay calles anchas y edificios altos.

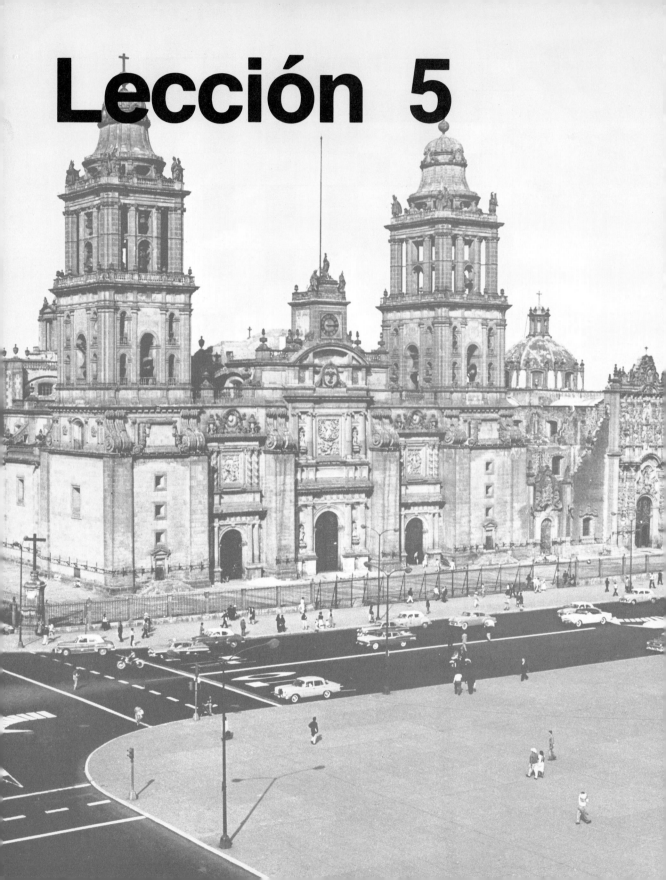

Lección 5

1. Jaime está contento.
Él está bien.
Él escucha la música.
Las canciones son bonitas.

2. Teresa está triste.
Ella no está bien.
Ella está enferma.
Ella tiene catarro.

3. Jaime está cansado.
Ahora echa (toma) una siesta.

73

4. El Zócalo es una plaza antigua.
El Zócalo está en el barrio viejo.
La gente da un paseo por la plaza.

5. Carlos tiene una cámara.
Él saca (toma) muchas fotografías.
Saca fotografías de la ciudad.
Él está en el Paseo de la Reforma.

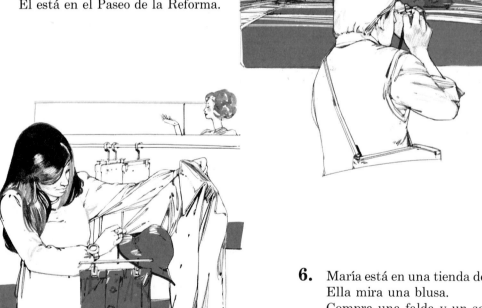

6. María está en una tienda de modas.
Ella mira una blusa.
Compra una falda y un sombrero.

74

7. La india vende sandalias y
canastas.
El indio vende joyas.

Ejercicios de vocabulario

A *Contesten.*

1. ¿Está bien Jaime?
2. ¿Escucha él la música?
3. ¿Cómo son las canciones?
4. ¿Está bien Teresa?
5. ¿Cómo está Teresa?
6. ¿Qué tiene Teresa?
7. ¿Está cansado Jaime?
8. ¿Qué toma Jaime cuando está cansado?
9. ¿Qué es el Zócalo?
10. ¿Dónde está el Zócalo?
11. ¿Qué saca Carlos con la cámara?
12. ¿Qué compra María en la tienda de modas?
13. ¿Qué vende el indio en el mercado?
14. ¿Qué vende la india en el mercado?

B *Completen.*

1. La india vende _____ y canastas.
2. Compramos una blusa en una _____.
3. El Zócalo es una _____.
4. Jaime está _____ y echa una siesta.
5. Teresa no está bien; está _____.
6. El Zócalo está en el _____ viejo de la ciudad.
7. Cuando el chico está cansado, echa una _____.
8. Carlos no está contento; está _____.
9. Carlos _____ una cámara.
10. Con la cámara él toma _____.

C *Den Uds. el contrario de las siguientes palabras.*

1. contento
2. moderno
3. compra
4. triste
5. vende

Estructura

El verbo *tener*

TERCERA PERSONA SINGULAR

A   *Repitan.*

Juan tiene sandalias.
El chico tiene la cámara.
El indio tiene joyas.

B   *Sustituyan.*

María tiene una | blusa.
falda.
bolsa.

Él tiene un | sombrero.
bocadillo.
panecillo.

C   *Contesten.*

¿Tiene Juan la guitarra?
¿Tiene Teresa la bolsa?
¿Tiene la chica el dinero?
¿Tiene los pesos el empleado?
¿Tiene muchos puestos el mercado?
¿Tiene muchos empleados el supermercado?
¿Tiene un lago el parque?

TERCERA PERSONA PLURAL

A   *Repitan.*

Ellos tienen la guitarra.
Ellas tienen el dinero.

B   *Sustituyan.*

Juan y María tienen | la guitarra.
los refrescos.
los bocadillos.
el dinero.

Los chicos
Las chicas
Juan y María | tienen dinero.
Ellos
Ellas

C   *Contesten.*

¿Tienen sandalias los indios?
¿Tienen dinero los empleados?
¿Tienen fotografías Carmen y Eduardo?
¿Tienen refrescos Elena y Tomás?
¿Tienen ellos una carta importante?
¿Tienen ellos una casa antigua?

PRIMERA PERSONA SINGULAR

A   *Repitan.*

Yo tengo dinero.
Tengo joyas.
Tengo la guitarra.

B   *Sustituyan.*

Yo tengo | panecillos.
queso.
salchichas.

Tengo una | bolsa.
canasta.
carta.

C   *Contesten.*

¿Tienes una cámara?
¿Tienes una canasta?
¿Tienes cinco pesos?
¿Tienes los bocadillos?
¿Tienes los refrescos?
¿Tienes los bolillos?
¿Tienes las fotografías?
¿Tienes las joyas?

SEGUNDA PERSONA SINGULAR

A *Repitan.*

Tienes mucho dinero.
Tienes muchas fotografías.
Tienes muchos bocadillos.

B *Sustituyan.*

¿Tienes | panecillos?
| refrescos?
| sandalias?

C *Sigan las instrucciones.*

Pregúntele al chico si tiene dinero.
Pregúntele a la chica si tiene una cámara.
Pregúntele al chico si tiene fotografías.
Pregúntele a la chica si tiene una bolsa.
Pregúntele al chico si tiene refrescos.
Pregúntele a la chica si tiene sandalias.

PRIMERA PERSONA PLURAL

A *Repitan.*

Nosotros tenemos dinero.
Tenemos un barquito.
Tenemos amigos mexicanos.

B *Sustituyan.*

Nosotros tenemos | carne.
| papas.
| queso.
| ensalada.

C *Contesten.*

¿Tienen Uds. la carta?
¿Tienen Uds. la cámara?
¿Tienen Uds. el dinero?
¿Tienen Uds. el sombrero?
¿Tienen Uds. las fotografías?
¿Tienen Uds. las sandalias?
¿Tienen Uds. los bocadillos?
¿Tienen Uds. los refrescos?

Alameda, México

A *Repitan.*

Uds. tienen mucho dinero.
¿Tienen Uds. la guitarra?
¿Tienen Uds. la carta?

B *Sustituyan.*

¿Tienen Uds. una casa | en la playa?
| en la ciudad?
| en las montañas?

C *Sigan las instrucciones.*

Pregúnteles a los chicos si tienen la guitarra.
Pregúnteles a los chicos si tienen el sombrero.
Pregúnteles a los chicos si tienen la carta.
Pregúnteles a las chicas si tienen los refrescos.
Pregúnteles a las chicas si tienen la cámara.
Pregúnteles a las chicas si tienen el dinero.

Pregúnteles a los señores si tienen las canastas.
Pregúnteles a las señoras si tienen las joyas.

TERCERA PERSONA SINGULAR—UD.

A *Repitan.*

¿Tiene Ud. canastas, señor?
¿Tiene Ud. cámaras, señorita?

B *Sigan las instrucciones.*

Pregúntele al señor si tiene una casa en la playa.
Pregúntele a la señora si tiene una casa en la ciudad.
Pregúntele a la señorita si tiene una casa en las montañas.

Nota gramatical

The verb *tener* (to have) is irregular. Study the following forms.

tengo   tenemos
tienes   (tenéis)
tiene   tienen

Resumen

Sigan el modelo.

> Tengo la canasta. ¿Y Juan? →
> Juan tiene la canasta también.

Elena tiene una cámara. ¿Y tú?
Yo tengo mucho tiempo. ¿Y Uds.?
Tienes muchas fotografías. ¿Y Eduardo?
Juan tiene dos periódicos. ¿Y los otros?
Ellos tienen mucho dinero. ¿Y Carmen?
Tomás tiene noticias. ¿Y Uds.?
Uds. tienen la oportunidad. ¿Y Juan y Carlos?
Ella tiene panecillos. ¿Y Uds.?

Los verbos *ser* y *estar*

Origen y colocación

A *Repitan.*

Rosita es de Cuba.
Carlos es de México.
Ellos son de España.

B *Sustituyan.*

Yo soy de | los Estados Unidos.
California.
Colorado.

Eduardo es de | Chile.
Venezuela.
Puerto Rico.

C *Contesten.*

¿Es de Cuba Juan?
¿De dónde es Juan?
¿Es de España Carmen?
¿De dónde es Carmen?
¿Es de Guatemala Teresa?
¿De dónde es Teresa?
¿Son de México los bolillos?
¿De dónde son los bolillos?
¿Son de Venezuela las joyas?
¿De dónde son las joyas?
¿Son de España los quesos?
¿De dónde son los quesos?
¿Eres de los Estados Unidos?
¿De dónde eres?

D *Repitan.*

Madrid está en España.
El Zócalo está en México.
Yo estoy en los Estados Unidos.
Estamos en el mercado.

E *Sustituyan.*

El mercado está en | México.
Toluca.
San Juan.

Yo estoy en | el mercado.
la tienda.
la playa.

F *Contesten.*

¿Está en España Madrid?
¿Está en México Toluca?
¿Está en Venezuela Caracas?
¿Está en Toluca el mercado?
¿Está en el Paseo la tienda?
¿Está en el parque el lago?
¿Están en el mercado los puestos?
¿Están en la tienda las empleadas?
¿Están en la playa los chicos?
¿Estás en los Estados Unidos?
¿Dónde estás?
¿Están Uds. con Carmen?
¿Con quién están Uds.?

G *Contesten.*

¿Es de San Juan Rosita?
¿Está ahora en España Rosita?
¿De dónde es Rosita y dónde está ahora?
¿Es de España Jesús?
¿Está ahora en Venezuela Jesús?
¿De dónde es Jesús y dónde está ahora?
¿Es de México María?
¿Está ahora en Chicago María?
¿De dónde es María y dónde está ahora?

79

Nota gramatical

Both the verbs *ser* and *estar* mean "to be." They have, however, very distinct uses. The verb *ser* is used to express origin, where someone or something is from.

> María es de Cuba.
> Los quesos son de España.

The verb *estar* is used to express location, be it permanent or temporary.

> Caracas está en Venezuela.
> Nosotros estamos en la playa.

Característica y condición

A *Repitan.*

La playa es pequeña.
Carlos es guapo.
Las montañas son altas.
Los edificios son modernos.

B *Sustituyan.*

María es
| inteligente.
| alta.
| pequeña.
| interesante.

Las plazas son
| pequeñas.
| pintorescas.
| famosas.
| grandes.

C *Contesten.*

¿Es guapo el chico?
¿Es bonita la playa?
¿Es pequeña la bolsa?
¿Es antiguo el mercado?
¿Es moderna la ciudad?
¿Es necesario el dinero?
¿Son altos los edificios?
¿Son importantes los periódicos?
¿Son interesantes las cartas?
¿Son grandes las ciudades?

¿Son altas las montañas?
¿Son estrechas las calles?
¿Son anchas las playas?
¿Eres guapo?
¿Eres alto?
¿Eres bonita?
¿Eres interesante?

D *Repitan.*

María está contenta.
María no está triste.
Carlos está enfermo.

E *Sustituyan.*

Carlos está
| bien.
| enfermo.
| triste.
| contento.

F *Contesten.*

¿Está bien Juan?
¿Está enfermo Carlos?
¿Está triste Elena?
¿Está contenta la chica?
¿Está cansado Pepe?
¿Cómo está el chico cuando no está contento?
¿Estás bien?
¿Estás enfermo?
¿Cómo estás?

Una casa residencial elegante, México

Nota gramatical

The verb *ser* is used to express a characteristic.

El supermercado es moderno.
Las montañas son altas.

The verb *estar* is used to express a temporary condition.

María está enferma.
Los chicos están cansados.

Resumen

Sigan los modelos.

¿Interesante? ¿La carta? →
Sí, la carta es interesante.

¿En México? ¿María? →
Sí, María está en México.

¿De Cuba? ¿Rosita?   ¿Enfermo? ¿Juanito?
¿En Venezuela? ¿Caracas?   ¿En Toluca? ¿El mercado indio?
¿Triste? ¿El padre?   ¿Cerca de la ciudad? ¿Las montañas?
¿Altas? ¿Las montañas?   ¿Modernos? ¿Los edificios?
¿De España? ¿Los quesos?   ¿De París? ¿La blusa?

81

Los adjetivos de nacionalidad

A *Repitan.*

Carlos es mexicano.
María es mexicana.
Los chicos son mexicanos.
Las chicas son mexicanas.

B *Sustituyan.*

Elena es
| cubana.
| americana.
| italiana.
| chilena.

Los chicos son
| mexicanos.
| chinos.
| argentinos.
| cubanos.

C *Contesten.*

¿Es cubano Juan?
¿Es mexicana María?
¿Son chilenos Juan y Eduardo?
¿Son argentinas María y Elena?
¿Es americano Roberto?
¿Son italianas las chicas?

D *Repitan.*

Jesús es español.
María es española.
Los chicos son españoles.
Las chicas son españolas.

Edificios antiguos y modernos, México

La bandera española

España

La Puerta de Alcalá, Madrid

Cien pesetas españolas

El Palacio de Oriente, Madrid

Puerto Rico

El Morro

El dólar estadounidense

La bandera puertorriqueña

La bandera mexicana

Veinte pesos mexicanos

Paseo de la Reforma, México, D.F.

El Perú

Cinco soles peruanos

La bandera peruana

El Palacio del Gobierno, Lima

La bandera argentina

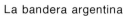

Diez pesos argentinos

La Argentina

Plaza 25 de mayo, Buenos Aires

El Palacio del Congreso,
Buenos Aires

LA AMÉRICA CENTRAL

Barranquilla • Maracaibo • Caracas

Mar Caribe

Orinoco

VENEZUELA

GUAYANAS

Medellín •

⊛ Bogotá

Magdalena

Cali •

COLOMBIA

⊛ Quito

ECUADOR

Guayaquil •

• Iquitos

Amazonas

Manaus •

• Belém

Cordillera

Ucayali

Marañón

de los

Madeira

Tapajós

Selvas

• Fortaleza

PERÚ

Andes

BRASIL

Recife •

Callao • Lima ⊛

Cuzco •

Xingú

• Salvador

L.
Titicaca

• La Paz
⊛

Mato
Grosso

São Francisco

Brasilia ⊛

BOLIVIA

• Sucre

Paraguay

Gran Chaco

PARAGUAY

Paraná

São Paulo •

OCÉANO

PACÍFICO

Asunción ⊛

• Tucumán

ARGENTINA

• Córdoba

Cordillera de los Andes

Uruguay

Rio de Janeiro •

OCÉANO

ATLÁNTICO

Pôrto Alegre •

Valparaíso •

Viña del Mar • ⊛

Santiago

Rosario •

Alto Paraná

Buenos Aires • ⊛

URUGUAY

⊛ Montevideo

Río de
la Plata

CHILE

Pampa

Valdivia •

Puerto Montt • • San Carlos
de Bariloche

ISLAS
MALVINAS

Tierra del
Fuego

LA AMÉRICA
DEL SUR

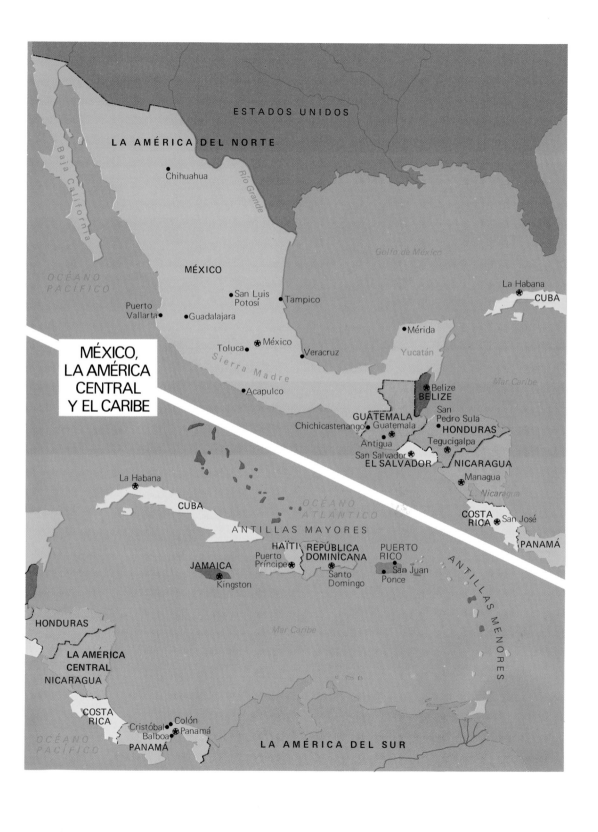

MÉXICO,
LA AMÉRICA
CENTRAL
Y EL CARIBE

ESTADOS UNIDOS

LA AMÉRICA DEL NORTE

Chihuahua

MÉXICO

San Luis
Potosí
Tampico

Puerto
Vallarta
Guadalajara

Toluca
México
Veracruz

Acapulco

Sierra Madre

Baja California

OCÉANO
PACÍFICO

Río Grande

Golfo de México

La Habana
CUBA

Mérida

Yucatán

Mar Caribe

Belize
BELIZE

GUATEMALA
San
Pedro Sula
Chichicastenango
Guatemala
HONDURAS

Antigua
Tegucigalpa

San Salvador
EL SALVADOR
NICARAGUA

Managua

L. Nicaragua

COSTA
RICA
San José

PANAMÁ

La Habana

CUBA

OCÉANO
ATLÁNTICO

ANTILLAS MAYORES

HAÏTI
REPÚBLICA
DOMINICANA
PUERTO
RICO

Puerto
Príncipe

JAMAICA
Santo
Domingo
San Juan
Ponce

Kingston

ANTILLAS MENORES

HONDURAS

Mar Caribe

LA AMÉRICA
CENTRAL
NICARAGUA

COSTA
RICA
Colón

Cristóbal
Panamá
Balboa

PANAMÁ

OCÉANO
PACÍFICO

LA AMÉRICA DEL SUR

E *Sustituyan.*

Elena es | española.
alemana.
inglesa.
francesa.

Ellos son | portugueses.
españoles.
irlandeses.
ingleses.

F *Contesten.*

¿Es francés Pedro?
¿Es alemana Gertrudis?
¿Son ingleses Juan y Eduardo?
¿Son irlandesas María y Teresa?
¿Es portugués Pablo?
¿Es francesa Francisca?
¿Son españoles los chicos?
¿Son alemanas las chicas?

Nota gramatical

Many adjectives of nationality end in –o. These adjectives conform to the regular pattern of –o adjectives.

el chico cubano   los chicos cubanos
la chica cubana   las chicas cubanas

Many other adjectives of nationality end in a consonant. These adjectives also have four forms. Study the following.

el chico español   los chicos españoles
la chica española   las chicas españolas

Many adjectives of nationality have an accent in the masculine singular. The accent is dropped in all other forms.

portugués, portuguesa, portugueses, portuguesas
francés, francesa, franceses, francesas

Resumen

Sigan el modelo.

¿Es de España María? →
Sí, es española.

¿Es de Cuba Paco?
¿Son de Francia ellos?
¿Son de Italia las chicas?
¿Es de Alemania Eduardo?
¿Es de Irlanda Teresa?
¿Son de Portugal ellos?
¿Es de Inglaterra Tomás?

Conversación

¿De dónde es?

Paco	¿De dónde es Ud.?
Roberto	Soy de los Estados Unidos.
Paco	Ud. habla muy bien el español.
Roberto	Pues, mis padres son españoles.
Paco	¿Está Ud. contento en México?
Roberto	Sí, cómo no. Estoy muy bien aquí.
Paco	¿Tiene Ud. amigos mexicanos?
Roberto	Sí, tengo amigos en Toluca.

Preguntas

1. ¿Con quién habla Paco?
2. ¿De qué nacionalidad es Roberto?
3. ¿De dónde es él?
4. ¿De dónde es Paco?
5. ¿Habla muy bien el español Roberto?
6. ¿De qué nacionalidad son los padres?
7. ¿Está contento Roberto en México?
8. ¿Cómo está en México?
9. ¿Tiene Roberto amigos mexicanos?
10. ¿De dónde son los amigos?

Sonido y símbolo

ba	be	bi	bo	bu
bajo	escribe	bien	bonita	(butaca)
barrio	recibe	escribimos	bocadillo	bueno
sábado		recibimos		

va	ve	vi	vo	vu
va	ve	vida	vosotros	(vuelo)
vamos	vemos	vivimos	vivo	
(varios)	verano	vive		
	universidad	viejo		

Vamos al barrio viejo.
El viejo va al bosque bonito.
En el verano vivo en una casa vieja.
Benito recibe y también escribe una carta.

Paseo de la Reforma, México

Dos españoles en México

Carlos y su hermana están muy contentos. Ellos son de España pero ahora están en el fantástico país de México. Ellos visitan la Ciudad de México, la capital del país. La capital está en una meseta. Ellos dan un paseo por el Paseo de la Reforma. Ven los edificios altos que tocan el cielo. Teresa tiene una cámara y saca muchas fotografías de la ciudad. En el barrio viejo, visitan la famosa plaza, el Zócalo.

En un café de la Zona Rosa, Carlos y Teresa toman un refresco. En el café ven a muchos ingleses, franceses, japoneses y americanos que también visitan la Ciudad de México. La Zona Rosa tiene muchas tiendas elegantes, cines, restaurantes y cabarets. En una tienda de modas Teresa compra una falda y una blusa.

Carlos y Teresa tienen dos amigos mexicanos. Con los amigos van al famoso mercado indio en Toluca. En el mercado hay muchos puestos distintos donde los indios venden mercancías de toda clase: sandalias de cuero, huaraches, canastas y joyas. Los jóvenes españoles notan que en todas partes de México la influencia de los indios es notable. Mucha gente tiene una mezcla de sangre india y española. Son mestizos. Viven en la capital y también en los pueblos aislados del campo. México es el país supremo del mestizaje.

su   *his*

tocan   *reach*

rosa   *pink*

mercancías   *merchandise*
cuero   *leather*
jóvenes   *young people*
mezcla   *mixture*
sangre   *blood*
campo   *country*

Carlos y Teresa reciben una invitación de los amigos mexicanos. Pasan un «weekend» estupendo en la playa de Puerto Vallarta. En la playa nadan y toman el sol. Alquilan un barquito y esquían en el agua. Comen también en la playa. ¿Qué comen? El pescado que vende y prepara la gente en la playa. ¡Y qué fresco está el pescado!

pescado *fish*
fresco *fresh*

Escuchan también la música de los mariachis. Los mariachis tocan la guitarra y cantan. Cantan del amor. Y cantan también de su lindo país, México.

amor *love*
lindo *bonito*

Preguntas

1. ¿Cómo están Carlos y su hermana?
2. ¿De dónde son y dónde están ahora?
3. ¿Cuál es la capital de México?
4. ¿Está en una meseta la capital?
5. ¿Por dónde dan ellos un paseo?
6. ¿Cómo son los edificios?
7. ¿Qué tiene Teresa?
8. ¿Qué saca con la cámara?
9. ¿Qué es el Zócalo?
10. ¿Qué toman Carlos y Teresa en un café?
11. ¿Dónde está el café?
12. ¿A quiénes ven en el café?
13. ¿Qué tiene la Zona Rosa?
14. ¿Qué compra Teresa en una tienda de modas?
15. ¿Tienen ellos amigos mexicanos?
16. ¿Adónde van con los amigos?
17. ¿Dónde está el mercado?
18. ¿Qué hay en el mercado?
19. ¿Qué venden los indios?
20. ¿Qué tiene mucha gente mexicana?
21. ¿Dónde viven los mestizos?
22. ¿Cuál es el país supremo del mestizaje?
23. ¿Dónde pasan un «weekend» Teresa y Carlos?
24. ¿Nadan y toman el sol en la playa?
25. ¿Alquilan un barquito?
26. ¿Qué comen en la playa?
27. ¿Cómo está el pescado?
28. ¿Qué escuchan?
29. ¿De qué cantan los mariachis?

Ejercicios escritos

A *Complete each sentence with an appropriate word.*

1. Carlos _____ una siesta cuando está _____.
2. El muchacho _____ la música.
3. Carlos saca _____ con una _____.
4. El indio no compra sandalias; _____ sandalias.
5. El Zócalo está en el _____ viejo.
6. María no está enferma; está _____.
7. Venden blusas y faldas en una _____.
8. No está triste; está _____.
9. En la tienda María _____ una blusa pero no compra la blusa.
10. Un indio vende canastas y el _____ indio vende joyas.

B *Complete each sentence with the correct form of the verb* tener.

1. María _____ mucho tiempo.
2. Yo _____ cinco pesos.
3. La ciudad _____ muchas calles anchas.
4. Los chicos no _____ mucho dinero.
5. Tú _____ la oportunidad.
6. Nosotros _____ otro periódico.
7. Elena _____ una blusa bonita.
8. Yo _____ una bolsa.
9. Uds. _____ una casa en Caracas.
10. Carlos y Juan _____ sandalias.

Pescado fresco en la playa de Puerto Vallarta

C Rewrite each sentence in the plural.

1. Él tiene mucho tiempo.
2. Tengo ocho pesos.
3. Ella tiene muchas joyas.
4. Tengo una casa antigua.
5. El indio tiene sandalias.

D Complete each sentence with the correct form of ser or estar.

1. Ellos _____ de Caracas.
2. Todos _____ en la playa.
3. Yo _____ en los Estados Unidos.
4. El queso _____ de España.
5. Toluca _____ en México.
6. Los indios _____ en el mercado.
7. Yo no _____ de España.
8. Carmen _____ de Puerto Rico.
9. Las sandalias _____ de México.
10. Los mercados _____ en Toluca.
11. Madrid _____ en España.
12. Las montañas _____ en el centro de México.

E Follow the model.

María / alta →
María es alta.

1. carta / interesante
2. ellos / bien
3. playas / pintorescas
4. Carlos / cansado
5. puestos / estupendos
6. ciudad / elegante
7. nosotros / contentos
8. mi padre / triste
9. chicas / inteligentes
10. Elena / enferma

F Complete each sentence with the correct form of ser or estar.

1. El chico _____ enfermo.
2. María _____ de México pero ahora _____ en España.
3. Nosotros _____ contentos.
4. Yo _____ de los Estados Unidos.
5. El pueblo _____ fantástico.
6. Ellos _____ cansados.
7. Caracas _____ en Venezuela.
8. Las montañas _____ altas.
9. Carmen _____ triste.
10. El parque _____ en México y _____ famoso.

G Complete each sentence with the correct form of the italicized adjective.

1. Carlos es _____. *español*
2. Teresa y Carmen son _____. *mexicano*
3. Ellos son _____. *argentino*
4. Isabel es _____. *portugués*
5. Las joyas son _____. *francés*
6. Los señores son _____. *irlandés*
7. Ella es _____. *americano*
8. Él es _____. *inglés*

H Follow the model.

Tadeo es de Alemania. →
Tadeo es alemán.

1. Jesús es de España.
2. Los indios son de México.
3. Carlota es de Francia.
4. Ellos son de Alemania.
5. Las faldas son de Inglaterra.
6. Los chicos son de Cuba.
7. Elena es de Irlanda.
8. Ellos son de Portugal.

I Form sentences from the following.

1. Zócalo / estar / barrio / viejo / ciudad
2. edificios / Paseo de la Reforma / tocar / cielo
3. gente / preparar / vender / pescado / fresco / playa
4. indios / vender / mucho / mercancías / mercado / Toluca
5. Teresa / tener / cámara / y / sacar / mucho / fotografías / ciudad
6. mariachis / tocar / guitarra / y / cantar / canciones / lindo

J Answer the following questions in paragraph form.

¿De dónde son Carlos y Teresa?
¿Están en México ahora?
¿Visitan la capital?
¿Qué tiene Teresa?
¿Saca ella muchas fotografías de la ciudad?
¿Qué tiene la Zona Rosa?
¿Adónde van Carlos y Teresa con los amigos mexicanos?
¿Qué hay en el mercado?
¿Qué venden los indios?
¿Dónde pasan un «weekend» Carlos y Teresa?
¿Nadan y toman el sol en la playa?
¿Qué comen?
¿Dónde prepara la gente el pescado?
¿Cómo está el pescado?
¿Qué música escuchan?

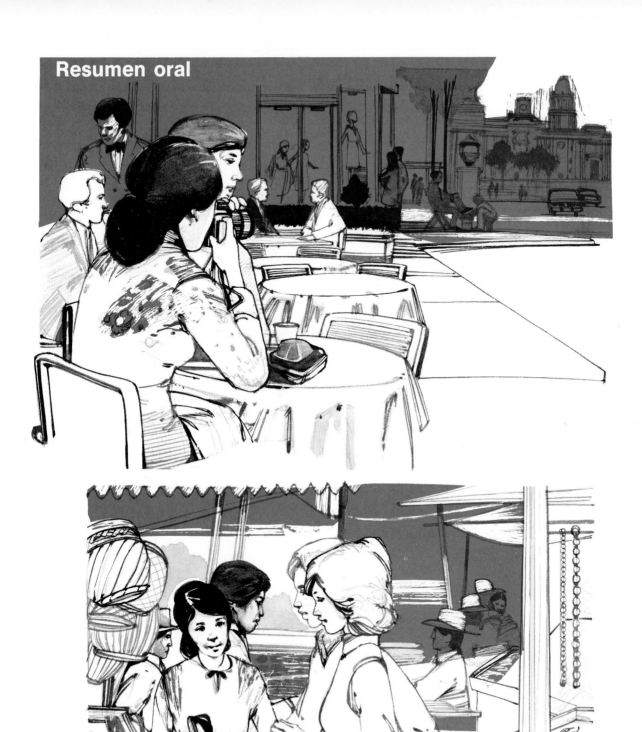

Resumen oral

Lección 6

1. Es la primavera.
Hace buen tiempo.
Los muchachos juegan al béisbol.
El béisbol es popular.

2. Es el otoño.
Hace fresco.
Los muchachos juegan al fútbol.
Carlos tiene la pelota.

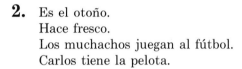

3. El fútbol es un deporte.
Es el equipo.
El equipo es bueno.
Hay once jugadores en el equipo.
Es un partido de fútbol.
Un jugador vuelve al campo de fútbol.

4. El partido empieza (comienza) a las dos.
Cada equipo quiere ganar.
Los dos equipos no pueden ganar.
Un equipo tiene que perder.

Ejercicios de vocabulario

A *Contesten.*

1. ¿En qué estación hace buen tiempo?
2. ¿A qué juegan los muchachos en la primavera?
3. ¿En qué estación hace fresco?
4. ¿A qué juegan los muchachos en el otoño?
5. ¿Qué tiene Carlos?
6. ¿Qué es el fútbol?
7. ¿Es bueno el equipo?
8. ¿Cuántos jugadores hay en el equipo de fútbol?
9. ¿Quién vuelve al campo de fútbol?
10. ¿A qué hora empieza el partido?
11. ¿Quiere ganar cada equipo?
12. ¿Pueden ganar los dos equipos?

B *Completen.*

1. En la _____ hace buen tiempo.
2. Hace _____ en el otoño.
3. Los muchachos _____ al fútbol en el otoño.
4. Hay once _____ en el equipo de fútbol.
5. Los chicos juegan al _____ en la primavera.
6. El partido _____ a las dos.
7. El béisbol es un _____ de la primavera.
8. Cada equipo quiere _____ y no perder.

Estructura

Los verbos de cambio radical

Los verbos con el cambio -e a -ie

PRIMERA PERSONA PLURAL

A *Repitan.*

Empezamos a tocar.
Comenzamos a hablar.
Queremos jugar.
Perdemos el tiempo.

B *Sustituyan.*

Empezamos a | tocar.
| cantar.
| hablar.
| comer.
| escribir.

Queremos | tomar un refresco.
| esquiar.
| nadar en el lago.
| recibir otro periódico.

Perdemos | mucho tiempo.
| mucho dinero.
| muchos pesos.

C *Contesten.*

¿Empiezan Uds. a cantar?
¿Empiezan Uds. a comer?
¿Comienzan Uds. a nadar?
¿Comienzan Uds. a escribir?
¿Quieren Uds. hablar?
¿Quieren Uds. leer?
¿Quieren Uds. el periódico?
¿Quieren Uds. el bocadillo?
¿Pierden Uds. mucho tiempo?
¿Pierden Uds. el partido?

LAS OTRAS FORMAS

A *Sustituyan.*

Ella empieza a | nadar.
| ganar.
| comer.
| escribir.

Ellos quieren | vivir.
| comer.
| leer.
| nadar.

Yo quiero | las sandalias.
| las canastas.
| la blusa.

Pierdes | mucho tiempo.
| mucho dinero.
| muchas cosas.

B *Contesten.*

¿Empieza el partido a las dos?
¿Empieza a cantar la muchacha?
¿Empieza a tocar la guitarra Manolo?
¿Comienza el partido de fútbol?
¿Quiere ser jugador Tomás?
¿Quiere comer el muchacho?
¿Pierde el partido el equipo?
¿Pierde mucho tiempo el señor?

¿Empiezan los partidos a las dos?
¿Empiezan ahora los jugadores?
¿Comienzan ahora los equipos?
¿Comienzan a cantar los mariachis?
¿Quieren ir al pueblo las señoras?
¿Quieren ellas visitar la capital?
¿Pierden ellas el partido?
¿Pierden ellos la bolsa?

¿Empiezas a cantar?
¿Empiezas a remar?
¿Comienzas a comer?
¿Comienzas a leer el periódico?
¿Quieres tocar la guitarra?
¿Quieres comer pescado fresco?
¿Pierdes mucho dinero?
¿Pierdes mucho tiempo?

C   *Sigan las instrucciones.*

Pregúntele al muchacho si empieza la película.
Pregúntele a la muchacha si comienza a jugar.
Pregúntele al muchacho si quiere ir al cine.
Pregúntele al señor si pierde mucho tiempo.
Pregúntele a la señorita si comienza a leer.
Pregúntele a la señora si quiere vivir en la ciudad.
Pregúnteles a los chicos si pierden mucho tiempo.
Pregúnteles a las chicas si quieren jugar al fútbol.
Pregúnteles a los señores si empiezan a comer.

Nota gramatical

Many verbs in Spanish are called stem-changing verbs. This means that the stem of the infinitive will change in most conjugated forms. The only exception is the *nosotros* form (*vosotros* also).

Several verbs change from *–e* to *–ie*. You will note that the endings are the same as those used for regular verbs of the particular conjugation.

empezar	comenzar	querer	perder
empiezo	comienzo	quiero	pierdo
empiezas	comienzas	quieres	pierdes
empieza	comienza	quiere	pierde
empezamos	comenzamos	queremos	perdemos
(empezáis)	(comenzáis)	(queréis)	(perdéis)
empiezan	comienzan	quieren	pierden

The verbs *empezar, comenzar,* and *querer* are often followed by an infinitive. Note that the verbs *empezar* and *comenzar* take the preposition *a.*

Empiezo a cantar.
Comienzan a comer.

Los verbos con el cambio -o *a* -ue

PRIMERA PERSONA PLURAL

A   *Repitan.*

Volvemos a la ciudad.
Volvemos a Caracas.
Podemos jugar.
Podemos comer.
Jugamos al béisbol.
Jugamos al tenis.

B   *Sustituyan.*

Volvemos a | México.
Caracas.
España.
Madrid.

Podemos | jugar.
nadar.
comer.
leer ahora.

Jugamos al | béisbol.
tenis.
fútbol.

C   *Contesten.*

¿Vuelven Uds. a la playa?
¿Vuelven Uds. al parque?
¿Vuelven Uds. al mercado?
¿Vuelven Uds. a la tienda?

¿Pueden Uds. jugar?
¿Pueden Uds. comprar la pelota?
¿Pueden Uds. leer ahora?
¿Pueden Uds. visitar la capital?

¿Juegan Uds. al fútbol?
¿Juegan Uds. en el parque?
¿Juegan Uds. en el otoño?
¿Cuándo juegan Uds. al fútbol?

LAS OTRAS FORMAS

A   *Sustituyan.*

Él vuelve | ahora.
por la tarde.
con Carmen.

Ellos pueden | jugar.
ir.
comer ahora.

Yo juego al | béisbol.
fútbol.
tenis.

Tú | vuelves,
puedes, | ¿no?
juegas,

B   *Contesten.*

¿Vuelve Carlos con Carmen?
¿Con quién vuelve Carlos?
¿Vuelve al campo de fútbol el jugador?
¿Adónde vuelve el jugador?
¿Puede jugar Paco?
¿Quién puede jugar?
¿Juega Elena al tenis?
¿A qué juega Elena?

¿Vuelven los indios del mercado?
¿De dónde vuelven los indios?
¿Pueden jugar en el parque los chicos?
¿Dónde pueden jugar los chicos?
¿Juegan ellas en la playa?
¿Dónde juegan ellas?

¿Vuelves a la capital?
¿Vuelves a Toluca?
¿Puedes comer pescado?
¿Puedes escribir la carta ahora?
¿Juegas en el parque?
¿Juegas al béisbol?

C *Sigan las instrucciones.*

Pregúntele a la chica si vuelve al campo de fútbol.

Pregúntele a la chica si puede ir al cine.

Pregúntele al chico si juega al fútbol.

Pregúntele al señor si vuelve a la ciudad.

Pregúntele a la señorita si puede empezar ahora.

Pregúntele al señor si juega al tenis.

Pregúnteles a los chicos si vuelven al parque.

Pregúnteles a las chicas si pueden ir a la playa.

Pregúnteles a los señores si juegan mucho al básquetbol.

Nota gramatical

Several verbs change the stem from *–o* to *–ue.* Study the following.

volver	**poder**
vuelvo	puedo
vuelves	puedes
vuelve	puede
volvemos	podemos
(volvéis)	(podéis)
vuelven	pueden

The verb *jugar* has a *–u* in the infinitive. However, all conjugated forms (except *nosotros* and *vosotros*) change to *–ue,* as in *volver* and *poder.*

juego	jugamos
juegas	(jugáis)
juega	juegan

Note that with sports the preposition *a* is often used with *jugar.*

Juego al béisbol.
Carlos juega al fútbol.
Jugamos al tenis.

Resumen

Sigan el modelo.

Paco puede jugar. ¿Y tú? →
Yo puedo jugar también.

Ellos vuelven ahora. ¿Y tú?

Nosotros queremos ir. ¿Y los otros?

Yo juego al fútbol. ¿Y Tomás?

Ellos empiezan ahora. ¿Y Uds.?

Él pierde tiempo. ¿Y tú?

Ellos pueden ir. ¿Y Uds.?

Tú quieres jugar. ¿Y ella?

Ellos vuelven a Caracas. ¿Y Uds.?

La expresión *tener que*

A *Repitan.*

Juan tiene que hablar español.
Los chicos tienen que comer.
Tengo que escribir una carta.

B *Sustituyan.*

Yo tengo que | leer.
| comer.
| volver.
| escribir.

Tenemos que | tomar un refresco.
| pagar ahora.
| comer en el café.
| vivir en el centro.

El muchacho juega al tenis

Las muchachas juegan al básquetbol

Contesten.

¿Tiene que volver Juan?
¿Tiene que hablar María?
¿Tiene que comer el chico?

¿Tienen que jugar las muchachas?
¿Tienen que leer los jóvenes?
¿Tienen que ganar los jugadores?

¿Tienes que alquilar un barquito?
¿Tienes que llevar la bolsa?
¿Tienes que leer las noticias?

¿Tienen Uds. que echar una siesta?
¿Tienen Uds. que dar un paseo?
¿Tienen Uds. que preparar la comida?

Nota gramatical

The expression *tener que* followed by an infinitive means "to have to."

Él tiene que hablar.   Tengo que volver.
Ellos tienen que leer.   Tenemos que jugar bien.

Los adjetivos que terminan en consonante

A *Repitan.*

El chico es popular.
La chica es popular.
Los chicos son populares.
Las chicas son populares.

B *Contesten.*

¿Es popular el béisbol?
¿Son populares los deportes?
¿Es popular la playa?
¿Son populares las sandalias de cuero?
¿Es oficial la noticia?
¿Son oficiales las cartas?
¿Es de estilo colonial la catedral?
¿Son coloniales los edificios?
¿Es importante la vida social?

Nota gramatical

Adjectives that end in a consonant have only two forms, singular and plural. To form the plural, *–es* is added.

el chico popular   los chicos populares
la chica popular   las chicas populares

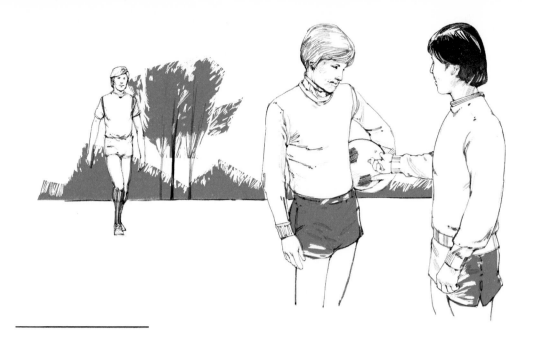

Conversación

Al parque

Pepe	Hola, Paco.
Paco	Hola, Pepe. ¿Qué tal?
Pepe	Bien. ¿Quieres jugar al fútbol?
Paco	Buena idea. Allí está Carlos.
Pepe	Él puede jugar también.
Carlos	Podemos ir al parque.
Paco	¿Tienes la pelota?
Pepe	Sí.
Todos	Pues, vamos.

Preguntas

1. ¿Con quién habla Paco?
2. ¿Cómo está Pepe?
3. ¿Quiere jugar al fútbol Paco?
4. ¿Quieren jugar los dos?
5. ¿Puede jugar también Carlos?
6. ¿Adónde pueden ir?
7. ¿Quién tiene la pelota?
8. ¿Adónde van los tres chicos?

sa	se	si	so	su
bolsa	señor	sí	queso	supermercado
inglesa	señora	siesta	peso	supremo
cosa		iglesia	famoso	
blusa				

za	ce	ci	zo	zu
plaza	centro	cinco	Zócalo	(zumo)
comienza	once	cielo	empiezo	
empieza	necesitan	ciudad	comienzo	
		panecillo		
		edificio		

La bolsa inglesa de la señora está en la iglesia.
La casa del señor González está en la plaza en el centro.
Empiezan a las once y cinco en el centro de la ciudad.
El famoso edificio en el centro de la plaza toca el cielo.

El fútbol en Buenos Aires

Los deportes

Los deportes son populares en todas partes del mundo. Todos los equipos quieren ganar el mismo partido. Pero en los deportes es imposible. Un equipo siempre tiene que perder. Así, la competencia entre los jugadores de los distintos equipos es fuerte.

siempre *always*
competencia *competition*
entre *among*
fuerte *strong*

Un deporte popular de Hispanoamérica es el fútbol. El fútbol hispanoamericano es como el soccer en los Estados Unidos. Hay también once jugadores en el equipo. Pero los jugadores no pueden tocar la pelota con las manos.

tocar *to touch*
manos *hands*

Un famoso atleta hispano es el puertorriqueño Roberto Clemente. Durante su vida, juega al béisbol con el equipo de Pittsburgh. Siempre quiere ayudar a la gente que necesita ayuda. La Nochevieja de 1972, él y varios amigos van de Puerto Rico a Managua, Nicaragua. Quieren ayudar a los nicaragüenses que sufren la destrucción de un terremoto. Pero no llegan a Nicaragua. El avión cae en el Mar Caribe. El mundo pierde a un hombre bueno—un hombre modelo—un atleta que también tiene una misión social.

ayudar *to help*
Nochevieja *New Year's Eve*
terremoto *earthquake*
avión *airplane*
cae *falls*

103

Preguntas

1. ¿Dónde son populares los deportes?
2. ¿Quieren ganar todos los equipos el mismo partido?
3. ¿Es fuerte la competencia entre los jugadores?
4. ¿Cómo es el fútbol hispanoamericano?
5. ¿Cuántos jugadores hay en el equipo?
6. ¿Qué no pueden tocar los jugadores con las manos?
7. ¿Quién es Roberto Clemente?
8. ¿A quién quiere ayudar?
9. ¿Adónde van Roberto Clemente y varios amigos?
10. ¿Llegan a Nicaragua?
11. ¿Dónde cae el avión?
12. ¿Qué pierde el mundo?

Hay mucha gente en el estadio, Buenos Aires

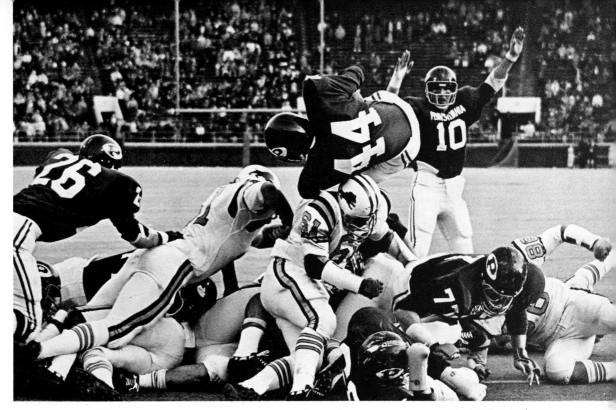

El fútbol americano

Ejercicios escritos

A *True or false. Correct each false statement.*

1. El fútbol es un deporte.
2. El béisbol es un deporte del otoño.
3. Hay seis jugadores en un equipo de fútbol.
4. Si los chicos tienen una pelota, pueden jugar al béisbol.
5. Hace buen tiempo en la primavera.

B *Complete each sentence with the correct form of the italicized verb.*

1. El partido _____ a las dos. *empezar*
2. Juan y Carlos _____ el juego. *perder*
3. Nosotros _____ volver al pueblo. *querer*
4. ¿Por qué no _____ tú ahora? *comenzar*
5. Nosotros _____ nadar. *querer*
6. El señor no _____ vender el edificio. *querer*
7. Uds. _____ mucho tiempo. *perder*
8. Él _____ a leer el periódico. *empezar*
9. Nosotros _____ mucho. *perder*
10. Yo _____ ganar. *querer*

C *Complete each sentence with the correct form of the italicized verb.*

1. Ellos _____ del centro. *volver*
2. Él no _____ leer la carta ahora. *poder*
3. Yo _____ al fútbol en el parque. *jugar*
4. Nosotros _____ al café. *volver*
5. Carlos _____ jugar también. *poder*
6. ¿Por qué no _____ tú ir a la playa? *poder*
7. Nosotros _____ al tenis en el verano. *jugar*
8. ¿Cuándo _____ Uds.? *volver*
9. Yo _____ empezar ahora. *poder*
10. Ud. _____ con María, ¿no? *volver*

D *Rewrite each sentence in the plural.*

1. Quiero volver a la capital.
2. Puedo ir a las montañas.
3. Juego en el parque.
4. Empiezo a hablar de la oportunidad.
5. Pierdo mucho dinero.
6. Vuelvo con las noticias.
7. Quiero comer en el comedor.
8. Puedo ver la película.

E *Complete each sentence with the preposition* a *when necessary.*

1. Queremos _____ leer el periódico.
2. Empiezan _____ jugar.
3. Puedo _____ esquiar.
4. Comenzamos _____ cantar.
5. Empiezo _____ comer.

F *Complete each sentence with the correct form of the italicized adjective.*

1. Es de estilo _____. *colonial*
2. Tiene dos cartas _____. *oficial*
3. El mercado es el centro de su vida _____. *social*
4. Los deportes son _____. *popular*
5. Es una ciudad _____. *colonial*

G *Answer the following questions in paragraph form, according to the cues.*

¿Qué estación es? *otoño*
¿Qué tiempo hace? *fresco*
¿Adónde van los muchachos? *parque*
¿Dónde está el parque? *centro de la ciudad*
¿A qué juegan los muchachos? *fútbol*
¿Cuántos jugadores hay en cada equipo? *once*
¿Qué equipo quiere ganar? *los dos*
¿Qué equipo puede ganar? *uno de los dos*

Resumen oral

Lectura

1. Manolo es matador.
El quiere torear.
El toro es fuerte.
El matador mata al toro.

2. Es la plaza de toros.
La corrida empieza a las cuatro.
El matador está en el redondel.

3. El padre es pobre.
El padre no gana mucho dinero.
El padre siempre trabaja en los
campos.
Trabaja en una finca.
Los campos están alrededor del
pueblo.
La vida es muy difícil.
Las casas del pueblo son blancas.

4. Es de noche.
Es una casa humilde.
Nace un niño.
La madre cuida del niño.
En la casa, hay mucha pobreza.
En la mesa hay pan.

Ejercicios de vocabulario

A   *Contesten.*

1. ¿Qué es Manolo?
2. ¿Mata al toro el matador?
3. ¿Es grande la plaza de toros?
4. ¿A qué hora empieza la corrida?
5. ¿Dónde está el matador?
6. ¿Es pobre el padre?
7. ¿Gana mucho dinero?
8. ¿Dónde trabaja?
9. ¿Dónde están los campos?
10. ¿De qué color son las casas del pueblo?
11. ¿Quién nace de noche en la casa humilde?
12. ¿Quién cuida del niño?

B   *Identifiquen.*

1. señor que mata al toro durante la corrida
2. donde el matador mata al toro
3. una persona que no tiene dinero
4. donde cultiva la gente los vegetales
5. donde hay muchos animales

C   *Completen.*

1. El toro es un animal _____.
2. El matador está en el _____ con el toro.
3. Una persona que no tiene dinero es _____.
4. La vida de los pobres es _____.
5. Las _____ están en el campo, no en las ciudades.
6. El pobre no _____ mucho dinero.
7. La madre _____ del niño.
8. De _____, no hace sol.

Un chico pobre

Es el año 1932. En un pueblo pequeño de Andalucía, Palma del Río, nace un niño.

Mi nombre es Manolo. Mi familia vive en una de las típicas casas blancas de Andalucía. Es una casa pequeña. En la casa hay mucha pobreza y la vida es difícil. Hay cuatro niños en la familia. Todos pasamos hambre. Si tenemos suerte, podemos comer unas migas de pan. Con frecuencia visitamos el convento para ver si tienen las monjas un panecillo o un poco de aceite. Mi madre trabaja en la casa. Cuida de los niños. Mi padre es un hombre bueno. Cada día busca trabajo. Trabaja como una bestia en los campos alrededor del pueblo. Gana poco dinero pero trabaja mucho. Hay unas tres familias en el pueblo que tienen mucho, pero nosotros no tenemos nada.

En 1936 empieza la guerra. Es la Guerra Civil española. Con la guerra, nadie gana. Todos pierden. Nosotros también perdemos. Perdemos al padre. Mi padre no tiene ideas políticas pero tiene que ir a la cárcel. Mi madre siempre visita a mi padre en la prisión. Pero un día, ella no puede ir. Va mi hermana Angelita. Ella está vestida de negro. Mi madre está muerta. Mi padre está triste y también está enfermo. Unos años después, él puede salir de la cárcel. Quiere volver al pueblo donde está enterrada mi madre. Pero no puede. Está muy enfermo y muere en Córdoba. No puede terminar (completar) el viaje a casa.

Ahora soy huérfano. No tengo dinero. Tengo que buscar trabajo. Trabajo en los campos como mi padre. No quiero trabajar así. Quiero ser matador. De noche, voy a la finca de una de las familias ricas de mi pueblo. En la finca tienen toros.

nombre	*name*
hambre	*hunger*
suerte	*luck*
migas	*crumbs*
monjas	*nuns*
aceite	*olive oil*
busca	*looks for*
trabajo	*work*
nada	*nothing*
guerra	*war*
nadie	*no one*
cárcel	*jail*
vestida de negro	*dressed in black*
muerta	*dead*
salir	*to leave*
enterrada	*buried*
muere	*dies*
viaje	*trip*
huérfano	*orphan*
ricas	*rich*

Empiezo a torear. El señor llama a la policía y no puedo torear más.

Un día hay una corrida humilde en mi pueblo. Soy yo el torero. Es un éxito tremendo. Tengo muchas ilusiones. Pero otra vez la tragedia. Como no tengo dinero, no puedo comer. Robo unas naranjas y voy a la cárcel. Tengo que salir de mi pueblo.

Voy a Madrid sin una peseta. Busco trabajo, busco pesetas, busco comida. Cuando estoy cansado, tengo que echar una siesta en la calle. Un domingo, hay una corrida en Madrid. Yo voy a la plaza. No soy el torero pero quiero ser un torero famoso. Entro en el redondel y empiezo a torear. Otra vez, la policía y la cárcel.

Después de muchos años de pobreza y de hambre, tengo suerte. En un café, hablo con el señor Rafael Sánchez, el director de muchos matadores. Con la ayuda de Rafael, tengo la oportunidad de torear en la famosa plaza de Madrid. Es el 20 de mayo de 1964. Es un éxito tremendo. Empieza a cambiar mi suerte. Hoy soy el matador más famoso de España. Soy el ídolo de toda la nación y soy millonario. Pero no puedo olvidar los días de mi pobreza. Ayudo mucho a los pobres que todavía hay en España. Soy el Cordobés.

llama *calls*

no . . . más *no longer*

torero *bullfighter*
éxito *success*
otra vez *again*
Robo *I rob*
naranjas *oranges*
peseta *money of Spain*

cambiar *to change*

olvidar *forget*
todavía *still*

Preguntas

1. ¿Dónde y en qué año nace un niño?
2. ¿Cuál es su nombre?
3. ¿En qué vive su familia?
4. ¿Cómo es la vida de la familia?
5. ¿Qué pasan los cuatro niños?
6. Si tienen suerte, ¿qué pueden comer?
7. ¿Qué visitan? ¿Por qué?
8. ¿Dónde trabaja la madre?
9. ¿Qué busca el padre?
10. ¿Dónde y cómo trabaja?
11. ¿Gana mucho dinero?
12. ¿Quiénes tienen mucho?
13. ¿Qué guerra empieza en 1936?
14. ¿A quién pierde la familia de Manolo?
15. ¿Adónde tiene que ir?
16. ¿Quién visita al padre?
17. Un día, ¿quién va a la cárcel? ¿Por qué?
18. ¿Puede volver al pueblo el padre?
19. ¿Dónde muere?
20. ¿Quién es huérfano?
21. ¿Dónde empieza a torear Manolo?
22. ¿Puede torear?
23. Un día, ¿dónde puede torear Manolo?
24. ¿Por qué tiene que salir de su pueblo?
25. ¿Con quién habla Manolo?
26. ¿Quién es Manolo?

Ejercicios escritos

A   *Form sentences from the following.*

1. Manolo / robar / naranjas / y / tener que / ir / cárcel
2. niño / nacer / en / casa / típico / Andalucía
3. Hay / mucho / pobreza / pueblos / pequeño
4. Ellos / buscar / pan / aceite / convento
5. Él / ser / huérfano / porque / no / tener / padres
6. pobres / no / tener / suerte / y / pasar / hambre
7. casas / blanco / Andalucía / ser / pintoresco
8. Él / no / poder / salir / cárcel
9. Él / tener / éxito / y / ganar / mucho / pesetas
10. familias / rico / no / dar / ayuda / pobres

B   *Describe each of the following.*

1. el padre de Manolo
2. la madre de Manolo
3. el pueblo y la casa de Manolo
4. Manolo

El Cordobés

113

Lección 7

Vocabulario

1. Ángel pone la ropa en la maleta.
Ángel tiene bastante ropa.
Pone sus camisas, chaqueta,
corbata y pantalones.
Ángel hace la maleta.

2. Angel y Marta hacen un viaje.
Hacen un viaje a Puerto Rico.
Van en avión.
Están en el aeropuerto.

3. Ellos tienen sus billetes (boletos).
No tienen pasaporte.
Los pasajeros pasan por la puerta
número seis.
Antes, ellos muestran los boletos al
empleado.

115

4. Los aviones están en la pista.
Un avión despega.
Otro avión aterriza.
El avión sale a tiempo.
No sale tarde.

5. Los pasajeros están a bordo.
Juan mira el cinturón de seguridad.
Viene la azafata.
La azafata trae la comida en
   seguida.
Es el vuelo número 201.

6. Su tía es la hermana de su padre.
Uds. son los sobrinos de su tía.
Los hijos de su tía son sus primos.

7. Ángel y Marta visitan a sus primos. El primo pone las maletas en el baúl del carro.

Ejercicios de vocabulario

A *Contesten.*

1. ¿Qué pone Ángel en la maleta?
2. ¿Qué hacen Ángel y Marta?
3. ¿Qué tienen ellos?
4. ¿A quién muestran sus billetes?
5. ¿Dónde muestran los billetes?
6. ¿Dónde aterrizan los aviones?
7. ¿Cuándo sale el avión?
8. ¿Quién ayuda a los pasajeros a bordo del avión?
9. ¿Qué trae ella?
10. ¿Qué mira Juan?
11. ¿A quiénes visitan Ángel y Marta?
12. ¿Dónde pone las maletas su primo?

B *Completen.*

1. Ángel _____ la ropa en la maleta.
2. Los dos hacen un viaje en _____.
3. Los pasajeros muestran sus _____ al empleado.
4. El avión sale _____, no tarde.
5. El avión que llega _____ y el avión que sale _____.
6. Los pasajeros pasan por la _____ número seis.
7. La _____ trabaja en el avión.
8. Ella _____ la comida.
9. Los pasajeros no están en el aeropuerto; están _____ del avión.
10. Cuando el avión despega, los pasajeros tienen que usar _____.

Estructura

Los verbos *hacer, poner, traer, salir*

PRIMERA PERSONA SINGULAR

A *Repitan.*

Yo hago un viaje.
Pongo la ropa en la maleta.
Traigo la comida.
Salgo a tiempo.

B *Sustituyan.*

Yo | hago
traigo
salgo | mucho.

C *Contesten.*

¿Haces un viaje?
¿Haces un viaje en avión?
¿Con quién haces el viaje?
¿Adónde haces el viaje?
¿Haces un bocadillo?
¿De qué haces el bocadillo?
¿Haces unas sandalias de cuero?

¿Pones la ropa en la maleta?
¿Pones la comida en la canasta?
¿Pones los billetes en la bolsa?

¿Traes las maletas?
¿Traes refrescos a la merienda?
¿Traes los billetes?
¿Traes bastante dinero?

¿Sales mucho?
¿Sales para Puerto Rico?
¿Sales a tiempo?
¿Sales con Anita?

LAS OTRAS FORMAS

A *Repitan.*

Ángel hace un viaje.
La azafata trae la comida.
Los chicos ponen la comida en la canasta.
Ellos salen ahora.
Nosotros hacemos mucho trabajo.
Traemos la comida.
Salimos tarde.

B *Sustituyan.*

La tía hace | un viaje.
un bocadillo.
una canasta.

Ellos traen los | boletos.
pasaportes.
refrescos.

Nosotros ponemos las | blusas
faldas
camisas
chaquetas | en la maleta.

Nosotros salimos | ahora.
tarde.
a tiempo.

C *Contesten.*

¿Hace mucho trabajo Manolo?
¿Hace canastas el indio?
¿Hace la comida la tía?
¿Trae la comida la azafata?
¿Trae los billetes Ángel?
¿Pone todo en la bolsa la chica?
¿Pone la ropa en la maleta Ángel?
¿Sale con Elena Carlos?
¿Sale a tiempo el avión?

¿Hacen los bocadillos las chicas?
¿Traen los refrescos los chicos?
¿Ponen las maletas en el avión los señores?
¿Salen para España los amigos?
¿Hacen Uds. mucho trabajo?
¿Hacen Uds. sandalias?
¿Traen Uds. las maletas?
¿Traen Uds. el pasaporte?
¿Ponen Uds. las naranjas en la canasta?
¿Ponen Uds. los billetes en la bolsa?
¿Salen Uds. ahora?
¿Salen Uds. de noche?
¿Salen Uds. por la tarde?

D *Sigan las instrucciones.*

Pregúntele a la chica si hace la comida.
Pregúntele al chico si trae mucho dinero.
Pregúntele a la chica si sale con Tomás.
Pregúnteles a los chicos si traen la pelota al parque.
Pregúnteles a las chicas si ponen las maletas en el baúl del carro.
Pregúnteles a los señores si salen ahora.
Pregúntele a la señorita si hace un viaje.
Pregúntele al señor si trae el pasaporte.

Nota gramatical

Many verbs that are considered irregular in the present tense are irregular only in the first person singular (*yo*). For the sake of pronunciation, many verbs have a "g" in the *yo* form. For all other forms they function the same as any regular verb. Study the following.

hacer	**traer**	**poner**	**salir**
hago	traigo	pongo	salgo
haces	traes	pones	sales
hace	trae	pone	sale
hacemos	traemos	ponemos	salimos
(hacéis)	(traéis)	(ponéis)	(salís)
hacen	traen	ponen	salen

Resumen

Sigan el modelo.

Carlos sale ahora. ¿Y tú? →
Yo también salgo ahora.

Ángel pone la ropa en la maleta. ¿Y Uds.?
Él hace un viaje. ¿Y los otros?
Nosotros traemos refrescos. ¿Y tú?
Carlos sale ahora. ¿Y la tía?
Yo hago unas canastas. ¿Y ellos?
Carmen trae comida. ¿Y Uds.?
Ellos hacen mucho trabajo. ¿Y tú?
Tomás sale tarde. ¿Y Uds.?

El verbo *venir*

TERCERA PERSONA

A *Repitan.*

Carlos viene el lunes.
Ellos vienen temprano, no tarde.

B *Sustituyan.*

El chico viene en busca de
| trabajo.
| dinero.
| pan.
| ayuda.

María y Teresa vienen
| a tiempo.
| ahora.
| tarde.

C *Contesten.*

¿Viene de Viña del Mar María?
¿De dónde viene María?
¿Viene con la comida la azafata?
¿Con qué viene la azafata?

¿Vienen de San Juan los pasajeros?
¿De dónde vienen los pasajeros?
¿Vienen a tiempo los amigos?
¿Cuándo vienen los amigos?

Una calle residencial, San Juan

PRIMERA PERSONA

A *Repitan.*

Yo vengo en avión.
Vengo tarde.

Nosotros venimos por la tarde.
Venimos con los niños.

B *Sustituyan.*

Yo vengo
| ahora.
| en el otoño.
| en la primavera.

Venimos con
| los niños.
| los padres.
| las monjas.

C *Contesten.*

¿Vienes el lunes?
¿Vienes en avión?
¿Vienes con Carmen?
¿Vienes tarde?

¿Vienen Uds. a tiempo?
¿Vienen Uds. con los niños?
¿Vienen Uds. de la merienda?
¿Vienen Uds. de San Juan?

A *Repitan.*

¿Vienes con María?
¿Viene Ud. a tiempo, señor?
¿Vienen Uds. en avión?

B *Sustituyan.*

¿Cuándo | vienes?
¿Cuándo | viene Ud.?
¿Cuándo | vienen Uds.?

C *Sigan las instrucciones.*

Pregúntele a la chica cuándo viene.
Pregúntele al chico cómo viene.
Pregúntele al señor con quién viene.
Pregúntele a la señora de dónde viene.
Pregúnteles a los chicos por qué vienen.
Pregúnteles a los señores cómo vienen.

Nota gramatical

The verb *venir* has two kinds of changes. In the first person singular, it follows the same pattern as the verbs *hacer, poner, traer,* and *salir*. In addition, it is a stem-changing verb (*–e to –ie*). Study the following.

venir

vengo	venimos
vienes	(venís)
viene	vienen

Resumen

Sigan el modelo.

Yo vengo en avión. ¿Y tú? →
Yo vengo en avión también.

Ellos vienen el lunes. ¿Y Uds.?
Venimos de la merienda. ¿Y él?
Venimos del parque. ¿Y los chicos?
Ella viene en avión. ¿Y tú?
Manolo viene en busca de ayuda. ¿Y Uds.?

La *a* personal

A *Repitan.*

Busco trabajo.
Busco los billetes.
Busco a María.
Busco al niño.
Busco a mis primas.

B *Sustituyan.*

Miro | la carta.
Busco | la carta.
Recibo | la carta.

Miro | a la chica.
Busco | a la chica.
Recibo | a la chica.

Una calle del Viejo San Juan

C *Contesten.*

¿Recibes la carta?

¿Qué recibes?

¿Recibes a María?

¿A quién recibes?

¿Llevas la bolsa a la merienda?

¿Qué llevas a la merienda?

¿Llevas al niño a la merienda?

¿A quién llevas a la merienda?

¿Miras la blusa?

¿Qué miras?

¿Miras a la chica?

¿A quién miras?

¿Pierdes los billetes?

¿Qué pierdes?

¿Pierdes al padre?

¿A quién pierdes?

¿Ayudas a los pobres?

¿A quiénes ayudas?

Nota gramatical

Whenever the direct object of a verb is a person it must be preceded by the preposition *a*. This is called the *a personal*. Study the following.

Miro la fotografía.   Miro a Elena.

Recibo la carta.   Recibo a los amigos.

If one wishes to personify animals or pets, the *a personal* can also be used.

El matador mata al toro.

There is only one exception to this rule. The *a personal* never follows the verb *tener*.

Tengo dos amigos.

Contesten según se indica.

¿Qué miras?   *blusa*
¿A quién buscas?   *Tomás*
¿Qué sacas?   *fotografías*
¿A quién llevas?   *niño*
¿A quién traes?   *primos*

¿Qué llevas?   *bolsa*
¿A quién buscas?   *Elena*
¿Qué traes?   *refrescos*
¿Qué lees?   *periódico*

Los adjetivos posesivos

Su, sus

A   *Repitan.*

Juan tiene su cámara.
Juan tiene sus cámaras.
María tiene su billete.
María tiene sus billetes.

¿Lee el padre sus cartas?
¿Mira María su blusa?
¿Mira María sus blusas?
¿Reciben una carta Juan y su hermana?
¿Van a Puerto Rico Juan y su familia?
¿Van en avión Elena y su primo?
¿Vienen ahora Elena y sus hermanos?

B   *Contesten.*

¿Tiene Juan su camisa?
¿Tiene Juan sus camisas?
¿Lee el padre su carta?

C   *Repitan.*

Juan y Carlos tienen su maleta.
Ellos tienen sus maletas.
María y Carmen tienen su billete.
Ellas tienen sus billetes.

Apartamentos para la gente pobre, San Juan

D *Contesten.*

¿Leen su carta Juan y María?
¿Leen sus cartas Juan y María?
¿Visitan a su primo Ángel y Marta?
¿Visitan a sus primos Ángel y Marta?
¿Hablan ellos a su padre?
¿Hablan ellos a sus padres?

E *Sustituyan.*

¿Tiene Ud. su | maleta?
             | pasaporte?
             | billete?

Ud. tiene sus | maletas,
              | billetes, | ¿no?
              | cartas,

F *Sigan las instrucciones.*

Pregúntele al señor si tiene su maleta.
Pregúntele a la señora si tiene sus billetes.
Pregúntele a la señora si busca su pasaporte.
Pregúntele al señor si quiere su dinero.
Pregúntele a la señorita si viene con su madre.

Nota gramatical

The possessive adjective that corresponds to the subjects *él, ella, ellos, ellas, Ud.* is *su*. The adjective *su* can therefore mean *"his," "her," "their," "its,"* or *"your"* in the singular formal sense.

The possessive adjective must agree with the noun it modifies. Note that *su* has only two forms, singular and plural.

su hermano   sus hermanos
su hermana   sus hermanas

Las otras formas

A *Repitan.*

Mi hermano está en casa.
Mis hermanos están en casa.
No veo a mi amiga.
No veo a mis amigas.

B *Contesten.*

¿Está en la escuela tu primo?
¿Están en San Juan tus primos?
¿Prepara la comida tu tía?
¿Preparan los refrescos tus amigos?
¿Nada tu sobrino?
¿Nadan tus hermanas?
¿Es guapo tu amigo?
¿Son guapos tus amigos?
¿Tienes tu maleta?
¿Tienes tus billetes?
¿Buscas a tu padre?
¿Buscas a tus padres?

C *Sustituyan.*

¿Tienes tu | maleta?
           | billete?
           | pasaporte?

¿Tienes tus | maletas?
            | billetes?
            | pasaportes?

D *Sigan las instrucciones.*

Pregúntele a un chico si lee su carta.
Pregúntele a una chica si lee su carta.
Pregúntele a un chico si tiene sus billetes.
Pregúntele a una chica si tiene sus billetes.
Pregúntele a un chico si recibe a su amiga.
Pregúntele a una chica si recibe a su amigo.

E *Sustituyan.*

¿Venden Uds. su | casa? / cámara? / guitarra?

Sí, vendemos nuestra | casa. / cámara. / guitarra.

¿Visitan Uds. a su | primo? / hermano? / amigo?

Sí, visitamos a nuestro | primo. / hermano. / amigo.

¿Buscan Uds. sus | fotografías? / maletas? / cartas?

Sí, buscamos nuestras | fotografías. / maletas. / cartas.

¿Quieren Uds. sus | boletos? / pasaportes? / sombreros?

Sí, queremos nuestros | boletos. / pasaportes. / sombreros.

F *Contesten.*

¿Visitan Uds. a su prima?
¿Habla español su amigo?
¿Prepara los refrescos su amiga?
¿Trabaja en los campos su padre?
¿Ayuda al huérfano su prima?
¿Es blanca su casa?
¿Leen mucho sus hermanos?
¿Tienen sus primas la carta?
¿Buscan Uds. a sus amigos?
¿Venden Uds. sus joyas?

G *Sigan las instrucciones.*

Pregúnteles a unos amigos si tienen sus billetes.

Pregúnteles a unas amigas si viven con su primo.

Pregúnteles a los señores si buscan sus maletas.

Pregúnteles a las señoritas si quieren su cámara.

Pregúnteles a las señoras si venden sus carros.

Nota gramatical

Note that the possessive adjectives *mi* (*yo*) and *tu* (*tú*) have only two forms.

¿Tienes tu billete?   Tengo mi billete.
¿Tienes tus billetes?   Tengo mis billetes.
¿Tienes tu maleta?   Tengo mi maleta.
¿Tienes tus maletas?   Tengo mis maletas.

The possessive adjective *su* corresponds to the subject *Uds.* as well as to *él, ella,* and *Ud.* It therefore means "your" when addressing adults or more than one friend.
Note that the possessive adjective *nuestro* (*nosotros*) has four forms.

nuestro amigo   nuestros amigos
nuestra amiga   nuestras amigas

Conversación

Todos a bordo

Anunciador Señores pasajeros. Su atención, por favor. La compañía de aviación anuncia la salida de su vuelo 201, con destino a San Juan, Puerto Rico.

Ángel Marta, vamos a la puerta número seis.

Marta ¿Sale ahora el avión?

Ángel Sí, hacen la última llamada.

Marta ¿Tienes nuestros boletos?

Ángel Sí, aquí están.

(A bordo del avión)

Marta Ángel, ¿qué es esto?

Ángel El cinturón de seguridad.

Marta Viene la azafata. ¿Trae la comida?

Ángel No, comemos durante el vuelo después de despegar.

Marta Ay, es verdad. Todavía estamos en la pista.

Preguntas

1. ¿Qué anuncia la compañía de aviación?
2. ¿Cuál es el número del vuelo?
3. ¿Cuál es el destino del vuelo?
4. ¿A qué puerta van Ángel y Marta?
5. ¿Quién tiene los boletos?

6. A bordo del avión, ¿quién viene?
7. ¿Trae la comida la azafata?
8. ¿Cuándo comen?
9. ¿Dónde están todavía?

Sonido y símbolo

ca	que	qui	co	cu
camisa	que	quién	comida	cubano
casa	parque	esquía	(tráfico)	cubana
bocadillo	pequeño	aquí	come	(discute)
americano	queso	alquilan	refresco	
calor	chaqueta	quiero	chico	
toca	queremos			
mercado				
capital				
cada				

¿Quién quiere comer queso aquí en el parque pequeño?
El cubano discute el tráfico de la capital.
El chico come una comida cubana en casa.

La universidad de Puerto Rico

Puerto Rico

El avión está ahora cerca de las orillas de la pintoresca isla de Puerto Rico. A bordo están Ángel y Marta Martínez. Ellos viven en Nueva York. Están muy contentos porque vuelven a su isla natal. Marta mira por la ventanilla del avión. Ve las luces de la capital, San Juan. Ve también el aeropuerto internacional de Isla Verde. El avión empieza a aterrizar. Pronto están en el aeropuerto. ¡Qué cantidad de gente! Todos quieren saludar a los parientes que vuelven a casa. ¡Y allí están también los primos de Ángel y Marta, Santiago y Adelita!

Los primos ayudan con las maletas. Santiago pone las maletas en el baúl del carro. Ellos viven en Bayamón, un suburbio de San Juan. Durante el viaje a casa, Marta nota que hay nuevas construcciones por todas partes—casas, apartamentos, oficinas, fábricas, supermercados. Hay también programas de urbanización para los pobres.

Cuando llegan a la casa, sale la tía.

—Ay, bendito. Aquí está mi Marta. ¿Cómo estás, nena? Y mi Angelito. ¡Qué gusto de ver en casa a mis sobrinos. ¿Y tu papá, y tu mamá? ¿Cómo están?

Después de los saludos, todos van al comedor. La fiesta empieza. Llegan los otros parientes y hay más saludos.

El próximo día los primos hacen un viaje juntos. Van a Río Piedras. Visitan la universidad de Puerto Rico donde hace sus

orillas *shores*

natal *donde nacen*
ventanilla *window*
luces *lights*
saludar *to greet*
parientes *relatives*

nuevas *new*
oficinas *offices*
fábricas *factories*

¡Qué gusto! *What a pleasure!*

fiesta *party*

próximo *next*

estudios Adelita. Ella quiere ser médica. Ángel tiene mucho interés en ver la universidad porque él piensa volver a estudiar en su isla. Aquí viene un amigo de Adelita. Tienen una conversación con su amigo. Él es independentista. Explica que quiere ver a Puerto Rico independiente. Ahora Puerto Rico es un estado libre asociado de los Estados Unidos. Hay también mucha gente que no quiere cambiar el status actual. Y hay otros que quieren ver a Puerto Rico un estado como Hawaii. Ellos son estadistas. Es una cuestión política que discuten mucho en Puerto Rico.

médica *doctor*
piensa *plans*

estado libre asociado *commonwealth*

discuten *they discuss*

Cuando salen de la universidad, van al Viejo San Juan. Es precioso con sus calles estrechas, sus casas de distintos colores y sus balcones pequeños. Es como un pueblecito rodeado de una gran metrópoli.

rodeado de *surrounded by*

El sábado van a Luquillo. Pasan la tarde en la playa con sus amigos y familiares. Comen, cantan y nadan. Bailan también una plena, el baile típicamente borinqueño.

familiares *friends*
Bailan *They dance*
borinqueño *puertorriqueño*

Es una visita fantástica. No es sólo la familia Martínez que goza de tal visita. Recientemente con los cambios económicos, hay muchas familias puertorriqueñas que vuelven a su isla. Algunas van de visita y otras van para permanecer en su isla natal.

goza de *delights in*
tal *such a*
Recientemente *Recently*
cambios *changes*
permanecer *to remain*

Preguntas

1. ¿Cerca de dónde está el avión?
2. ¿Quiénes están a bordo del avión?
3. ¿Dónde viven ahora?
4. ¿Por qué están contentos?
5. ¿Qué ve Marta por la ventanilla del avión?
6. ¿Hay mucha gente en el aeropuerto?
7. ¿A quiénes quieren saludar?
8. ¿Quiénes ayudan a Marta y a Ángel con las maletas?
9. ¿Dónde ponen las maletas?
10. ¿Dónde viven los primos?
11. ¿Qué nota Marta durante el viaje a casa?
12. ¿Está contenta la tía de ver a sus sobrinos en casa?
13. ¿Quiénes llegan para la fiesta en el comedor?
14. ¿Por qué hace estudios en la Universidad de Puerto Rico Adelita?
15. ¿Dónde piensa estudiar Ángel?
16. ¿Cuál es una cuestión política que discuten mucho en Puerto Rico?
17. ¿Cómo es el barrio viejo de San Juan?
18. ¿Adónde van los primos el sábado?
19. ¿Qué hacen en Luquillo?
20. Recientemente, ¿vuelven muchos puertorriqueños a su isla?

Ejercicios escritos

A Complete the following paragraph with the appropriate words.

Ángel pone la _____ en la _____. Él tiene camisas, _____ y pantalones.
Ángel y su _____, Marta, _____ un viaje a _____ Rico. Ellos van en _____.
Ahora _____ en el aeropuerto. Tienen sus _____ y sus _____ pero no tienen
_____ porque Puerto Rico es una parte de los Estados Unidos. Ellos tienen que
_____ por la _____ número seis. Allí muestran sus boletos al _____. El avión
_____ a tiempo, no _____. _____ del avión Juan mira _____. Hay muchos
_____ en el avión. Viene la _____. Ella _____ la comida a los pasajeros.

B Answer each question with a complete sentence.

1. ¿Adónde haces un viaje?
2. ¿Cuándo haces el viaje?
3. ¿Cómo haces el viaje?
4. ¿Con quién haces el viaje?
5. ¿Traes mucho dinero?
6. ¿Traes muchas maletas?
7. ¿Qué pones en las maletas?
8. Cuando llegas, ¿dónde pones las maletas?
9. ¿Sales a tiempo?
10. ¿Para dónde sales?

C Complete each sentence with the correct form of the italicized verb.

1. La azafata _____ la comida. *traer*
2. Nosotros _____ juntos. *salir*
3. Yo _____ bastante dinero. *traer*
4. Santiago _____ las maletas en el baúl. *poner*
5. Ellos _____ un viaje en avión. *hacer*
6. Yo _____ a tiempo para la oficina. *salir*
7. Uds. _____ muchas cosas. *traer*
8. El avión _____ a las cuatro. *salir*
9. Nosotros _____ los billetes. *traer*
10. Yo _____ los bocadillos. *hacer*
11. Tú _____ mucho en la maleta. *poner*
12. Mi padre _____ mucho trabajo. *hacer*

D Complete each sentence with the correct form of the verb venir.

1. Yo _____ ahora.
2. Ellos _____ con sus primos.

130

Puerto Rico es una isla tropical

3. Nosotros _____ en avión.
4. Santiago _____ con el carro.
5. ¿Por qué _____ tú con cinco maletas?
6. Yo _____ tarde.
7. Los dos sobrinos _____ con mucho dinero.
8. Nosotros _____ en carro.

E *Form sentences from the following.*

1. tía / ver / niños
2. Nosotros / leer / carta
3. Yo / querer / ayudar / huérfano
4. Ellos / visitar / primos / Bayamón
5. Yo / tener / dos / hermano
6. Carlos / buscar / maletas / aeropuerto
7. Yo / llevar / niña / merienda
8. Ellos / llevar / billetes / bolsa

F   *Complete each sentence with the correct form of the possessive adjective.*

   1. Carlos quiere vender _____ carro.
   2. Yo hablo con _____ padre.
   3. Santiago y Adelita ayudan a _____ primos con _____ maletas.
   4. Visitamos a _____ amigos en la universidad.
   5. ¿Por qué no pones _____ maletas en el baúl?
   6. Queremos hablar con _____ hermana en Viña del Mar.
   7. El indio vende _____ mercancías en el mercado.
   8. Las chicas llevan _____ bolsas a la playa.

G   *Answer each question with a complete sentence.*

   1. ¿Dónde viven tus primos?
   2. ¿Están nuestros billetes en tu bolsa?
   3. ¿Quieren ellos ver mi pasaporte?
   4. ¿A qué hora salen sus amigos de su casa?
   5. ¿Quiere Tomás ver nuestra cámara?
   6. ¿Cuántos hijos tienen tus padres?

H   *Answer the following questions in paragraph form.*

¿Adónde van Ángel y Marta Martínez?
¿Cómo van?
¿Dónde aterriza el avión?
¿Quiénes están en el aeropuerto?
¿Dónde viven sus primos?
¿Cómo van a la casa de sus primos?
¿Cómo está la tía cuando llegan a la casa Ángel y Marta?
¿Hay una fiesta?
¿Adónde van Ángel y Marta con sus primos?
¿Nota Marta que hay muchos cambios en Puerto Rico?
¿Por qué vuelven muchas familias puertorriqueñas a su isla natal?

I   *Describe two of the following.*

   1. un viaje a bordo de un avión
   2. el Viejo San Juan
   3. los independentistas puertorriqueños
   4. los estadistas puertorriqueños

Lección 8

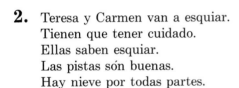

1. Es el invierno.
Hace frío.
Nieva.
Carlos conoce a Juan.

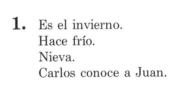

2. Teresa y Carmen van a esquiar.
Tienen que tener cuidado.
Ellas saben esquiar.
Las pistas són buenas.
Hay nieve por todas partes.

3. Juan tiene un accidente.
Choca con un árbol.
Tiene una pierna rota.
Carlos tiene más cuidado.

4. Carlos llama al médico.
Llama por teléfono.

5. Juan está en el hospital.
El médico examina al paciente.
Examina la pierna rota.
Juan tiene catarro también.
La médica examina la garganta.

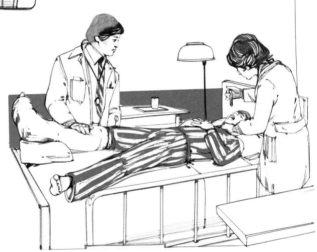

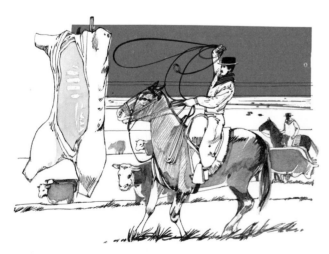

6. Los gauchos cuidan el ganado.
Los gauchos son los vaqueros
argentinos.
El ganado pace en las pampas.
La Argentina produce mucha carne
de res.
Las pampas son llanas.

Ejercicios de vocabulario

A *Contesten.*

1. ¿En qué estación del año hace frío?
2. ¿Cuándo nieva?
3. ¿Esquían Teresa y Carmen?
4. ¿Cómo son las pistas?
5. ¿Con qué choca Juan?
6. ¿Tiene una pierna rota?
7. ¿Tiene más cuidado Carlos?
8. ¿Llama Carlos al médico?
9. ¿A quién examina el médico?
10. ¿Qué examina la médica?
11. ¿Quiénes cuidan el ganado en las pampas?
12. ¿Qué produce la Argentina?

B *Completen.*

1. En el _____ hace frío y _____ mucho.
2. Las chicas _____ a esquiar en las montañas.
3. Todos tienen que _____ cuando esquían.
4. Juan tiene un _____. Choca con un árbol.
5. Tiene una pierna _____.
6. Su amigo _____ al médico.
7. El médico _____ al paciente.
8. La médica examina la _____ porque Juan tiene catarro.
9. Los _____ son los vaqueros argentinos.
10. El _____ pace en las _____ argentinas.

Estructura

Ir a con el infinitivo

A *Sustituyan.*

María va a	nadar. esquiar. escuchar.

Voy a	salir. escribir. ir.

Ellos van a	leer. hacer un viaje. traer los refrescos.

Vamos a	esquiar. llamar por teléfono. comer. salir.

B *Contesten.*

¿Va a esquiar Juan?
¿Va a tener un accidente Pablo?
¿Va a visitar a sus parientes Rosita?
¿Van a hacer el viaje en avión los primos?
¿Van a torear los matadores?
¿Van a cuidar el ganado los gauchos?
¿Vas a salir?
¿Vas a hacer un viaje?
¿Vas a ir en avión?
¿Vas a poner las maletas en el baúl?
¿Van Uds. a salir a tiempo?
¿Van Uds. a esquiar?
¿Van Uds. a comer el bocadillo?
¿Van Uds. a nadar en el lago?

C *Sigan las instrucciones.*

Pregúntele a un amigo si va a hacer un viaje.
Pregúntele a una amiga si va a ir a la finca.
Pregúntele a un amigo si va a ver a los gauchos.
Pregúnteles a los chicos si van a llamar por teléfono.
Pregúnteles a las chicas si van a nadar.
Pregúnteles a las señoritas si van a traer la comida.
Pregúntele al señor si va a trabajar.
Pregúntele a la señora si va a leer la carta.

Nota gramatical

The future can be expressed by using the verb *ir* plus the preposition *a* and the infinitive. This is equivalent to the English "to be going to . . ." Study the following.

Voy a nadar.
Vamos a hacer un viaje.
Él va a salir.

Ellos van a traer los refrescos.
Vas a esquiar.

Resumen

Sigan el modelo.

Yo voy a esquiar. ¿Y Uds.? $\longrightarrow$
Nosotros vamos a esquiar también.

Él va a escribir una carta. ¿Y Uds.?
Ellos van a preparar la comida. ¿Y tú?
Nosotros vamos a ir en avión. ¿Y los otros?
Carmen va a esquiar. ¿Y Juan y Paco?
Ellos van a comer. ¿Y Uds.?
Yo voy a hacer el trabajo. ¿Y tú?
Carlos va a llamar por teléfono. ¿Y tus amigos?
Ellos van a volver. ¿Y Uds.?

El comparativo

A *Repitan.*

La Argentina es más grande que Puerto Rico.
San Juan es más importante que Bayamón.
María es más inteligente que yo.

B *Contesten.*

¿Qué país es más grande, la Argentina o Puerto Rico?
¿Qué ciudad es más importante, Madrid o Sevilla?

¿Quién es más alto, Juan o Paco?
¿Quién es más bonita, María o Teresa?
¿Quién es más guapo, tu primo o tu hermano?
¿Quién es más pequeña, tu prima o tu hermana?
¿Quién es más interesante, Carmen o su hermana?
¿Quién es más pobre, Carlos o Tomás?
¿Quién es más rica, Elena o Angelita?
¿Quién tiene más dinero, Carlos o tú?
¿Quiénes tienen más trabajo, ellos o Uds.?

Nota gramatical

In order to express the ideas "taller," "prettier," etc., the word *más* is placed before the adjective. This is called the comparative form of the adjective. The comparative is followed by *que.* Study the following.

Tomás es más alto que su hermano.
Nueva York es más grande que San Juan.

Note that a pronoun which follows the comparative is a subject pronoun.

Uds. son más altos que nosotros.
Carlos tiene más dinero que yo.

La gente esquía en Bariloche

El superlativo

A *Repitan.*

Carlos es el chico más alto de la clase.
María es la chica más alta de la familia.
Tomás es el muchacho más fuerte de todos.

B *Contesten según se indica.*

¿Cuál es el producto más importante de la Argentina? *la carne de res*
¿Quién es el chico más alto de la clase? *Tomás*

¿Quién es el más rico de todos? *Rafael*
¿Quién es la chica más interesante de todas? *Elena*
¿Quién es el más pobre del pueblo? *Manolo*
¿Quién es el más fuerte del equipo? *Pepe*
¿Cuáles son las montañas más altas del país? *los Andes*
¿Cuál es el edificio más alto de Nueva York? *World Trade Center*

Nota gramatical

In order to express the ideas "tallest," "prettiest," etc., the word *más* accompanied by the appropriate definite article is placed with the adjective. This is called the superlative form of the adjective. The superlative is followed by the preposition *de*. Remember that *de* + *el* are contracted to form *del*.

> María es la chica más alta de la clase.
> Carlos es el jugador más fuerte de todos.

It is possible, as in English, to omit the noun in expressing the superlative.

> María es la más alta de la clase.
> Carlos es el más fuerte de todos.

Avenida 9 de julio, Buenos Aires

Los verbos *saber* y *conocer*

Saber

A *Repitan.*

Yo sé la lección.
Yo sé esquiar.

B *Contesten.*

¿Sabes la lección?
¿Sabes el vocabulario?
¿Sabes la gramática?
¿Sabes esquiar?
¿Sabes nadar?
¿Sabes jugar al fútbol?
¿Sabes dónde está Caracas?

C *Contesten.*

¿Sabe Juan esquiar?
¿Sabe María tocar la guitarra?
¿Sabe el chico la lección?
¿Saben la gramática Juan y Carlos?
¿Saben ellas dónde está Juan?
¿Saben ellos escribir?
¿Saben Uds. el vocabulario?
¿Saben Uds. la lección?
¿Saben Uds. a qué hora llega?
¿Saben Uds. dónde está el aeropuerto?

D *Sigan las instrucciones.*

Pregúntele a un amigo si sabe la lección.
Pregúntele a una amiga si sabe esquiar.
Pregúntele a la señorita si sabe la hora.
Pregúnteles a los muchachos si saben tener
   cuidado.
Pregúnteles a los señores si saben bailar.

Conocer

A *Repitan.*

Yo conozco a Juan.
Conozco a María.
Conozco la literatura.

B *Contesten.*

¿Conoces a Juan?
¿Conoces a Elena?
¿Conoces al chico?
¿Conoces a la monja?
¿Conoces la ciudad?
¿Conoces la música?
¿Conoces el arte?

141

C *Contesten.*

¿Conoce Juan a Elena?
¿Conoce Carmen a tu amigo?
¿Conoce Paco a la señorita?
¿Conocen ellos la historia de España?
¿Conocen las chicas la capital?
¿Conocen ellos la filosofía?
¿Conocen Uds. a Teresa?
¿Conocen Uds. al niño?
¿Conocen Uds. la literatura mexicana?

D *Sigan las instrucciones.*

Pregúntele a un amigo si conoce a Enrique.
Pregúntele a una amiga si conoce la ciudad.
Pregúntele al señor si conoce el arte.
Pregúnteles a los amigos si conocen al señor.
Pregúnteles a unas amigas si conocen la historia.

La Calle Florida, Buenos Aires

Nota gramatical

The verbs *saber* and *conocer* are both irregular in the first person singular. Study the following.

saber	**conocer**
sé	conozco
sabes	conoces
sabe	conoce
sabemos	conocemos
(sabéis)	(conocéis)
saben	conocen

Both the verbs *saber* and *conocer* mean "to know." The verb *saber* means to know in the sense of knowing something relatively simple, such as a fact.

> Sé donde está Madrid.
> Juan sabe la lección.

When followed by an infinitive, *saber* has the meaning "to know how."

> Carlos sabe esquiar.
> Sabemos nadar.

The verb *conocer* means to know in the sense of being acquainted with. In contrast to *saber,* it is used with something more complex, such as a person, art, or literature.

> Conozco a María.
> Conocemos al matador.
> Ellos conocen la literatura española.

Resumen

Sigan los modelos.

> ¿El arte mexicano? →
> Sí, yo conozco el arte mexicano.

> ¿Nadar? →
> Sí, yo sé nadar.

¿La historia de España?	¿La música cubana?
¿La lección?	¿A la chica guapa?
¿El vocabulario?	¿Al médico?
¿A Tomás?	¿Cuidar el ganado?
¿Al señor Gómez?	¿A mi tía?

Conversación

Al hospital

María	¿Quieres ir a esquiar?
Juan	No, no puedo.
María	¿Por qué no?
Juan	Tengo catarro y hace más frío en las montañas.
María	No importa. Vamos.
Juan	OK. Pero bajo sólo una vez.
María	De acuerdo.
	Ay, tonto. Cuidado. ¿No ves el árbol?
Juan	¡Ay de mí! La pierna. Está rota.
María	Llamo al médico. Y luego al hospital.
Juan	Ahora tengo más que un catarro.

Preguntas

1. ¿Quién quiere ir a esquiar?
2. ¿Por qué no puede ir Juan?
3. ¿Dónde hace más frío?
4. ¿Decide ir a esquiar Juan?
5. ¿Cuántas veces va a bajar la montaña?
6. ¿Está de acuerdo María?
7. ¿Quién no ve el árbol?
8. ¿Cómo tiene la pierna?
9. ¿A quién llama María?
10. Luego, ¿adónde tienen que ir?

Sonido y símbolo

ga	gue	gui	go	gu
amiga	guerra	guitarra	amigo	seguridad
paga		(guisante)	lago	
llega			luego	
gana			pago	
miga			domingo	
			(gobierno)	

ja	je	ji	jo	ju
Jamaica	viaje	Méjico	bajo	jugar
jamón	pasajero	México	hijo	julio
trabaja	Jesús	mejicano	viejo	junio
Jaime		mexicano	trabajo	
		(jíbaro)		

ge	gi
gente	(gigante)
(general)	(gigantesco)
	(Gijón)

La amiga llega y luego toca la guitarra.
El pasajero viejo hace un viaje a México en julio.
La gente trabaja en Gijón.
El hijo del viejo José trabaja con el gobierno en Gijón.

El ganado en las pampas

El "Melting Pot" porteño

Jack es un muchacho norteamericano. Su padre trabaja con una compañía que tiene sucursales en muchos países hispano-americanos. Ahora su familia vive en Buenos Aires, Argentina. La ciudad de Buenos Aires es muy cosmopolita. Es también una ciudad bonita. Tiene avenidas anchas con teatros, cines y tiendas elegantes.

    Una noche la familia de Jack va a cenar en un restaurante. Quieren comer «bife». El «bife» argentino es famoso en casi todas partes del mundo. Son los gauchos o vaqueros argentinos que cuidan el ganado en las llanas pampas del país. Los porteños, o habitantes de Buenos Aires, son muy aficionados a la carne de res que produce su país. En el restaurante viene el mesero. Su nombre es Tomás O'Hara. Después de una buena comida, la familia sale del restaurante. Buscan un taxi. Ah, aquí viene uno. ¿Y quién es el taxista? Andrés Sasnowski. ¿O'Hara y Sasnowski son argentinos? Sí que son argentinos. Como las grandes ciudades de los Estados Unidos, Buenos Aires es otro "melting pot" de gente de muchas nacionalidades europeas. En la Boca, la pintoresca área cerca del puerto, hay muchísimos italianos.

    Jack conoce otros países hispanoamericanos también. Nota que en Buenos Aires casi toda la gente es de ascendencia europea—polacos, españoles, italianos, irlandeses y alemanes.

sucursales *branch offices*

cenar *to dine*
casi *almost*

aficionados a *fond of*
mesero *waiter*

puerto *port*

ascendencia *origin, descent*

Pero no hay mulatos como en Venezuela ni mestizos como en México. En Buenos Aires hay muy poca población indígena.

Un día de julio, Jack recibe una invitación de un amigo argentino. Van a esquiar en Bariloche. ¿Pueden esquiar en julio? Sí, porque al sur del ecuador las estaciones son contrarias a las del hemisferio norte. Bariloche, en la frontera entre Chile y la Argentina es una cancha de ski famosa. Tiene muy buenas pistas. Jack no sabe esquiar bien pero quiere aprender. Su amigo argentino, Francisco, ayuda a Jack. Pero el pobre Jack tiene un accidente. Se cae y se rompe la pierna. Tiene que ir al hospital.

Jack no conoce a mucha gente en Bariloche. Pero Francisco va todos los días al hospital a visitar a Jack. Él sabe que cuando uno está enfermo, necesita un amigo. Cada muchacho es de otra parte del mundo. Pero eso no tiene importancia. Entre amigos, no hay fronteras.

indígena *indigenous, native*

sur *south*
ecuador *equator*
frontera *boundary, frontier*
cancha de ski *ski resort*
aprender *to learn*
se rompe *breaks*
todos los días *everyday*

eso *that*

Preguntas

1. ¿Quién es un muchacho norteamericano?
2. ¿Con qué trabaja su padre?
3. ¿Dónde vive su familia ahora?
4. ¿Cómo es la ciudad de Buenos Aires?
5. ¿Qué tiene la ciudad?
6. Una noche, ¿adónde va la familia de Jack?
7. ¿Qué quieren comer?
8. ¿Quiénes cuidan el ganado y dónde?
9. ¿Quiénes son los porteños?
10. ¿Quién es el mesero?
11. ¿Qué busca la familia de Jack cuando sale del restaurante?
12. ¿Quién es el taxista?
13. ¿Qué es Buenos Aires?
14. ¿Qué es la Boca?
15. ¿Conoce Jack a otros países hispanoamericanos?
16. ¿Hay mucha población indígena en Buenos Aires?
17. Un día de julio, ¿adónde va Jack con un amigo argentino?
18. ¿Cómo son las estaciones al sur del ecuador?
19. ¿Qué es Bariloche?
20. Después del accidente, ¿adónde tiene que ir Jack?
21. ¿Conoce Jack a mucha gente en Bariloche?
22. ¿Quién va a visitar a Jack en el hospital?
23. ¿Qué necesita uno cuando está enfermo?
24. Entre amigos, ¿hay fronteras?

Hay mucha influencia europea en Buenos Aires

Ejercicios escritos

A *Complete each sentence with an appropriate word.*

1. En el _____ hace frío.
2. Es necesario tener _____ cuando uno esquía.
3. Juan no ve el árbol y _____ con el árbol.
4. Tiene una _____ rota.
5. Juan tiene que ir al _____.
6. Juan está enfermo. Tiene también _____.
7. La médica examina la _____.
8. Hay buenas _____ en una cancha de ski.
9. El ganado _____ en las pampas.
10. Las pampas son muy _____.

B *Rewrite each sentence in the future, using* ir a *with the infinitive.*

1. María esquía en el invierno.
2. Ellos hacen la última llamada.
3. Ponemos las maletas en el baúl del carro.
4. Juan va al hospital.

5. Escribo una carta a mis padres.
6. Llamamos al médico.
7. Los niños comen los bocadillos.
8. El indio vende sus mercancías en el mercado.
9. Doy un paseo por el parque.
10. Sales a tiempo.
11. Los gauchos cuidan el ganado.
12. Visitamos a nuestros primos en Puerto Rico.

C Complete each sentence with the appropriate words for the comparative.

1. Carlos es _____ guapo _____ su hermano.
2. Ellos tienen _____ dinero _____ nosotros.
3. Mis hermanas son _____ inteligentes _____ mis primas.
4. Él tiene que tener _____ cuidado _____ tú.
5. Él es _____ fuerte _____ los otros.

D Follow the model.

Yo tengo más dinero que Carlos. →
Carlos no tiene más dinero que yo.

1. Yo soy más fuerte que María.
2. Nosotros damos más ayuda a los pobres que ellos.
3. Tú haces más trabajo que Jaime.
4. Uds. llevan más maletas que los chicos.
5. Ella es más pequeña que su hermana.

E Complete each sentence with the appropriate words for the superlative.

1. Carlos es _____ _____ alto _____ la clase.
2. María es _____ chica _____ inteligente _____ todas.
3. Rafael y Enrique son _____ _____ ricos de todos.
4. Tokio es _____ ciudad _____ grande _____ mundo.
5. Los toros son _____ animales _____ fuertes _____ todos.
6. La carne de res es _____ producto _____ importante _____ la Argentina.

F Complete each sentence with the correct form of the verb saber.

1. Yo _____ la lección.
2. ¿_____ tú bailar?
3. Ellos no _____ esquiar.
4. Carlos _____ jugar al fútbol.
5. ¿_____ Ud. el número?
6. Yo _____ tocar la guitarra.
7. Nosotros _____ la hora.
8. ¿Qué _____ tú?

G *Answer each question with a complete sentence.*

1. ¿Conoces a Juan?
2. ¿Conoce Teresa el arte de México?
3. ¿Conocen ellos a la familia de Juan?
4. ¿Conoces a María?
5. ¿Conocen Uds. a Sarita?
6. ¿Conocen ellos a la tía de Pablo?
7. ¿Conoces al niño?
8. ¿Conocen Uds. la literatura española?

H *Complete each sentence with the correct form of* saber *or* conocer.

1. Yo _____ la lección.
2. Nosotros _____ a María.
3. Carlos _____ esquiar.
4. Ellos _____ la gramática.
5. Yo _____ leer.
6. ¿_____ tú a Enrique?
7. Ella _____ el arte de México.
8. Nosotros _____ que París es la capital de Francia.
9. Ellos _____ la música española.
10. Sí, yo _____ a Enrique y _____ que vive en los Estados Unidos.

I *Form sentences from the following.*

1. Nosotros / andar / por / calles / Buenos Aires
2. Ella / trabajar / compañía / que / tener / sucursales / países / hispano
3. sur / ecuador / hacer / frío / durante / nuestro / verano
4. gauchos / vivir / pampas / Argentina
5. ganado / ser / industria / importante / país
6. Bariloche / ser / cancha de ski / que / tener / bueno / pistas

J *Answer the following questions in paragraph form.*

¿De dónde es Jack?
¿Dónde vive ahora?
¿Por qué vive en la Argentina?
¿Cómo es la ciudad de Buenos Aires?
Una noche, ¿adónde va a cenar la familia de Jack?
¿Qué van a comer?
¿Quién es el mesero?
Cuando salen del restaurante, ¿qué buscan?
¿Quién es el taxista?
¿Qué es Buenos Aires?
¿Quiénes viven en Buenos Aires?

Resumen oral

Actividades

A In the following crucigram there are 84 Spanish words which you have already learned. On a sheet of paper, write the letters of the crucigram. Then circle each word you can find. The words can go from left to right, right to left, from the top down, from the bottom up, or diagonally.

```
G  R  O  I  P  I  E  D  R  A  T  S  E  I  S  D  L  A
A  O  I  N  V  I  E  R  N  O  H  O  S  C  A  U  A  I
R  T  R  D  E  S  P  A  C  I  O  R  A  A  N  R  I  R
G  L  F  R  I  C  E  D  H  M  N  E  L  R  G  A  T  E
A  H  C  A  H  C  U  M  T  E  E  U  C  N  R  N  E  T
N  D  I  N  E  R  O  S  D  S  V  Q  I  E  E  T  N  R
T  E  H  O  L  A  C  N  H  A  A  A  R  U  V  E  R  A
A  T  L  E  T  A  A  C  T  A  R  V  Q  U  I  E  N  P
T  I  E  M  P  O  E  L  R  R  V  E  R  D  A  D  A  C
E  A  O  A  L  O  N  I  G  S  A  Z  E  R  B  M  O  N
R  A  J  I  O  R  T  O  N  O  L  R  C  A  P  T  H  A
R  A  D  A  D  D  M  O  E  B  A  D  I  A  A  L  D  O
I  D  V  N  A  A  I  E  P  R  O  N  T  O  R  I  O  T
Z  U  P  I  N  V  G  U  E  I  P  E  E  Q  U  I  P  O
A  Y  U  R  A  T  A  T  O  N  A  V  I  C  A  R  A  M
R  A  N  A  G  J  N  C  I  O  N  O  N  A  E  C  O  E
B  R  N  T  U  O  E  T  N  A  T  I  B  A  H  N  D  R
I  A  O  M  R  E  F  N  E  E  V  C  U  B  A  N  O  R
L  O  I  F  O  I  N  O  R  R  A  T  A  C  D  G  U  E
L  E  E  L  E  G  A  N  T  E  P  E  I  C  I  G  P  T
E  N  D  I  E  N  F  I  N  C  A  R  T  M  A  Y  A  H
T  E  C  H  O  P  D  V  E  G  E  T  A  L  E  S  U  A
E  P  I  S  T  A  A  E  O  M  P  O  C  O  N  U  I  C
O  P  N  F  I  J  R  C  A  R  B  O  L  S  A  L  A  E
P  U  E  R  T  A  F  I  N  C  A  O  D  A  E  D  O  R
```

152

B *Rearrange the letters below to form words. Then rearrange the circled letters to reveal the name of a famous capital city.*

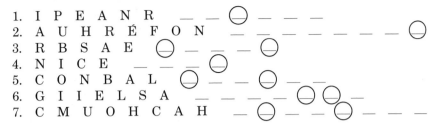

1. I P E A N R   _ _ Ⓞ _ _ _
2. A U H R É F O N   _ _ _ _ _ _ _ Ⓞ
3. R B S A E   Ⓞ _ _ _ Ⓞ
4. N I C E   _ _ _ Ⓞ
5. C O N B A L   Ⓞ _ _ Ⓞ _ _
6. G I I E L S A   _ _ _ _ Ⓞ Ⓞ _
7. C M U O H C A H   _ Ⓞ _ _ Ⓞ _ _ _

_ _ _ _ _ _   _ _ _ _ _

C *In each one of these groups of words, there is one word that does not belong. Which one is it?*

1. papa, carne, salchichas, padre
2. frío, nieva, invierno, garganta
3. falda, iglesia, camisa, pantalones
4. película, cine, suelo, televisión
5. tocar, atleta, equipo, jugador
6. matador, redonel, alrededor, toro
7. playa, viaje, maleta, pasajero
8. enfermo, cancha, catarro, paciente

Lección 9

1. Juan y María hacen un viaje.
Lo hacen en tren.
Están en la sala de espera.
Hay mucha gente en la sala de espera.
Estas maletas aquí son de María.
Aquellas maletas allá son de Juan.

2. María va a la ventanilla.
La ventanilla está en la estación de ferrocarril.
Ella saca dos billetes.
Saca dos billetes (boletos) de ida y vuelta.
El empleado los tiene.

3. Juan y María esperan el tren.
Lo esperan en el andén.
No hay nadie allí, sólo Juan y
   María.
Juan dice algo a María.

4. Llueve.
La casa no tiene paredes.
Hay una escalera.
Un señor baja la escalera.
Una señora sube la escalera.
Cerca de la casa hay una canoa.
La casa está sobre palos.
La casa está en la selva tropical
   (jungla).

Ejercicios de vocabulario

A *Contesten.*

1. ¿Cómo hacen el viaje Juan y María?
2. ¿Qué hay en la sala de espera?
3. ¿De quiénes son las maletas?
4. ¿Adónde va María?
5. ¿Qué saca en la ventanilla?
6. ¿Dónde esperan el tren Juan y María?
7. ¿Hay mucha gente en el andén?
8. ¿Tiene paredes la casa?
9. ¿Sube o baja la escalera el señor?
10. ¿Llueve mucho en las selvas tropicales?

B *Completen.*

1. Juan y María hacen un _____ en tren.
2. Ellos están en la _____ de espera.
3. María saca los boletos en la _____.
4. Saca dos boletos de _____ porque quieren volver también.
5. Ellos esperan el tren en el _____.
6. Hay mucha _____ en la sala de espera, pero no hay _____ en el andén.
7. Los pasajeros _____ el tren pero no llega.
8. Podemos remar en una _____.
9. El contrario de *sube* es _____.
10. La casa no tiene _____ y hay una _____ para bajar y subir.

Estructura

Los adjetivos demostrativos

este, ese, aquel

A *Repitan.*

Este periódico aquí es interesante.
Ese periódico allí es interesante.
Aquel periódico allá es interesante.
Este chico aquí es bueno.
Ese chico allí es bueno.
Aquel chico allá es bueno.

B *Contesten.*

¿Es alto este muchacho aquí?
¿Es alto ese muchacho allí?
¿Es alto aquel muchacho allá?
¿Es moderno este aeropuerto?
¿Es moderno ese aeropuerto?
¿Es moderno aquel aeropuerto?
¿Es pequeño este pueblo?
¿Es pequeno ese pueblo?
¿Es pequeño aquel pueblo?

Una casa residencial de San Isidro, Perú

esta, esa, aquella

A *Repitan.*

Esta chica aquí es alta.
Esa chica allí es alta.
Aquella chica allá es alta.

B *Contesten.*

¿Es blanca esta camisa aquí?
¿Es blanca esa camisa allí?
¿Es blanca aquella camisa allá?
¿Es nueva esta maleta?
¿Es nueva esa maleta?
¿Es nueva aquella maleta?

estos, esos, aquellos

A *Repitan.*

Estos puestos aquí son interesantes.
Esos puestos allí son interesantes.
Aquellos puestos allá son interesantes.

B *Contesten.*

¿Son interesantes estos periódicos?
¿Son interesantes esos periódicos?
¿Son interesantes aquellos periódicos?
¿Son importantes estos productos?
¿Son importantes esos productos?
¿Son importantes aquellos productos?

estas, esas, aquellas

A *Repitan.*

Estas paredes son bonitas.
Esas paredes son bonitas.
Aquellas paredes son bonitas.

B *Contesten.*

¿Son blancas estas paredes?
¿Son blancas esas paredes?
¿Son blancas aquellas paredes?
¿Son nuevas estas maletas?
¿Son nuevas esas maletas?
¿Son nuevas aquellas maletas?

Nota gramatical

The demonstrative adjective "this" in Spanish is *este* or *esta,* and "these" is *estos* or *estas.* Study the following forms.

este periódico	estos periódicos
esta mesa	estas mesas

In Spanish there are two ways to express "that." *Ese* is used to indicate an object which is near the person spoken to and not far from the speaker. *Aquel* is used to indicate an object which is off in the distance. The same distinction is made with "those": *esos* for objects near the person spoken to, and *aquellos* for objects far from both speaker and listener.

ese carro	esos carros
esa mesa	esas mesas
aquel carro	aquellos carros
aquella mesa	aquellas mesas

Casas de la selva tropical, Perú

Las palabras negativas

A *Repitan.*

Hay algo en la mesa.
No hay nada en la mesa.
Hay mucha gente en el andén.
No hay nadie en el andén.
Juan siempre lee.
Juan nunca lee.

B *Sustituyan.*

Hay algo | en la mesa.
en el baúl.
en el carro.

No hay nada | en la mesa.
en el baúl.
en el carro.

Hay alguien | en el suelo.
en la sala.
en el andén.

No hay nadie | en el suelo.
en la sala.
en el andén.

Siempre | viajamos.
trabajamos.
leemos.

Nunca | viajamos.
trabajamos.
leemos.

C *Contesten negativamente.*

¿Hay algo en el carro?
¿Hay algo en el baúl?
¿Hay algo en la maleta?
¿Hay alguien en el cine?
¿Hay alguien en el restaurante?
¿Hay alguien en el tren?
¿Siempre comes?
¿Siempre cantas?
¿Siempre sales?

159

D *Repitan.*

Tengo algo.
No tengo nada.
Veo a alguien.
No veo a nadie.

E *Contesten negativamente.*

¿Tienes algo?
¿Ves algo en el suelo?
¿Buscas algo?
¿Lees algo?
¿Recibes algo?
¿Buscas a alguien?
¿Miras a alguien?
¿Vas con alguien?
¿Haces el viaje con alguien?

Nota gramatical

The three most common negative words are *nada, nadie,* and *nunca.* Their affirmative counterparts are *algo, alguien,* and *siempre.* Note that in a Spanish sentence, more than one negative word can be used.

No tengo nada.
No vamos nunca al cine.
No veo nunca a nadie.

Resumen

Contesten negativamente.

¿Quieres algo?
¿Siempre vas a la finca?
¿Conoces a alguien allí?
¿Ves algo en la mesa?

¿Siempre sales con María?
¿Tienes algo en el carro?
¿Hay alguien en la ventanilla?
¿Siempre esperas en el mismo andén?

La Plaza San Martín, Lima

Los pronombres de complemento directo

Lo

A *Repitan.*

María compra el pan.
María lo compra.
Juan tiene el periódico.
Juan lo tiene.
Veo a Tomás.
Lo veo.

B *Contesten según el modelo.*

> ¿Mira Juan el edificio? →
> Sí, Juan lo mira.

¿Tiene Juan el billete?
¿Mira el periódico María?
¿Ve el monumento Elena?
¿Vende el carro Tomás?
¿Comes el bocadillo?
¿Compras el pan?
¿Lees el periódico?
¿Pones el pan en la mesa?
¿Tienes el pasaporte en la bolsa?
¿Ves a Juan?
¿Miras a Enrique?
¿Buscas al mesero?

La

A *Repitan.*

Miro la blusa.
La miro.
Vendo la canasta.
La vendo.
Miro a María.
La miro.

B *Contesten según el modelo.*

> ¿Tiene la maleta María? →
> Sí, María la tiene.

¿Toca Juan la guitarra?
¿Lleva la bolsa Elena?

¿Vende la canasta el indio?
¿Pone Carlos la maleta en el suelo?
¿Come Carmen la ensalada?
¿Examina la garganta el médico?
¿Trae la comida la azafata?
¿Tocas la guitarra?
¿Vendes la casa?
¿Miras a la niña?
¿Ayudas a Teresa?
¿Buscas a Carmen?

Los

A *Repitan.*

Como los bocadillos.
Los como.
Veo a los señores.
Los veo.

B *Contesten según el modelo.*

> ¿Come los bocadillos Carlos? →
> Sí, Carlos los come.

¿Prepara los refrescos el chico?
¿Vende los billetes la empleada?
¿Compra los boletos Juan?
¿Tiene los periódicos Carmen?
¿Quiere los pasaportes el señor?
¿Compras los periódicos?
¿Visitas los campos?
¿Ves los toros?
¿Sacas los billetes?
¿Ves a los gauchos?
¿Ayudas a los pobres?

Las

A *Repitan.*

Carlos saca las fotografías.
Carlos las saca.
El indio vende las mercancías.
El indio las vende.

B *Contesten según el modelo.*

¿Prepara las meriendas Pablo? →
Sí, las prepara.

¿Vende las canastas la india?
¿Compra las joyas Teresa?
¿Saca las fotografías Tomás?
¿Tiene las maletas José?
¿Compras las blusas?
¿Escuchas las noticias?

¿Preparas las comidas?
¿Traes las maletas?
¿Ves a las monjas?
¿Miras a las chicas?
¿Buscas a Isabel y a Teresa?

Nota gramatical

In Spanish the direct object pronoun agrees with the noun it replaces. The object pronoun precedes the verb. Study the following.

Carlos lee el periódico.   Carlos lo lee.
María tiene la bolsa.   María la tiene.
La chica prepara los bocadillos.   La chica los prepara.
La chica saca las fotografías.   La chica las saca.

Note that the object pronouns *lo, la, los, las* can replace either a person or a thing.

Veo a Juan.   Lo veo.
Veo a María.   La veo.

Un edificio colonial, Lima

Resumen

Sigan el modelo.

> Carlos tiene los billetes. ¿Y la maleta? →
> Carlos la tiene también.

Eduardo vende la casa. ¿Y el carro?
María tiene la bolsa. ¿Y las canastas?
El indio vende las joyas. ¿Y los huaraches?
Elena compra la blusa. ¿Y la falda?
Tomás lee la carta. ¿Y los periódicos?
El pasajero tiene el billete. ¿Y el pasaporte?
Teresa prepara los bocadillos. ¿Y la comida?
El padre compra el pan. ¿Y los panecillos?
Ángel busca la corbata. ¿Y las camisas?

El verbo *decir*

TERCERA PERSONA

A *Repitan.*

Juan dice algo.
Ellos dicen que no.

B *Contesten.*

¿Dice algo Carlos?
¿Dice que sí María?
¿No dice nada el chico?
¿Dicen ellos que lo saben?
¿Dicen todos que lo tienen?
¿Dicen «adiós» los amigos?

PRIMERA PERSONA

A *Repitan.*

Yo digo que no.
Nosotros decimos que son pobres.

B *Contesten.*

¿Dices que sí?
¿Dices que no?
¿Dices algo?
¿No dices nada?
¿Dicen Uds. «adiós»?
¿Dicen Uds. algo?
¿Dicen Uds. que sí?

SEGUNDA Y TERCERA PERSONAS

A *Repitan.*

¿Dices que sí?
¿Dice Ud. algo?
¿Dicen Uds. que no?

B *Sigan las instrucciones.*

Pregúntele al chico si dice algo.
Pregúntele a la chica si dice que sí.
Pregúntele al señor si dice «adiós».
Pregúntele a la señorita por qué lo dice.
Pregúnteles a los señores qué dicen.
Pregúnteles a las señoras si dicen que no.

Nota gramatical

Study the following forms of the irregular verb *decir*.

digo   decimos
dices   (decís)
dice   dicen

Resumen

Contesten según el modelo.

> Juan dice que no. ¿Y tú?   →
> Yo también digo que no.

Ellos dicen que sí. ¿Y Pablo?
Elena dice algo. ¿Y Uds.?
Yo digo «adiós». ¿Y los otros?

Ella dice mucho. ¿Y sus amigos?
Él dice que no. ¿Y tú?
Nosotros lo decimos. ¿Y ellos?

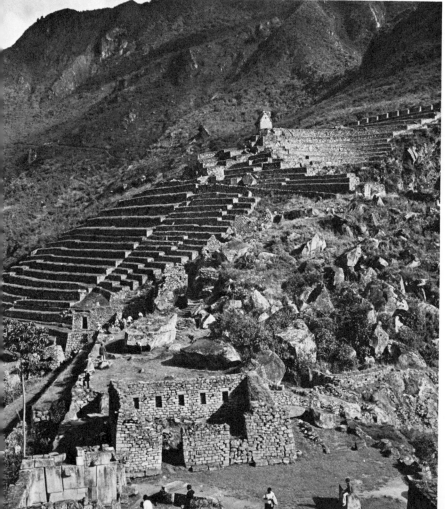

Machu Picchu

Conversación

En la estación de ferrocarril

Juan	¿María, a qué hora sale el tren?
María	A las cinco y cuarto.
Juan	¿De qué andén sale?
María	De aquel andén allá.
Juan	¿Por qué no sacas los billetes ahora?
María	Buena idea. No hay nadie en la ventanilla.
Juan	¿Sacas billetes sencillos?
María	No, de ida y vuelta.
Juan	¿Tienes las maletas?
María	Sí, Juan, las tengo.

Preguntas

1. ¿Quiénes están en la estación de ferrocarril?
2. ¿A qué hora sale el tren?
3. ¿De qué andén sale?
4. ¿Saca los billetes María?
5. ¿Hay mucha gente en la ventanilla?
6. ¿Saca billetes sencillos?
7. ¿Qué tipo de billetes saca?
8. ¿Quién tiene las maletas?

Sonido y símbolo

ra	re	ri	ro	ru
para	aire	americano	dinero	(Aruba)
verano	interesante	señorita	miro	
cámara	torea	varios	preparo	
		necesario	sombrero	
		María	toro	

řa	ře	ři	řo	řu
guitarra	refresco	barrio	Roberto	Rubén
tierra	restaurante	rico	robo	(rutina)
guerra	(reinan)	aterriza	ferrocarril	(ruta)
enterrada	región		rodeado	
(rato)			(rosado)	
			rota	

	h			
(hasta)	hermana	hospital		
habla	hermano	(hotel)		
hay		(hoy)		

La señorita americana mira la cámara y el dinero.
El restaurante está en una región rodeada de sierras.
Rubén Rosas prepara refrescos en el verano.
El hermano habla con su hermana en el hospital.

El Jirón de la Unión

En el tren, Cerro de Pasco

Saludos del Perú

Lima, Perú
No importa cuando

Queridos amigos norteamericanos:

Esta carta es de un amigo peruano. La escribe Jaime Gutiérrez. Soy de Lima, nuestra capital. Vivo en un departamento cerca del Jirón de la Unión. Es un barrio comercial de nuestra ciudad.

departamento *apartamento*
Jirón *street (Peru)*

Yo no sé si Uds. saben algo de mi país o de mi ciudad. Dicen que Lima es la ciudad más colonial de Latinoamérica. En nuestras plazas, que son grandes, Ud. puede ver muchos edificios de estilo colonial. Estos edificios antiguos son de los días antes de nuestra independencia.

En el invierno, de mayo a septiembre, la garúa cubre nuestra ciudad. Nunca sale el sol pero nunca llueve tampoco. La garúa es un tipo de neblina. Uds. van a decir, ¿cómo podemos vivir con cinco meses de garúa? Pues, no muy lejos de Lima, en las montañas, está Chosica. Allí siempre hace buen tiempo. Vamos allá a pasar unas horas o un día entero.

cubre *covers*
tampoco *either*
neblina *mist, fog*
meses *months*

entero *entire*

Nuestro país tiene unos de los picos más altos de los Andes. Machu Picchu está en los Andes. Aquí están las famosas ruinas de la civilización de los incas. Muchos de mis compatriotas son de ascendencia india. En los Andes hay mucha gente de pura sangre india. En la ciudad hay muchos mestizos.

picos *peaks*

¿Por qué no vienen Uds. algún día a mi país? Si vienen, vamos a hacer un viaje en tren. Uno de los viajes más interesantes es el viaje de Arequipa a Cuzco. El tren tiene que ir despacio porque tiene que subir y bajar los gigantescos picos andinos. A estas alturas, no hay mucho oxígeno. Si un pasajero lo necesita, no hay problema. En el tren siempre tienen máscaras de oxígeno.

algún día *some day*

despacio *slowly*

alturas *altitudes*
máscaras de oxígeno *oxygen masks*

Pero todo el Perú no es montañoso. Por ejemplo, Iquitos está en una zona tropical. Es un puerto. ¿Por qué no miran Uds. un mapa? Si Uds. lo miran, van a ver que Iquitos está muy lejos del océano. Pero es nuestro puerto del Atlántico. Los barcos llegan a

mapa *map*
barcos *ships*

167

Iquitos después de un viaje de quince días en el río Amazonas. Mucha gente vive en las orillas del río entre la vegetación densa de la selva. Sus casas con techos de paja no tienen paredes. Las construyen sobre palos. A veces el agua del río sube y cuando los habitantes salen de casa, tienen que entrar en seguida en una canoa. Cuando la marea baja, bajan por una escalera y pueden andar a pie.

Sí, amigos, mi país es muy interesante. Si lo visitan, ¿por qué no vienen a mi casa? Quiero saber algo de su país también. Cuando viajamos, conocemos al mundo y llegamos a ser verdaderos amigos.

río Amazonas *Amazon River*

construyen *they construct*
A veces *At times*
en seguida *immediately*
marea *tide*
andar a pie *to go by foot*

llegamos a ser *we become*
verdaderos *true*

Suyo afmo.

Jaime Gutiérrez

Preguntas

1. ¿De dónde es la carta?
2. ¿Quién la escribe?
3. ¿A quién la escribe?
4. ¿Dónde vive?
5. ¿Es Lima una ciudad colonial?
6. ¿Qué puede ver uno en las plazas de Lima?
7. ¿De qué días son estos edificios?
8. ¿Cuándo hay garúa en Lima?
9. ¿Qué es la garúa?
10. ¿Llueve mucho en Lima?
11. ¿Dónde hace buen tiempo siempre?
12. ¿Dónde está Chosica?
13. ¿Tiene el Perú unos de los picos más altos de los Andes?
14. ¿Qué ruinas están en Machu Picchu?
15. ¿Tienen muchos peruanos sangre india?
16. ¿Hay muchos mestizos en Lima?
17. ¿Invita Jaime a sus amigos a ir al Perú?
18. ¿Cuál es uno de los viajes más interesantes en tren?
19. ¿Tiene que ir despacio el tren?
20. ¿Por qué tiene que ir despacio?
21. ¿Hay mucho oxígeno a estas alturas?
22. Si lo necesitan los pasajeros, ¿qué tienen en el tren?
23. ¿Está cerca del océano Iquitos?
24. ¿Es un puerto Iquitos?
25. ¿Por qué río viajan los barcos?
26. ¿Vive mucha gente a las orillas del río Amazonas?
27. ¿Tienen paredes sus casas?
28. ¿Las construyen sobre palos?
29. Cuando sube el agua, ¿pueden andar a pie los habitantes?
30. ¿En qué entran en seguida?
31. ¿Quiere Jaime conocer a los Estados Unidos también?
32. ¿Cuándo llegamos a ser verdaderos amigos?

Ejercicios escritos

A *Complete the following paragraph with appropriate words.*

Juan y María hacen un _____ en _____. Están ahora en la sala de _____. Hay mucha _____ y muchas maletas. _____ maletas aquí son de María y aquellas maletas _____ son de Juan. María espera con las maletas y Juan va a la _____ donde _____ dos boletos de _____. Luego los dos van al _____ donde esperan el tren.

B *Change the words for* this *or* these *to both forms of* that *or* those *in each sentence.*

1. Esta blusa es bonita.
2. Estos aviones son nuevos.
3. Este producto es importante.
4. Estas montañas son altas.
5. Este pasajero no tiene su billete.
6. Estas islas son bonitas.
7. Esta región es pintoresca.
8. Esta ciudad tiene mucha influencia de los indios.

C *Change the words for* that *or* those *to* this *or* these *in each sentence.*

1. Tengo que leer ese periódico.
2. Queremos visitar aquella región.
3. No queremos comprar esas maletas.
4. Hay un mercado en el centro de ese pueblo.
5. Hay avenidas anchas en aquella ciudad.
6. Aquel aeropuerto está cerca de la ciudad.
7. Aquella parte del país es muy interesante.
8. Ese país produce mucha carne de res.

D *Complete each sentence with the appropriate form of* este, ese, *or* aquel.

1. _____ maletas allá son de Juan.
2. _____ paredes aquí son bonitas.
3. _____ vestido allá es nuevo.
4. _____ periódicos allí son de Lima.
5. _____ estación de ferrocarril aquí es muy moderna.
6. _____ pobres allá no tienen bastante dinero para comprar comida.

E *Rewrite each sentence in the negative.*

1. Hay algo en el baúl del carro.
2. Busco a alguien.
3. Ellos siempre pasan el verano en la playa.
4. Veo algo en la maleta.
5. Carlos trae algo para la merienda.
6. Tengo que ayudar a alguien.
7. Los chicos siempre van al Bosque de Chapultepec.
8. Él quiere algo.
9. Hay alguien en la ventanilla.
10. Siempre hacemos el viaje en avión.

169

F *Rewrite each sentence, substituting an object pronoun for the italicized words.*

1. Juan tiene *el accidente*.
2. La señora prepara *la comida*.
3. Juan ve *a sus amigos*.
4. María compra *la falda*.
5. Las muchachas leen *el periódico*.
6. Los indios venden *las mercancías*.
7. Miramos *el castillo*.
8. Juan come *el bocadillo*.
9. Pongo *las maletas* en el andén.
10. Carlos saca *los billetes* en la ventanilla.
11. La azafata trae *la comida*.
12. Visitamos *a los primos*.
13. La médica examina *al paciente*.
14. Ellos no aceptan *la ayuda*.
15. Carlos lee *los periódicos*.

G *Complete each sentence with the correct form of the verb* decir.

1. Carlos _____ algo.
2. Nosotros lo _____.
3. Ellos _____ «adiós».
4. ¿Por qué _____ tú que no?
5. Yo no _____ nada.
6. Uds. lo _____.
7. Ellas _____ mucho.
8. Nosotros no lo _____ a nadie.

H *Form sentences from the following.*

1. famoso / ruinas / incas / estar / Machu Picchu
2. Ellos / siempre / tener / máscaras de oxígeno / tren
3. Él / decir / que / casas / no / tener / paredes
4. garúa / cubrir / ciudad / durante / meses / invierno
5. tren / tener que / ir / despacio / porque / subir / bajar / picos / andino

I *Answer the following questions in paragraph form.*

¿Cuál es la capital del Perú?
¿Es una ciudad colonial?
¿Qué cubre la ciudad durante el invierno?
¿Qué es la garúa?
¿Adónde va la gente para ver el sol?
¿Dónde está Chosica?
¿Es el Perú un país montañoso?
¿Dónde están las famosas ruinas de los incas?
¿Está en los Andes Machu Picchu?
¿Es montañoso todo el país?
¿Dónde está Iquitos?
¿Qué es Iquitos?
¿En qué tipo de casa viven los habitantes a las orillas del río Amazonas?

J *Describe a house in the jungle area of Iquitos.*

Resumen oral

Lección 10

Vocabulario

1. El muchacho se llama Jaime.
Jaime se levanta.
Se levanta a las ocho de la mañana.

2. Jaime está en el cuarto de baño.
Se mira en el espejo.
Tiene barba.
Se afeita.
Su hermano se lava la cara.

3. La muchacha se cepilla los dientes.
Otra muchacha se peina.

4. Roberto se pone la camisa y la chaqueta.

5. El muchacho se acuesta a las once de la noche.
Duerme toda la noche.
Duerme en la cama.

6. El muchacho toma el desayuno en el comedor.
Se desayuna en el comedor.
Prefiere tomar el desayuno en el comedor.
Se sienta a la mesa.

7. Es la parada del autobús.
Las muchachas bajan del autobús
   en la esquina.
Las muchachas llevan uniforme.

8. Es un aula de una escuela.
Las alumnas se sientan en filas.
La profesora hace una pregunta.
La profesora enseña.
Las alumnas aprenden.

Ejercicios de vocabulario

A *Contesten.*

1. ¿Cómo se llama el muchacho?
2. ¿A qué hora se levanta él?
3. ¿Dónde se lava la cara el muchacho?
4. ¿En qué se mira?
5. ¿Por qué se afeita?
6. ¿Se cepilla los dientes la muchacha?

175

7. ¿Se peina otra muchacha?
8. ¿Qué se pone Roberto?
9. ¿A qué hora se acuesta el muchacho?
10. ¿Dónde toma la muchacha el desayuno?
11. ¿Dónde se sienta?
12. ¿Dónde bajan las muchachas del autobús?
13. ¿Enseña la profesora?
14. ¿Se sientan las alumnas en filas?

B   *Completen.*

1. El chico se mira en el _____.
2. Él se lava la _____ en el _____.
3. Tiene _____ y se afeita.
4. Jaime _____ a las once de la noche.
5. Él _____ a las ocho de la mañana.
6. Ese chico se _____ Jaime.
7. Elena _____ a la mesa.
8. Toma el _____ en el _____.
9. Él duerme en la _____.
10. Él se pone la camisa y la _____.
11. Ella se cepilla los _____.
12. Ella _____ toda la noche.

Las muchachas llevan uniforme, Guatemala

Estructura

Los verbos reflexivos

TERCERA PERSONA SINGULAR

A *Repitan.*

El chico se lava.
La muchacha se peina.

B *Sustituyan.*

José se | lava.
| levanta.
| peina.
| afeita.

C *Contesten.*

¿Se lava la cara Jaime?
¿Se levanta temprano la chica?
¿Se afeita el muchacho?
¿Se peina Teresa?
¿Se levanta tarde Isabel?
¿Se pone la camisa Eduardo?

PRIMERA PERSONA SINGULAR

A *Repitan.*

Yo me llamo ———.
Me peino.
Me lavo la cara.

B *Sustituyan.*

Me | lavo
| afeito | en el cuarto de baño.
| peino

C *Contesten.*

¿Te levantas tarde o temprano?
¿A qué hora te levantas?
¿Cómo te llamas?
¿Te afeitas?

¿Te afeitas cuando tienes barba?
¿Te peinas con cuidado?
¿Te cepillas los dientes?
¿Te lavas la cara?
¿Te miras en el espejo?
¿Te pones la chaqueta?
¿Te pones la blusa?

SEGUNDA PERSONA SINGULAR

A *Repitan.*

¿A qué hora te levantas?
¿Por qué no te lavas la cara?

B *Sigan las instrucciones.*

Pregúntele al chico cómo se llama.
Pregúntele a la chica cómo se llama.
Pregúntele a un amigo a qué hora se levanta.
Pregúntele a una amiga si se peina.
Pregúntele al muchacho si se mira en el
    espejo.

TERCERA PERSONA PLURAL

A *Repitan.*

Los chicos se afeitan.
Las chicas se peinan.

B *Sustituyan.*

Ellos se | lavan.
| peinan.
| afeitan.
| levantan.

C *Contesten.*

¿Se levantan temprano los muchachos?
¿Se lavan ellos la cara?
¿Se afeitan cada día los muchachos?
¿Se peinan con cuidado las muchachas?
¿Se lavan la cara los niños?

177

PRIMERA PERSONA PLURAL

A *Repitan.*

Nosotros nos lavamos la cara.
Nos cepillamos los dientes.

B *Sustituyan.*

Nos | levantamos.
lavamos.
afeitamos.
peinamos.

C *Contesten.*

¿Se levantan Uds.?
¿Se lavan Uds.?
¿Se afeitan Uds.?
¿Se peinan Uds.?
¿Se cepillan Uds. los dientes?

TERCERA PERSONA PLURAL

A *Repitan.*

¿Se levantan Uds. tarde?
¿Se afeitan Uds.?

B *Sigan las instrucciones.*

Pregúnteles a los chicos a qué hora se
  levantan.
Pregúnteles a las chicas si se lavan la cara.
Pregúnteles a los muchachos si se afeitan.
Pregúnteles a las muchachas si se peinan.

TERCERA PERSONA SINGULAR—UD.

A *Repitan.*

¿Se afeita Ud., señor Rodríguez?
¿Se peina Ud., señorita Flores?

B *Sigan las instrucciones.*

Pregúntele al señor López a qué hora se
  levanta.
Pregúntele a la señorita Iglesias si se peina.
Pregúntele al señor Morales si se afeita.

Nota gramatical

Certain verbs in Spanish are called reflexive verbs. This means that the action of the
verb is both executed and received by the subject. Reflexive verbs are accompanied
by a pronoun which is called the reflexive pronoun. Study the following forms.

	levantarse	**lavarse**	**peinarse**
yo	me levanto	me lavo	me peino
tú	te levantas	te lavas	te peinas
él ella, Ud.	se levanta	se lava	se peina
nosotros	nos levantamos	nos lavamos	nos peinamos
(vosotros)	(os levantáis)	(os laváis)	(os peináis)
ellos, ellas, Uds.	se levantan	se lavan	se peinan

España—la madre patria del mundo hispánico—un país de contrastes, de belleza, de gente animada, de pueblecitos pintorescos, de grandes capitales, de campos verdes.

España, con Portugal, forma lo que llamamos la Península Ibérica. Durante su historia, su situación geográfica peninsular les trae a muchos invasores a sus orillas. Son muchas las influencias extranjeras—la romana, la visigótica, la arábiga—que se encuentran dentro de España. Pero en los siglos XV y XVI son los españoles quienes dejan sus orillas para ir a conquistar otro mundo, un mundo nuevo. Y muchas son las influencias españolas que se ven en los países de este nuevo mundo, cuyo idioma oficial es el español.

Aquí vemos al matador, gran representante del orgullo, del bravío del español; del español de Toledo, con su río Tajo, o de el de Madrid con sus jardines bonitos o de el de Andalucía con sus pueblecitos de casas blancas, cielo azul y sol amarillo.

México—*otro país de contrastes. La raza mexicana es una mezcla del español y del indio—el español que pisó tierra mexicana para conquistarla y el indio que ya estuvo allí para saludarlo. México, un país de costumbres interesantísimas, ciudades modernísimas y pueblos lindísimos. La Ciudad de México, su capital, tiene rascacielos que tocan el cielo nublado. Al lado de sus rascacielos están los edificios coloniales construidos por los españoles hace ya muchos siglos. En los pueblos están los mercados llenos de mercancías producidas por manos mexicanas y productos sacados de tierra mexicana. Cada pueblecito tiene también su placita—placita donde juegan los niños, charlan los jóvenes y descansan los viejos. Sí, éste es México, el interesante y simpático vecino al sur de los Estados Unidos.*

El Sudoeste—*región grandísima de los Estados Unidos, que toca tierra mexicana. Y México no sólo toca el sudoeste de los Estados Unidos, sino que allí se ve reflejada—en la arquitectura, en las costumbres y en la gente. Laredo, Albuquerque, Pueblo, Santa Bárbara, Los Angeles—¿Dónde están? ¿En México? No, en los Estados Unidos. Son nombres que indican los antecedentes comunes a los dos lados de la frontera. Pero lo que tienen en común no es sólo cuestión de nombres; lo es de gente también. Millones de personas de ascendencia mexicana habitan los estados de Texas, Nuevo México, Colorado, Arizona y California. Hoy día se llaman chicanos y con una sola voz piden justicia en esta tierra que para muchos ha servido de cuna.*

Venezuela—*patria de Simón Bolívar*—*tierra de montañas y llanos, playas y mesetas, ciudades cosmopolitas y pueblecitos primitivos. Influencias indígenas hacen contraste vivo con los elementos modernos de la capital. Caracas y Maracaibo, dos ciudades importantes, reflejan el pensamiento progresivo del pueblo venezolano y protegen los símbolos de una historia orgullosa.*

El venezolano de hoy—el hombre de negocios de Caracas, el ingeniero de Maracaibo, el marinero de La Guaira, el indio que se gana la vida de las aguas del río Orinoco, el ganadero de los llanos. Cada uno es símbolo de un país progresivo con grandes aspiraciones dignas de una nación que tiene grandes riquezas naturales.

Perú—país de la costa occidental del continente sudamericano, país de picos andinos y de pueblos aislados, con una costa bañada por las frescas aguas del Pacífico.

La Plaza San Martín en el centro mismo de Lima nos hace recordar la dominación española y la lucha por la independencia. Perú es un país que tiene muchísima influencia india, no de los aztecas mexicanos, sino de los incas peruanos, incas que aún hoy hablan su propio idioma—el quechua, indios cuyos antepasados nos dejaron las famosas ruinas de Cuzco y Machu Picchu.

Uruguay—*en la costa oriental del continente sudamericano, con su famosa playa de Punta del Este, lugar favorito no sólo de los uruguayos sino también de los argentinos. Montevideo, su capital, es la gran metrópoli del país. Pero contrastes hay también; en el interior hay pueblos pequeños donde viven campesinos pobres que labran la tierra desde la mañana hasta la noche.*

Colombia—*el único país que lleva el nombre del gran descubridor, Cristóbal Colón. Bogotá, su capital, tiene avenidas anchas y rascacielos altos. Pero existen también calles más tranquilas, más alejadas de la vida animada del centro, donde pueden jugar los niños—niños bogotanos—niños pobres y niños ricos. En estas calles aisladas hay también casas pequeñas y pintorescas. Una es la del gran libertador Simón Bolívar, el héroe que tanto luchó por la independencia de Colombia y también la de otros países sudamericanos.*

Argentina—*el país de habla española más grande de América. Su capital, Buenos Aires, tiene fama de ser la ciudad más europea del continente. Y en el famoso barrio del puerto llamado la Boca viven muchos italianos, que como muchos alemanes, ingleses y españoles, hoy día se consideran porteños argentinos. Su vida capitalina contrasta mucho con la de los gauchos que dedican su vida a cuidar el ganado, el ganado que pace en las grandes pampas argentinas, y que da fama a este país, el productor más grande de carne de res —el famoso «bife» argentino.*

Puerto Rico—la perla del Caribe, isla encantadora, a sólo mil quinientas millas de Nueva York. Una isla de sol, de palmeras, de playas, de hoteles elegantes y de habitantes que se llaman puertorriqueños—gente animada, gente simpática, gente encantadora como la tierra de su isla. Gente que canta español y que tiene orgullo de sus tradiciones hispanas. Gente que es a la vez hispana y norteamericana porque hoy día su isla es un estado asociado de los Estados Unidos.

Los verbos reflexivos
de cambio radical

Los verbos sentarse, acostarse

PRIMERA PERSONA PLURAL

A   *Repitan.*

Nos sentamos a la mesa.
Nos acostamos tarde.

B   *Contesten.*

¿Se sientan Uds. a la mesa?
¿Se sientan Uds. a comer?
¿Se sientan Uds. a tomar el desayuno?
¿Se sientan Uds. en el tren?
¿Se acuestan Uds. tarde?
¿Se acuestan Uds. en la cama?
¿Se acuestan Uds. cuando están cansados?
¿Se acuestan Uds. cuando toman una siesta?

LAS FORMAS DE CAMBIO RADICAL

A   *Repitan.*

Los chicos se sientan a la mesa.
Él se sienta aquí.
Yo me acuesto tarde.
¿A qué hora te acuestas?

B   *Contesten.*

¿Se sienta en la sala María?
¿Se sienta el estudiante?
¿Se acuesta tarde José?
¿Se acuesta temprano Carmen?
¿Se sientan los señores en el comedor?
¿Se sientan los alumnos en la escuela?
¿Se acuestan temprano los niños?
¿Se acuestan tarde los padres?
¿Te sientas a la mesa?
¿Te sientas en un café?
¿Te acuestas tarde o temprano?
¿Te acuestas en aquella cama?

C   *Sigan las instrucciones.*

Pregúntele a un muchacho si se sienta con
   María.
Pregúntele a una muchacha a qué hora se
   acuesta.
Pregúntele al señor si se sienta a la mesa.
Pregúnteles a unos amigos si se acuestan
   tarde.
Pregúnteles a los señores si se sientan en la
   sala.

Nota gramatical

The verbs *sentarse* and *acostarse* are reflexive verbs with a radical stem change.
   As with other stem-changing verbs, the only present tense form that conforms to
the infinitive is *nosotros* (and *vosotros*). Study the following.

sentarse (e-ie)	acostarse (o-ue)
me siento	me acuesto
te sientas	te acuestas
se sienta	se acuesta
nos sentamos	nos acostamos
(os sentáis)	(os acostáis)
se sientan	se acuestan

Los verbos de cambio radical

Los verbos preferir, dormir

PRIMERA PERSONA SINGULAR

A *Repitan.*

Nosotros preferimos salir.
Preferimos volver al hotel.
Dormimos en esta cama.
Dormimos bien.

B *Contesten.*

¿Prefieren Uds. ir al parque?
¿Prefieren Uds. tomar el tren?
¿Prefieren Uds. subir ahora?
¿Duermen Uds. en el hotel?
¿Duermen Uds. durante el viaje?
¿Duermen Uds. en aquella cama?

LAS FORMAS DE CAMBIO RADICAL

A *Repitan.*

Juan prefiere ir en tren.
Ellos prefieren traer los refrescos.
Yo duermo toda la noche.
¿Dónde duermes tú?

B *Contesten.*

¿Prefiere María salir con José?
¿Prefiere el chico jugar al fútbol?
¿Duerme María bien?
¿Duerme en el avión tu padre?
¿Prefieren ellos comer en casa?
¿Prefieren los chicos comprar en esta tienda?
¿Duermen los niños toda la noche?
¿Duermen ellos en el suelo?
¿Prefieres nadar en el lago?
¿Prefieres subir las montañas?
¿Duermes ocho horas?
¿Duermes por la noche?

C *Sigan las instrucciones.*

Pregúntele a un amigo si prefiere esperar
  aquí.
Pregúntele a una amiga si duerme mucho.
Pregúntele al señor López si prefiere leer este
  periódico.
Pregúnteles a las señoras si prefieren esquiar.
Pregúnteles a unos amigos si duermen bien.

Nota gramatical

The verbs *preferir* and *dormir* are stem-changing verbs of the third conjugation.
Study the following forms.

preferir (e-ie)	dormir (o-ue)
prefiero	duermo
prefieres	duermes
prefiere	duerme
preferimos	dormimos
(preferís)	(dormís)
prefieren	duermen

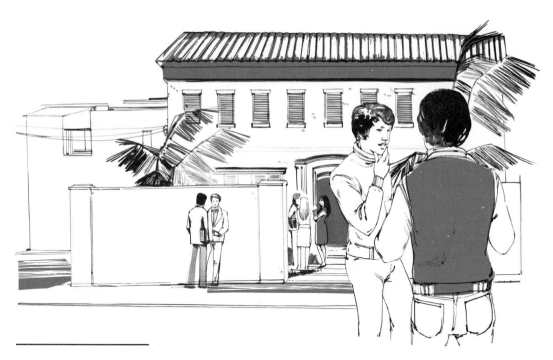

Conversación

Una discusión

Pedro	¿Jaime, a qué hora te levantas?
Jaime	A las siete.
Pedro	¿Por qué tan temprano?
Jaime	Pues, Pedro, tengo clase a las ocho.
Pedro	¿Por qué no te afeitas?
Jaime	Chico, no ves que me afeito.
Pedro	Sabes, todavía tienes barba.
Jaime	Pues, a las siete no veo muy bien.
Pedro	Chao, tengo otra clase.
Jaime	Hasta luego.

Preguntas

1. ¿Cómo se llaman los dos chicos?
2. ¿A qué hora se levanta Jaime?
3. ¿Es temprano?
4. ¿Por qué se levanta tan temprano?
5. ¿Se afeita Jaime?
6. ¿Qué tiene todavía?
7. ¿Por qué tiene barba todavía?
8. ¿Por qué tiene que salir Pedro?

Sonido y símbolo

ll	y	ñ	ch
lleva	yo	español	chico
llama	playa	niño	muchacha
brilla	joya	señor	mucho
bolillo	ayuda	montaña	choca
calle		madrileño	chaqueta
billete		compañía	noche
ventanilla		otoño	chino
ella			

Ella saca el billete en la ventanilla.
Ella lleva los bolillos por la calle.
Yo ayudo al niño en la playa.
El señor español sube la montaña en el otoño.
La señora madrileña trabaja con una compañía española.
De noche, el muchacho lleva una chaqueta.

Una clase en
la Facultad de Derecho, Lima

Estudiantes,
Universidad de México

A un colegio

Son las siete y media de la mañana. Estamos en Bogotá, Colombia. Jaime y Carmen son hermanos. Jaime se levanta. Quiere entrar en el cuarto de baño pero no puede porque Carmen está allí.

—Carmen, ¿vas a estar mucho tiempo más?

—No, ¿pero por qué no te levantas más temprano si siempre quieres ser el primero en el cuarto de baño?

—Si me acuesto tarde, me levanto tarde.

—Es tu problema.

Carmen sale del cuarto de baño. Jaime entra. Se lava y se afeita. Mientras tanto Carmen se pone el uniforme. Los dos bajan al comedor donde se desayunan con la familia.

Luego salen para sus clases. Esperan el autobús público en la esquina. Carmen baja en la Plaza Simón Bolívar. Jaime no baja en la misma parada. Los dos no asisten a la misma escuela. Las muchachas suelen ir a una escuela y los muchachos a otra.

Carmen va a una escuela particular. Se llama el Colegio San Martín. El edificio es la antigua residencia de una familia

Mientras tanto
Meanwhile

suelen *tend to*
particular *privada*
antigua *former*

183

aristócrata. El ambiente en la escuela es bastante formal. Como Carmen, todas las muchachas llevan el mismo uniforme. Se sientan en filas. Cuando el profesor o la profesora hace una pregunta, la muchacha que contesta se levanta.

ambiente *atmosphere*
bastante *quite*

En muchos colegios, los alumnos no van de un aula a otra. Ellos se quedan en la misma aula y son los profesores que viajan de un aula a otra. Frecuentemente, los profesores no pasan el día entero en la misma escuela. Suelen enseñar en más de una escuela.

se quedan *permanecen*

¿Hay escuelas públicas en Latinoamérica? Sí que hay. Es difícil generalizar porque el sistema educativo varía de un país a otro. Pero en España y en muchos países hispanoamericanos, si las familias tienen los fondos necesarios, suelen mandar a sus hijos a escuelas particulares.

varía *varies*

fondos *funds*
mandar *to send*

En algunos países no hay bastantes clases para el número de alumnos que hay. En las zonas rurales y en los barrios pobres, muchos alumnos no continúan con sus estudios después de terminar con la primaria.

terminar *finish*

Preguntas

1. ¿Qué hora es?
2. ¿Dónde estamos?
3. ¿Quién se levanta?
4. ¿En dónde quiere entrar?
5. ¿Por qué no puede entrar?
6. ¿Cuándo se levanta tarde Jaime?
7. Cuando Carmen sale, ¿se lava y se afeita Jaime?
8. ¿Qué se pone Carmen?
9. ¿Dónde se desayunan?
10. ¿Dónde esperan el autobús?
11. ¿Bajan en la misma parada?
12. ¿Asisten los dos a la misma escuela?
13. ¿Va Carmen a una escuela particular?
14. ¿Qué es el edificio?
15. ¿Cómo es el ambiente en la escuela?
16. ¿Se levanta la muchacha que contesta a una pregunta?
17. ¿Se quedan las muchachas en la misma aula?
18. ¿Siempre pasan el día entero en la misma escuela los profesores?
19. ¿Hay también escuelas públicas en Latinoamérica?
20. ¿Quiénes suelen mandar a sus hijos a las escuelas particulares?
21. En todos los países, ¿hay bastantes clases para todos los alumnos?
22. Por lo general, ¿dónde viven los alumnos que suelen terminar sus estudios con la primaria?

Una escuela en Chichicastenango, Guatemala

Ejercicios escritos

A *Put the following activities in a normal order.*

El chico se levanta.
Se lava la cara.
Se acuesta a las once.
Se pone la camisa y la chaqueta.
Va al cuarto de baño.
Se cepilla los dientes.
Duerme toda la noche en la cama.
Se afeita.
Se peina.

B *Complete each sentence with the correct verb ending.*

1. Ellas se levant _____ temprano.
2. Yo me mir _____ en el espejo.
3. Jaime se afeit _____ .
4. ¿A qué hora te levant _____ ?
5. Nosotros nos cepill _____ los dientes.
6. Los chicos se pein _____ con cuidado.
7. ¿Por qué no te pon _____ la corbata?
8. Uds. se lav _____ la cara.

C *Complete each sentence with the appropriate reflexive pronoun.*

1. Ellos _____ levantan a las ocho.
2. Yo _____ lavo la cara.
3. Jaime _____ peina con cuidado.
4. Nosotros _____ afeitamos.
5. ¿_____ lavas antes de comer?
6. Yo _____ afeito por la mañana.
7. Nosotros siempre _____ levantamos tarde.
8. ¿Por qué no _____ peinas?
9. ¿Y Ud.? ¿A qué hora _____ levanta?
10. Uds. _____ ponen la corbata.

D *Answer each question with a complete sentence.*

1. ¿Se sienta Jaime con su amiga?
2. ¿Te acuestas tarde o temprano?
3. ¿Se sientan Uds. en un café?
4. ¿A qué hora se acuestan Uds.?
5. ¿Te sientas a la mesa?

E *Rewrite each sentence in the plural.*

1. Me siento aquí.
2. Me acuesto a las once.
3. Me siento en el tren.
4. Me acuesto en aquella cama.
5. Me siento en el comedor donde tomo el desayuno.

F *Complete each sentence with the correct form of the verb* preferir.

1. Yo _____ ir al parque.
2. Ellos _____ visitar el castillo de Chapultepec.
3. Nosotros _____ echar una siesta.
4. ¿Por qué no _____ tú dar un paseo?
5. Carlos _____ sacar las fotografías.
6. Nosotros _____ ir en avión.

G *Complete each sentence with the correct form of the verb* dormir.

1. Ellos _____ mucho.
2. Nosotros _____ toda la noche.
3. El niño _____ diez horas.
4. ¿Dónde _____ tú?
5. Yo _____ en esta cama.
6. Los pasajeros _____ en el avión.

H *Write a short paragraph about a typical day in your life.*

Lección 11

Vocabulario

1. La muchacha tomó un refresco.
Tomó el refresco en la terraza.
Es la terraza de un café al aire
  libre.
El autobús paró en la esquina.

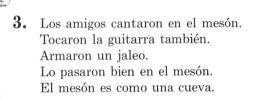

2. Es un mesón.
Hay un mesón tras otro.
Son los tunos.
Los tunos llevan trajes antiguos.

3. Los amigos cantaron en el mesón.
Tocaron la guitarra también.
Armaron un jaleo.
Lo pasaron bien en el mesón.
El mesón es como una cueva.

189

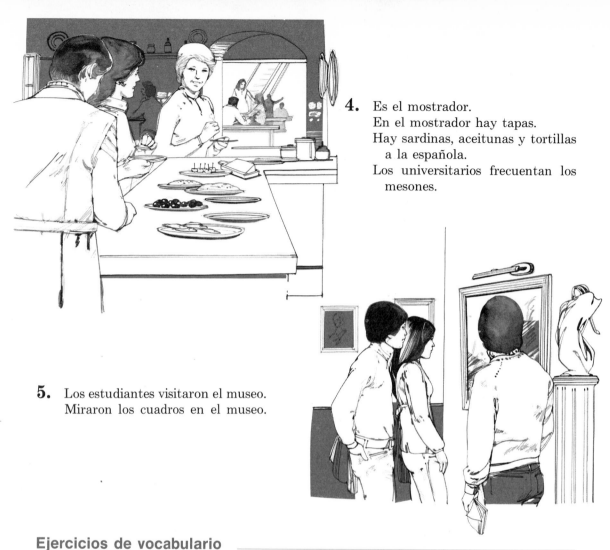

4. Es el mostrador.

En el mostrador hay tapas.

Hay sardinas, aceitunas y tortillas a la española.

Los universitarios frecuentan los mesones.

5. Los estudiantes visitaron el museo.

Miraron los cuadros en el museo.

Ejercicios de vocabulario

A *Contesten.*

1. ¿Qué tomó la muchacha?
2. ¿Dónde tomó el refresco?
3. ¿Es la terraza de un café al aire libre?
4. ¿Hay un mesón tras otro en la misma calle?
5. ¿Llevan trajes antiguos los tunos?
6. ¿Cantaron en el mesón los amigos?
7. ¿Qué tocaron?
8. ¿Armaron un jaleo?
9. ¿Cómo es un mesón?
10. ¿Qué hay en el mostrador?
11. ¿Visitaron los estudiantes el museo?
12. ¿Qué miraron en el museo?

1. ¿Por qué no tomamos algo en la _____ del café?
2. El autobús _____ en la esquina.
3. Los tunos llevan _____ antiguos.
4. Los amigos lo _____ bien en el mesón.
5. Los estudiantes van mucho a los mesones; _____ los mesones.
6. Hay tapas en el _____ del mesón.
7. Un museo tiene muchos _____ .

Estructura

El pretérito

Los verbos en **-ar**

TERCERA PERSONA SINGULAR

A *Repitan.*

Carlos bajó del autobús.
María miró los cuadros.
Él habló con Elena.

B *Sustituyan.*

Él
| nadó |
| jugó |
| tocó |
| cantó |
en la playa.

La chica lo
| compró |
| pagó |
| miró |
en la tienda de modas.

C *Contesten.*

¿Visitó el museo María?
¿Bajó del autobús Tomás?
¿Tomó el tren María?
¿Habló español Carmen?
¿Miró los cuadros Tomás?
¿Nadó mucho el chico?
¿Cantó bien la chica?

¿Tocó él la guitarra?
¿Tocó Juan la guitarra en la playa?
¿Qué tocó Juan?
¿Dónde tocó él la guitarra?
¿Compró jamón Teresa?
¿Qué compró ella?
¿Compró el jamón en el mercado?
¿Dónde compró el jamón?

TERCERA PERSONA PLURAL

A *Repitan.*

Los chicos bajaron del autobús.
Nuestros amigos tomaron el tren.
Ellos llegaron a tiempo.

B *Sustituyan.*

Ellos
| miraron |
| compraron |
| estudiaron |
los cuadros.

Juan y Elena
| esquiaron. |
| nadaron. |
| jugaron. |

C   *Contesten.*

¿Trabajaron mucho las chicas?
¿Compraron una falda las chicas?
¿Pagaron ellos el dinero?
¿Visitaron ellas la capital?
¿Prepararon la comida tus amigos?
¿Hablaron ellos con los indios?
¿Llegaron tarde los pasajeros?
¿Pasaron ellos la tarde en la playa?
¿Llamaron por teléfono Juan y Anita?
¿Lo compraron ellos en San Juan?
¿Tomaron ellos una merienda en el café?
¿Qué tomaron ellos?
¿Dónde tomaron ellos una merienda?

PRIMERA PERSONA SINGULAR

A   *Repitan.*

Yo visité el mercado indio.
Yo preparé los bocadillos.
Compré los panecillos.

B   *Sustituyan.*

Yo	compré trabajé pagué	mucho.

Llamé Canté Llegué	tarde.

C   *Contesten.*

¿Llegaste ayer?
¿Cantaste el otro día?
¿Pasaste el día en la playa?
¿Estudiaste mucho?
¿Hablaste español?
¿Esquiaste el año pasado?
¿Nadaste en el mar el verano pasado?
¿Dónde nadaste?
¿Cuándo nadaste?
¿Compraste la falda en aquella tienda?
¿Qué compraste en aquella tienda?
¿Dónde compraste la falda?

SEGUNDA PERSONA SINGULAR

A   *Repitan.*

Tú trabajaste mucho.
¿Qué compraste?
¿Hablaste español?

B   *Sustituyan.*

Tú	nadaste tocaste jugaste esquiaste	bien.

¿Compraste ¿Preparaste ¿Hablaste	mucho?

C   *Sigan las instrucciones.*

Pregúntele a un amigo si estudió mucho.
Pregúntele a una amiga si compró el
    sombrero.
Pregúntele a un amigo si pasó el día en la
    playa.
Pregúntele a una amiga si visitó el museo.
Pregúntele a un amigo si miró los cuadros.
Pregúntele a una amiga si llamó por teléfono.

PRIMERA PERSONA PLURAL

A   *Repitan.*

Nosotros hablamos español.
Estudiamos las noticias.
Nadamos en el lago.

B   *Sustituyan.*

Nosotros	tomamos preparamos compramos	un refresco.

Hablamos Estudiamos Trabajamos	en la escuela.

192

Un autobús de Madrid

En un café de la Gran Vía

C *Contesten.*

¿Hablaron Uds. mucho?
¿Prepararon Uds. la comida?
¿Compraron Uds. la casa?
¿Estudiaron Uds. en esta universidad?
¿Jugaron Uds. al fútbol?
¿Ayudaron Uds. al pobre?
¿Llamaron Uds. al médico?
¿Llegaron Uds. ayer?
¿Cuándo llegaron Uds.?
¿Visitaron Uds. el mesón?
¿Tomaron Uds. un refresco en el mesón?
¿Qué tomaron Uds.?
¿Dónde tomaron Uds. el refresco?

TERCERA PERSONA PLURAL—*UDS.*

A *Repitan.*

Uds. cantaron bien.
¿Esquiaron Uds. en las montañas?
¿Trabajaron Uds. en el campo?

B *Sustituyan.*

Uds.	trabajaron pagaron estudiaron nadaron	mucho.

C *Sigan las instrucciones.*

Pregúnteles a los chicos si viajaron en tren.
Pregúnteles a las chicas si llegaron tarde.
Pregúnteles a los chicos si miraron la
   televisión.
Pregúnteles a las chicas si sacaron los boletos.
Pregúnteles a los señores si compraron la
   casa.
Pregúnteles a las señoritas si estudiaron en
   aquella universidad.

193

A   *Repitan.*

Ud. compró mucho.
¿Pagó Ud. en pesetas?

B   *Sustituyan.*

Ud. | llamó
ayudó | al médico.
visitó

C   *Sigan las instrucciones.*

Pregúntele al señor si trabajó ayer.
Pregúntele a la señora si llegó a tiempo.
Pregúntele a la señorita si llamó al médico.
Pregúntele al señor si jugó al tenis.
Pregúntele a la señorita si tomó el sol.

Nota gramatical

You have already learned the present tense of Spanish verbs. The most commonly used past tense in Spanish is called the preterite. Study the following forms of the preterite of regular verbs of the first conjugation.

	hablar	**mirar**	**comprar**
yo	hablé	miré	compré
tú	hablaste	miraste	compraste
él, ella, Ud.	habló	miró	compró
nosotros	hablamos	miramos	compramos
(vosotros)	(hablasteis)	(mirasteis)	(comprasteis)
ellos, ellas, Uds.	hablaron	miraron	compraron

Note that because of the spelling sequence *–ga, –gue, –gui, –go, –gu,* the verbs *llegar, pagar,* and *jugar* have *–gué* in the first person singular.

llegué, pagué, jugué

Note that the stem-changing verbs have no stem change in the preterite.

jugué   jugamos
jugaste   (jugasteis)
jugó   jugaron

Resumen

Sigan el modelo.

Ellos jugaron. ¿Y Uds.? →
Nosotros jugamos también.

Ellos nadaron ayer. ¿Y tú?
María tomó una limonada. ¿Y Antonio?
Yo llegué tarde. ¿Y Ud.?
Él visitó el museo. ¿Y los otros?
Ellas miraron los cuadros. ¿Y Uds.?

Él habló con el empleado. ¿Y tú?
Esquié en Bariloche. ¿Y Uds.?
Ellos llamaron al médico. ¿Y tú?
Pagué en pesetas. ¿Y ellas?

Los pronombres de complemento directo e indirecto

Me

A *Repitan.*

El profesor me habla.
Mi madre me mira.
Mi amigo me mira.

B *Contesten.*

¿Te mira Juan?
¿Te ayuda el médico?
¿Te llama aquel señor?
¿Te examina la médica?

¿Te esperan tus amigos?
¿Te visitan tus hermanos?
¿Te trae la comida la azafata?
¿Te habla el profesor?
¿Te compra algo tu madre?
¿Te vende las sandalias el indio?
¿Te prepara una merienda Carlos?
¿Te da el dinero el empleado?

Te

A *Repitan.*

Carlos, ¿te ayuda Enrique?
María, ¿te llama tu amigo?

En el Museo del Prado

Una vista de Madrid

B *Sustituyan.*

Carlos, ¿te	llama mira ayuda espera visita ve escribe	María?

C *Sigan las instrucciones.*

Pregúntele a un chico si Tomás lo ayuda.
Pregúntele a una chica si Catalina la llama.
Pregúntele a un chico si Elena le da la bolsa.
Pregúntele a un chico si María le escribe.
Pregúntele a una chica si Paco le saca los
   billetes.

Nos

A *Repitan.*

Mamá nos llama.
Nuestro padre nos da el dinero.
María nos habla.

B *Contesten.*

¿Los espera Juan?
¿Los mira Elena?
¿Los ayuda el profesor?
¿Los visitan Juan y Pablo?
¿Les lee la noticia el profesor?
¿Les habla María?
¿Les escribe el amigo?
¿Les prepara la comida papá?

Nota gramatical

The object pronouns *me, te,* and *nos* function as both direct and indirect object
pronouns. As is the case with the direct object pronouns *lo, la, los,* and *las,* these
pronouns precede the verb. Study the following.

Ella me mira.
Mi padre me da el dinero.
Ellos te buscan.

Te hablan en español.
Él nos ayuda.
Ellos nos venden la casa.

Lo pasé bien

Carmen   Hola, Teresa, ¿qué tal? ¿Cómo lo pasaste en Madrid?

Teresa   Estupendo. Es una ciudad fabulosa. Pasé una tarde en la Gran Vía. Tienes que ver las cosas que compré. Luego me senté en la terraza de un café al aire libre. Tomé un refresco. Un autobús paró en la esquina y bajaron mi hermano y uno de sus amigos. Se sentaron conmigo. Empezamos a hablar y el amigo de mi hermano me invitó a salir con él aquella noche.

conmigo   *with me*

Carmen   ¿Adónde te llevó?

llevó   *did he take*

Teresa   Me llevó a un mesón en el Viejo Madrid. Mi hermano y su novia nos acompañaron.

novia   *girlfriend, fiancée*

Carmen   Pero, ¿qué es un mesón?

Teresa   Ay, verdad que tú no conoces a Madrid. Un mesón es como una cueva. Todos los universitarios los frecuentan.

Carmen   A propósito, ¿cómo se llama tu amigo?

A propósito   *By the way*

Teresa   José Antonio. ¿Y sabes lo que pasó? Entró en el mesón un grupo de tunos. Son universitarios que llevan trajes de la Edad Media. Empezaron a cantar y a tocar la guitarra. José Antonio cantó con ellos. Él es andaluz y canta muy bien el flamenco. ¡Qué jaleo armamos! Entraron otros amigos de mi hermano y ellos nos invitaron a ir a otro mesón.

Edad Media   *Middle Ages*

andaluz   *Andalusian*

Carmen   ¿A otro?

197

Teresa	Sí, hay un mesón tras otro en la misma calle. En el segundo mesón tomamos unos refrescos—o mejor dicho—picamos. En el mostrador tienen tapas.
Carmen	¿Tapas? ¿Qué son tapas?
Teresa	Son como entremeses. Por ejemplo, tienen jamón, queso, aceitunas, sardinas y tortillas a la española. Como puedes imaginar, no llegamos a casa hasta muy tarde. Pero la próxima mañana, mi tía me despertó temprano. Nosotras dos visitamos el museo del Prado. Como a las dos y media tomamos el almuerzo en un restaurante cerca del museo.
Carmen	Pero, ¿cómo explicaste a tu tía la hora que llegaste a casa?
Teresa	Sin problema. Ella conoce muy bien a José Antonio.
Carmen	Pues, Teresa. Si vuelves a visitar a tu hermano en Madrid, ¿por qué no me invitas?

mejor dicho *better yet*
picamos *we picked*

entremeses *hor d'oeuvres*

despertó *woke up*

almuerzo *lunch*
explicaste *did you explain*

Preguntas

1. ¿Lo pasó bien Teresa en Madrid?
2. ¿Dónde pasó la tarde?
3. ¿Compró algunas cosas?
4. ¿Dónde se sentó?
5. ¿Qué tomó en el café?
6. ¿Qué paró en la esquina?
7. ¿Quiénes bajaron?
8. ¿Se sentaron ellos con Teresa?
9. ¿Empezaron a hablar?
10. ¿Adónde invitó a Teresa el amigo de su hermano?
11. ¿Adónde la llevó?
12. ¿Cómo es un mesón?
13. ¿Cómo se llama el amigo de Teresa?
14. ¿Quiénes entraron en el café?
15. ¿Empezaron a cantar y a tocar la guitarra?
16. ¿Quién cantó con los tunos?
17. ¿Adónde los invitaron otros amigos?
18. ¿Hay un mesón tras otro en la misma calle del Viejo Madrid?
19. ¿Qué tomaron en el segundo mesón?
20. ¿Qué son tapas?
21. ¿Quién la despertó temprano?
22. ¿Qué visitaron?
23. ¿Llegó Teresa a casa tarde?
24. ¿Conoce su tía a José Antonio?

Ejercicios escritos

A   Complete each sentence with an appropriate word.

1. Un _____ tiene muchos cuadros.
2. Los _____ llevan trajes antiguos.
3. El autobús paró en la _____.
4. Hay un mesón _____ otro en la misma calle.
5. ¿Por qué no comemos algunas tapas que están en el _____ del mesón?
6. Hace buen tiempo. ¿Por qué no tomamos un refresco en la _____ de un café?

B   Complete each sentence with the correct form of the preterite of the italicized verb.

1. Ellos _____ del autobús en la esquina. *bajar*
2. Nosotros _____ el tren a Madrid. *tomar*
3. Yo _____ con los universitarios. *hablar*
4. Mi amigo _____ los cuadros de Goya. *mirar*
5. ¿Por qué no _____ tú? *nadar*
6. Los chicos _____ al béisbol. *jugar*
7. Uds. _____ tarde, ¿no? *llegar*
8. ¿No _____ tú en aquella ciudad? *trabajar*
9. Yo _____ en las montañas. *esquiar*
10. Ella _____ a sus amigas. *visitar*

C   Rewrite each sentence in the preterite. Change hoy to ayer.

1. Hoy visito el museo.
2. Hoy estudiamos mucho.
3. Hoy nadas en el lago.
4. Hoy ellas toman un refresco.
5. Hoy tú llegas tarde.
6. Hoy ellos compran el jamón.
7. Hoy yo hablo con Elena.
8. Hoy la invitas a un mesón.

D   Rewrite each sentence in the preterite. Remember the spelling sequences –ga, –gue, –gui, –go, –gu; –ca, –que, –qui, –co, –cu, and –za, –ce, –ci, –zo, –zu.

1. Busco trabajo.
2. Llego a tiempo.
3. Comienza a las ocho.
4. Buscan la bolsa.
5. Empiezo tarde.
6. Juego al fútbol.

E *Answer each question with a complete sentence.*

1. ¿Trabajaste ayer en casa?
2. ¿Visitaste a Madrid?
3. ¿Nadaste en el lago del parque?
4. ¿Miraste la televisión anoche?
5. ¿Hablaste por teléfono el otro día con tu amigo?
6. ¿Llamaron Uds. a Enrique ayer?
7. ¿Compraron Uds. algo?
8. ¿Dónde pasaron Uds. el verano pasado?
9. ¿Esquiaron Uds. el invierno pasado?
10. ¿Estudiaron Uds. el arte de España?

F *Complete each sentence with the appropriate pronoun.*

1. Juan, ¿_____ llamó María?
2. Sí, María _____ llamó.
3. Carlos, ¿_____ mira tu amiga?
4. Sí, mi amiga _____ mira.
5. Carmen, ¿_____ habla el profesor?
6. Sí, el profesor _____ habla.
7. Nuestros amigos _____ visitan mucho.
8. Nuestros primos siempre _____ escriben.
9. Mi tía _____ espera en el andén.
10. Nuestro padre _____ dice la verdad.

G *Answer the following questions in paragraph form.*

¿Qué ciudad visitó Teresa?
¿Compró mucho en las tiendas de la Gran Vía?
¿Se sentó en un café?
¿Quiénes bajaron del autobús?
¿Hablaron con Teresa en el café?
¿Adónde la invitó José Antonio, el amigo de su hermano?
¿Quiénes entraron en el mesón?
¿Tocaron la guitarra los tunos?
¿Cantaron también?
¿Quién cantó con los tunos?
¿Acompañaron Teresa y José Antonio a sus amigos a otro mesón?
¿Tomaron tapas en el segundo mesón?
¿Lo pasó bien Teresa en Madrid?

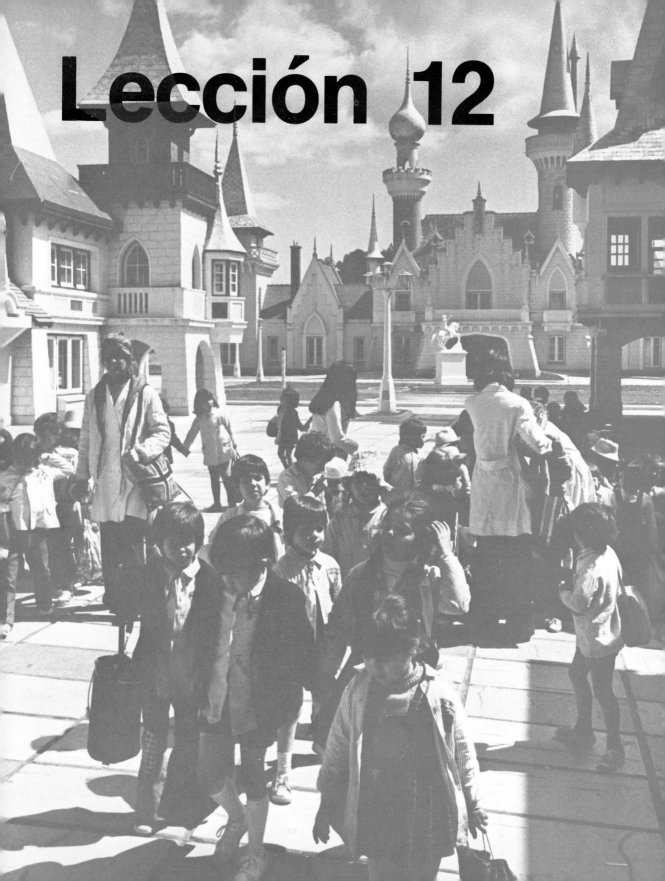

Lección 12

Vocabulario

1. Es una venta.
El señor salió de la venta.
El señor es ciego.
El señor comió uvas.
El señor lleva un sombrero en la cabeza.

2. Los peatones andan por la acera.
El niño le vendió un lápiz al peatón.
El otro niño les vendió cacahuetes a otros peatones.
El carro tiene limpiaparabrisas y tapacubos.

3. Es un jarro.
En el jarro hay una paja.
El señor rompió el jarro.
El señor está triste, no está alegre.

203

4. El muchacho trabaja como limpiabotas.

El muchacho le limpia los zapatos al señor.

El muchacho les da lustre a los zapatos.

Ejercicios de vocabulario

A *Contesten.*

1. ¿Quién salió de la venta?
2. ¿Es ciego el señor?
3. ¿Comió uvas el ciego?
4. ¿Qué lleva el señor en la cabeza?
5. ¿Andan por la acera los peatones?
6. ¿Qué le vendió al peatón el muchacho?
7. ¿Comes cacahuetes?
8. ¿Qué tiene el carro?
9. ¿Qué hay en el jarro?
10. ¿Rompió el jarro el señor?
11. ¿Limpia los zapatos el limpiabotas?
12. ¿Les da lustre a los zapatos el limpiabotas?

B *Completen.*

1. Un _____ no puede ver.
2. Los niños suelen usar una _____ cuando toman algo.
3. Cuando llueve, los _____ del carro son necesarios.
4. El _____ le limpia los zapatos.
5. ¿Por qué no llevas sombrero en la _____?
6. Escribimos con un _____.
7. Cuando no estamos en casa, podemos pasar una noche en una _____.
8. Las _____ son para peatones; las calles son para carros.

Estructura

El pretérito

Los verbos en **-er** *e* **-ir**

TERCERA PERSONA SINGULAR

A *Repitan.*

El ciego salió de la venta.
El niño vendió el lápiz.
María escribió una carta.
Ella abrió la bolsa.

B *Sustituyan.*

Él | vendió / comió / recibió | el sándwich.

Carlos | abrió / subió / vendió | las maletas.

C *Contesten.*

¿Volvió María a la capital?
¿Vendió la casa el señor Gómez?
¿Comió mucho el niño?
¿Aprendió español el alumno?
¿Recibió ayuda el profesor?
¿Vivió en una casa antigua Elena?
¿Salió a tiempo el avión?
¿Escribió la carta la secretaria?
¿Vio la película el señor?

TERCERA PERSONA PLURAL

A *Repitan.*

Ellos vendieron la bolsa.
Juan y María recibieron más dinero.

B *Sustituyan.*

Los chicos | comieron. / aprendieron. / salieron. / subieron.

Todos | volvieron / comieron / salieron / subieron | tarde.

C *Contesten.*

¿Lo aprendieron en seguida los muchachos?
¿Comieron los cacahuetes los niños?
¿Salieron de la plaza los autobuses?
¿Escribieron con lápiz los profesores?
¿Abrieron la bolsa los muchachos?
¿Salieron ayer los jugadores de fútbol?
¿Subieron las montañas las universitarias?

PRIMERA PERSONA SINGULAR

A *Repitan.*

Yo volví en seguida.
Viví en la capital.
Salí para la oficina.

B *Sustituyan.*

Yo | vendí / abrí / recibí | la canasta.

Lo | comí / aprendí / escribí / abrí / recibí | en seguida.

C *Contesten.*

¿Volviste ayer?
¿Leíste bien la carta?
¿Comiste un sándwich de jamón y queso?
¿Aprendiste bien la lección?
¿Viviste en Bogotá?
¿Saliste con el equipo?
¿Escribiste en español?
¿Recibiste la carta?
¿Subiste al autobús?
¿Viste la película?

SEGUNDA PERSONA SINGULAR

A *Repitan.*

¿A qué hora volviste?
¿Por qué no comiste nada?
¿Subiste al andén?

B *Sustituyan.*

¿Por qué no lo | leíste?
comiste?
aprendiste?
escribiste?
abriste?
recibiste?

C *Sigan las instrucciones.*

Pregúntele a una amiga si escribió la carta.
Pregúntele a una amiga si comió ensalada.
Pregúntele a un amigo si recibió la carta.
Pregúntele a una amiga si vendió el carro.
Pregúntele a un amigo si abrió la bolsa.

PRIMERA PERSONA PLURAL

A *Repitan.*

Nosotros aprendimos mucho español.
Comimos en aquel restaurante.
Vivimos en la capital.

B *Sustituyan.*

Nosotros | volvimos
comimos
salimos
subimos | con ellos.

C *Contesten.*

¿Aprendieron Uds. el vocabulario?
¿Comieron Uds. papas?
¿Vendieron Uds. el carro?
¿Vivieron Uds. en el campo?
¿Salieron Uds. a las ocho?
¿Escribieron Uds. a sus amigos?
¿Abrieron Uds. la bolsa?
¿Volvieron Uds. el mes pasado?

TERCERA PERSONA PLURAL—UDS.

A *Repitan.*

¿Cuándo volvieron Uds.?
¿Dónde vivieron Uds.?

B *Sustituyan.*

¿Cuándo | volvieron
comieron
salieron
escribieron | Uds.? ¿Ayer?

C *Sigan las instrucciones.*

Pregúnteles a las chicas si aprendieron mucho.
Pregúnteles a los chicos si vendieron el carro.
Pregúnteles a las chicas si escribieron la carta.
Pregúnteles a ellas si recibieron el dinero.
Pregúnteles a los señores si vivieron en aquel
edificio.
Pregúnteles a las señoritas si volvieron en
tren.

TERCERA PERSONA SINGULAR—*UD.*

A   *Repitan.*

Ud. vendió la casa, ¿verdad?
Ud. recibió el periódico, ¿no?

B   *Sigan las instrucciones.*

Pregúntele al señor González si recibió ayuda.
Pregúntele a la señorita Gómez si aprendió inglés.
Pregúntele a la señora Iglesias si vivió en la capital.

Niños colombianos

Nota gramatical

Note that the endings of regular verbs of the second and third conjugation (*–er* and *–ir* verbs) are identical in the preterite. Study the following forms.

comer	**vender**	**vivir**	**escribir**
comí	vendí	viví	escribí
comiste	vendiste	viviste	escribiste
comió	vendió	vivió	escribió
comimos	vendimos	vivimos	escribimos
(comisteis)	(vendisteis)	(vivisteis)	(escribisteis)
comieron	vendieron	vivieron	escribieron

Note that in the third person the verb *leer* has a *–y.*

leyó   leyeron

Resumen

Contesten según el modelo.

> Carlos volvió temprano. ¿Y tú?   →
> Yo volví temprano también.

Él recibió más dinero. ¿Y tú?
Comí mucho. ¿Y los niños?
Él vivió aquí. ¿Y los otros?

Ellos salieron temprano. ¿Y Uds.?
Juan nos escribió. ¿Y María?
Él vendió el carro. ¿Y tú?

Los pronombres de complemento indirecto

Le

A *Repitan.*

Carlos le habló a María.
María le habló a Carlos.

B *Sustituyan.*

María le habló a
| Carlos.
| Anita.
| su amigo.
| su amiga.
| su madre.
| su padre.

C *Contesten.*

¿Le habla Ud. a María?
¿Le habla Ud. a Carlos?
¿Le explica Ud. la lección a Elena?
¿Le explica Ud. la lección a Tomás?
¿Le lee Ud. la noticia a su hermano?
¿Le lee Ud. la noticia a su hermana?
¿Le vendió Ud. la casa al señor López?
¿Le vendió Ud. la casa a la señora López?
¿Le escribió Ud. a su amigo?
¿Le escribió Ud. a su amiga?

Les

A *Repitan.*

Carlos les habló a María y a Elena.
María les habló a Carlos y a Juan.

B *Sustituyan.*

Carlos les escribió a
| María y a Elena.
| Pepe y a Juan.
| sus amigos.
| sus amigas.
| los alumnos.
| las alumnas.

C *Contesten.*

¿Les habla Ud. a María y a Elena?
¿Les habla Ud. a Carlos y a Tomás?
¿Les lee Ud. la carta a los muchachos?
¿Les lee Ud. la carta a las chicas?
¿Les escribió Ud. a sus amigos?
¿Les escribió Ud. a sus amigas?
¿Les da Ud. el dinero a los pobres?

D *Contesten.*

¿Le habla Ud. a María?
¿Les habla Ud. a María y a Elena?
¿Le escribe Ud. a su amigo?
¿Les escribe Ud. a sus amigos?
¿Le lee Ud. la carta al señor González?
¿Les lee Ud. la carta a los señores González?

Nota gramatical

Unlike the direct object pronouns, the indirect object pronouns *le* and *les* are both masculine and feminine. In order to avoid ambiguity, the indirect object pronouns *le* and *les* are often accompanied by a prepositional phrase. Study the following examples.

Le escribo a Carlos.	Les escribo a Juan y a Carlos.
Le escribo a María.	Les escribo a mis amigas.
Le hablo a él.	Les hablo a ellos.
Le hablo a ella.	Les hablo a ellas.
Le hablo a Ud.	Les hablo a Uds.

Niños abandonados, Caracas

El pretérito del verbo *dar*

A *Repitan.*

María dio el libro a Juan.
Mis padres me dieron el carro.
Yo le di el dinero a Paco.
Le dimos el billete al empleado.

B *Contesten.*

¿Quién te dio el boleto?
¿Te dio la bolsa María?
¿Te dio el carro tu padre?
¿Te dieron ellos el dinero?
¿Te dieron trabajo los señores?
¿Te dieron el carro tus padres?

¿Le diste el dinero a María?
¿Le diste la bolsa a la chica?
¿Le diste los billetes al empleado?

¿Le dieron Uds. la lección al profesor?
¿Les dieron Uds. ayuda a los pobres?
¿Les dieron Uds. la carta a sus amigos?

C *Sigan las instrucciones.*

Pregúntele a un chico si le dio el bocadillo a David.
Pregúntele a una chica a quién le dio la cámara.
Pregúntele a la señorita si le dio el billete a la azafata.
Pregúntele a la señora si le dio la comida al niño.
Pregúnteles a los señores si le dieron el dinero al empleado.
Pregúnteles a los chicos si le dieron la lección al profesor.

Nota gramatical

The verb *dar* is irregular in the preterite. Note, however, that the endings conform to the pattern of regular *-er* and *-ir* verbs.

di	dimos
diste	(disteis)
dio	dieron

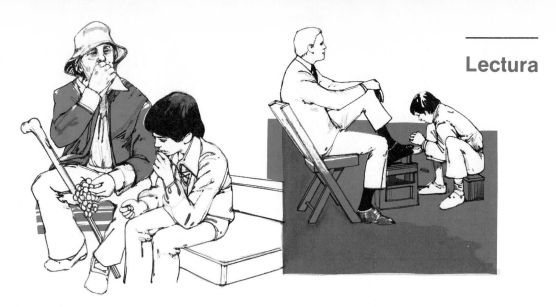

El pícaro de hoy y de ayer

Al pasar por una capital hispánica, es difícil no encontrar algunos pícaros que andan por las calles. En Bogotá, por ejemplo, se llaman «gamines». Son niños que dejan sus hogares cuando tienen solamente entre cinco y ocho años. Van por las calles y roban limpiaparabrisas y tapacubos y otras partes del carro. Hay otros pícaros en Bogotá y en otras capitales que quieren trabajar pero no pueden encontrar trabajo. Así, salen de casa temprano por la mañana, toman un autobús y llegan al centro de la ciudad. Les venden lápices y cacahuetes a los peatones. Muchos trabajan como limpiabotas. Vamos a hablar con uno de estos pícaros en la esquina de una gran ciudad. Se llama Paquito. Tiene once años.

—Hola, Paquito. ¿Cómo estás?

—Así, así.

—¿Vendiste mucho hoy?

—No, no mucho. Vendí sólo dos lápices.

—¿Y cuánto recibiste?

—No recibí casi nada. Cuatro o cinco pesos. Anoche le dí a mamá todo lo que recibí. Con el dinero ella compró comida. Sabe, señor, tengo seis hermanos y la comida cuesta mucho.

El pícaro no es nada nuevo. Paquito no es el primero. El primer pícaro que conocimos es Lazarillo. En el año 1554 un autor anónimo escribió una novela, *Lazarillo de Tormes*. Es la historia de un muchacho de origen muy humilde.

Lazarillo nació en Salamanca. Su madre viuda trabajó en una venta. Un día, un ciego llegó a la venta. La madre le dio su hijo al ciego.

Al pasar *Upon passing*
encontrar *to find*
hogares *homes*
solamente *only*

hoy *today*

Anoche *Last night*

cuesta *costs*

anónimo *anonymous*

viuda *widow*

Lazarillo salió de la venta con el ciego. Lazarillo aprendió pronto a no tener confianza en este señor. El ciego no le dio nada de comer. Una vez, Lazarillo sacó unas migas de pan de la bolsa del ciego.

tener confianza *to have confidence*

Otro día el ciego decidió tomar un poco de vino de su jarro. Lazarillo metió una paja en el jarro y él también bebió. De repente, se terminó el vino y el ciego rompió el jarro sobre la cabeza de Lazarillo.

metió *put*
bebió *drank*
De repente *Suddenly*
sobre *over*
racimo *bunch*

Una vez, los dos pasaron por un pueblo. Alguien le dio al ciego un racimo de uvas.

—Lazarillo, yo voy a comer una uva. Cada vez que yo como una, tú puedes comer una también.

El ciego tomó dos uvas y las comió. Luego Lazarillo tomó tres y él las comió.

—Lazarillo, yo sé que tú comiste tres uvas a la vez.

—No, señor, comí una a la vez.

—Lazarillo, no me dices la verdad. Yo comí dos y tú te callaste. ¿Por qué me dices mentiras?

te callaste *kept quiet*
mentiras *lies*
sobrevivir *to survive*
a pesar de *in spite of*
dura *rough*
única *only one*
crea *creates*

Lazarillo le dice mentiras para sobrevivir. Pero, a pesar de su vida dura, nunca perdió su personalidad alegre. Lazarillo es lo que llamamos en la literatura el antihéroe. Los autores que producen la literatura describen lo que ven en la sociedad. La literatura española es la única que nos presenta la novela picaresca. La pobreza crea la figura del pícaro. Es verdad que podemos hablar del pícaro hispano de hoy o de ayer porque existe y existió. Pero el problema del que nace o nació el pícaro no es sólo hispánico, es universal.

Preguntas

1. ¿Andan los pícaros por las calles de las capitales hispánicas?
2. ¿Cómo se llaman los pícaros en Bogotá?
3. ¿Cuándo dejan sus hogares?
4. ¿Qué roban?
5. ¿Hay otros pícaros que quieren trabajar?
6. ¿Cómo llegan al centro de la ciudad?
7. ¿Qué les venden a los peatones estos niños?
8. ¿Trabajan muchos como limpiabotas?
9. ¿Vendió mucho hoy Paquito?
10. ¿Recibió mucho dinero?
11. ¿A quién le dio el dinero que recibió?
12. ¿Qué compró su mamá?
13. ¿Quién es el primer pícaro?
14. ¿Quién escribió la novela Lazarillo de Tormes?
15. ¿Dónde nació Lazarillo?

El muchacho le limpia los zapatos,
Maracaibo

Los muchachos trabajan, Colombia

16. ¿Dónde trabajó su madre viuda?
17. ¿A quién le dio su madre?
18. ¿De dónde salió Lazarillo con el ciego?
19. ¿Qué aprendió del ciego?
20. ¿Le dio de comer el ciego?
21. ¿Qué metió Lazarillo en el jarro?
22. ¿Qué bebió?
23. ¿Dónde rompió el jarro el ciego?
24. ¿Qué le dio alguien al ciego?
25. ¿Cuántas uvas comió el ciego a la vez?
26. ¿Cuántas uvas comió Lazarillo a la vez?
27. ¿Sabe el ciego que Lazarillo no le dice la verdad?
28. ¿Perdió su personalidad alegre Lazarillo?
29. ¿Qué describen los autores que producen literatura?
30. ¿Cuál es el problema social que crea la figura del pícaro?

Ejercicios escritos

A *Give the word being defined.*

1. una persona que no puede ver
2. contento
3. una persona que les da lustre a los zapatos

4. una fruta que produce el vino
5. limpiar los zapatos
6. gente que anda por las aceras de una ciudad o pueblo
7. lo usamos para escribir
8. la podemos usar para beber

B   *Complete each sentence with the correct ending of the preterite.*

1. Ellos com_____ muchos cacahuetes ayer.
2. El niño me vend_____ el lápiz el otro día.
3. Yo recib_____ ayuda de mi tía.
4. Ellos aprend_____ mucho en aquel colegio.
5. ¿De quién recib_____ tú la carta?
6. Uds. no com_____ mucho.
7. Aquel señor sal_____ de la venta.
8. Nosotros viv_____ en Caracas.

C   *Rewrite each sentence in the preterite.*

1. Él escribe la carta primero.
2. Yo vivo en aquel edificio alto en la esquina.
3. Vendo la casa en la playa.
4. ¿Comes tapas en el mesón?
5. Ella abre la maleta.
6. Aprendemos español.
7. Los pasajeros suben al avión.
8. Tú no sales muy temprano.

D   *Complete each sentence with the correct form of the preterite of the italicized verb.*

1. Carlos _____ en el lago ayer. *nadar*
2. Ellos _____ después de las clases. *volver*
3. ¿_____ tú a aquella universidad? *asistir*
4. Ellos _____ con lápiz. *escribir*
5. Nosotros _____ en esa oficina. *trabajar*
6. El muchacho _____ las montañas. *subir*
7. Yo _____ la blusa en una tienda de la Gran Vía. *comprar*
8. Tú _____ con la secretaria, ¿no? *hablar*

E   *Write each sentence; then underline each direct object once and each indirect object twice.*

1. Carlos recibió una carta.
2. Les vendimos la casa.
3. Conocemos a Elena.
4. Le hablamos a Tomás.
5. ¿Quién tiene el periódico? Roberto lo tiene.
6. El profesor nos explica la lección.
7. Pepe sabe el vocabulario.
8. Ellos les vendieron la casa a los García.

F *Rewrite each sentence, according to the model.*

> (a María) Hablo. →
> Le hablo a María.

1. (a Tomás) Hablo.
2. (a mis amigos) Escribo una carta.
3. (al alumno) El profesor explica la lección.
4. (a los Gómez) Vendemos la casa.
5. (a sus amigas) Carlos escribe.
6. (al pobre) Doy el dinero.

G *Rewrite each sentence, according to the models.*

> (la carta) Juan recibe. →
> Juan la recibe.

> (a María) Juan escribe. →
> Juan le escribe a ella.

1. (la capital) Visitamos.
2. (los lápices) El niño vende.
3. (a mis hermanas) Leo la noticia.
4. (a Elena) Conozco.
5. (al señor López) Vendemos la casa.
6. (a Carlos) Veo.

H *Rewrite each sentence in the preterite.*

1. Le doy la lección al profesor.
2. Ellas le dan la blusa a María.
3. ¿Le das los billetes al empleado?
4. Ud. le da la carta a la secretaria, ¿no?
5. Damos un paseo por el parque.
6. Le doy la bolsa a Elena.

I *Answer the following questions in paragraph form.*

¿Existen los pícaros hoy?
¿Dónde los vemos?
¿Cómo se llaman en Bogotá?
¿Qué hacen los gamines?
¿Hay pícaros que quieren trabajar?
¿Pueden encontrar trabajo?
¿Qué tipo de trabajo hacen?
¿Es dura su vida?
¿Cuál es el problema social que crea la figura del pícaro?
¿Es un problema universal?

J *Form a conversation in the past tense.*

Paco / ¿vender / tú / mucho / lápices / hoy?
No / yo / vender / más / ayer
¿Cuánto / dinero / recibir / tú / hoy?
Yo / recibir / poco
¿A quién / dar / dinero?
Yo / le / dar / dinero / mamá. Ella / comprar / comida
¿Comer / Uds. / bien?
Sí / nosotros / comer / bastante / bien / porque / yo / dar / dinero / mamá

Resumen oral

Actividades

Horizontal

1. El avión _____ en el Mar Caribe.
3. ¿Tienes _____ hermanos?
4. ¿_____ quién es la maleta?
6. Los tunos cantan en el _____.
10. Vamos _____ café para tomar un refresco.
12. ¿Dónde está el billete? ¿_____ tienes tú?
13. Hago un bocadillo de jamón y _____.
15. _____, voy en avión. No voy en tren.
16. La madre dice que el niño va a _____ muy pronto.
18. Vamos a hacer _____ viaje.
19. Prefiero nadar en el _____.
21. Cuando la _____ sube, la gente sale de sus casas y entra en canoas.
22. Preparo la comida _____ de comer.
24. _____ médico me examina.
25. Voy _____ mesón para estar con mis amigos.
26. Un mesón es como una _____.
29. Prefiero _____ blusa, no la otra.
31. Damos un paseo _____ el parque.
32. El profesor _____ explica la lección y ahora entendemos bien.
33. Queremos _____ con nuestra madre.
35. Siempre preparamos _____ comida muy buena.
36. _____ muchacha es muy inteligente.
37. La plena es un _____ muy famoso de Puerto Rico.
39. El chico nace en el _____ 1936.
40. Yo sé _____ muy bien. Vivo cerca de la playa.
42. María _____ Carmen son hermanas.
43. Yo _____ la película en la televisión.
46. El ciego _____ de la venta.
47. El _____ aquí es muy agradable.
50. Vamos al mesón para tomar _____ tapas.
52. ¿Sabes _____ el chico puede ir con nosotros?
55. El _____ Martínez es muy inteligente.
57. En el invierno hay mucha _____ en las montañas.
59. _____. Yo lo sé muy bien.
60. Voy _____ la iglesia todos los domingos.
61. María _____ la sobrina de la señora Flores.
63. El chico busca unas migas de _____.
66. Don Quijote _____ los molinos de viento.
69. El avión está en la _____.

72. Mi madre _____ dice que puedo ir.
73. La casa de la jungla está sobre un _____.
74. No, tú _____ puedes comer más.
75. ¿Le quieres _____ un poco de dinero al pobre?
77. ¿De qué _____ son las casas? ¿Blancas?
78. Vamos al _____ para pescar.
81. Juan _____ Carmen juegan al fútbol.
82. _____ muchacho trabaja en un restaurante.
83. La _____ de la Argentina es Buenos Aires.
84. _____ médica trabaja en el hospital.

Vertical

1. Puedes remar en una _____.
2. Vamos _____ _____ plaza.
3. Los matadores matan a los _____.
4. Juanito es el hermano _____ Carlos.
5. Nosotros no sabemos nada de _____.
7. Subimos por la _____.
8. _____, soy americana. No soy cubana.
9. Juan _____ en el mar.
12. Paco _____ da el dinero.
13. ¿_____ compras en el mercado?
14. Tengo _____ hermana.
17. Tengo _____. Voy a ver a la médica.
20. El autor escribió dos _____.
21. Mi profesor _____ explica todo.
23. No sé _____ nombre del niño.
26. Voy al centro _____ mi padre.
27. Mi madre _____ el carro para ir al centro.
30. El chico no está triste, está _____.
31. Las _____ del mundo hispánico son bonitas.
32. Tengo _____ hermanos.
34. Los padres _____ la carta y la leen.
38. No quiero _____ al cine.
41. La _____ estudia y aprende mucho.
43. Yo _____ una película interesante.
44. Nadamos _____ el océano.
45. Jugamos al fútbol en el _____.
48. No tengo _____ maletas. ¿Dónde están?
49. No puedo _____ a la merienda. Tengo que estudiar.
51. Ellos usan _____ en la comida.
53. Mis hermanos no pueden _____ a la corrida.
54. El mestizo tiene una _____ de sangre india y blanca.
55. Mi madre mira la televisión en la _____.
56. Los verbos pueden terminar en –ar, –_____ o –ir.
58. El fútbol es mi _____ favorito.
62. ¿Sabes _____ tu tía viene ahora?

63. Tenemos que tener una _____ si queremos jugar al fútbol.
64. El padre tiene mucho _____ por sus hijos.
65. _____ , no puedes jugar ahora.
66. La madre tiene mucho _____ por su familia.
67. Vamos _____ las montañas.

68. La corrida empieza _____ las cuatro.
70. ¿Tienes _____ boleto?
71. No leo _____ periódico.
73. Andamos _____ el bosque.
75. Yo _____ el dinero a la empleada.
76. Juan pone la _____ en la maleta.
79. Voy _____ cine con Roberto.
80. Yo sé donde está _____ padre.

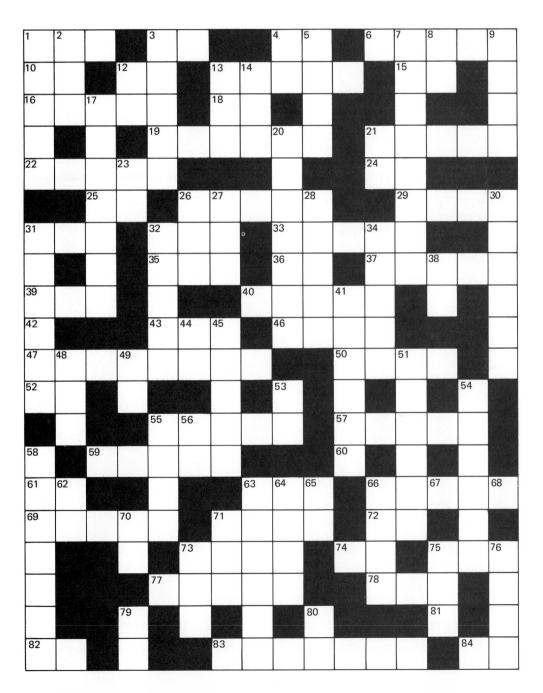

Lección 13

Vocabulario

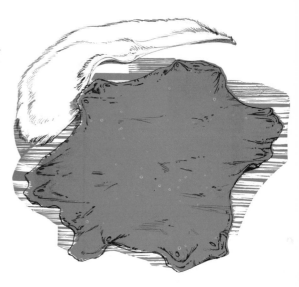

1. Es un valle.
El muchacho anduvo por el pueblo.
Anduvo a pie.
La llama es un animal.
En los alrededores del pueblo hay
rocas y piedras.

2. Son las pieles de un animal.
Es el pelo del animal.

3. Los soldados tuvieron una lucha.
Tuvieron la lucha en una carretera.
No pudieron entrar en la ciudad.

4. La joven estuvo en las selvas
tropicales.
Cortó una senda con un machete.
Es el tronco de una palma.
Son las hojas de una palma.

219

■ **lluvioso** adjetivo para describir una región donde llueve mucho
árido que no recibe mucha agua
nos aburre no nos interesa; no tiene interés
influye tiene influencia
diario de todos los días
la mayoría la parte más grande
cercano que está cerca
se puso a empezó a
desnudo sin ropa

■ la dificultad   enormemente
la geografía   específico

Ejercicios de vocabulario

A *Contesten.*

1. ¿Anduvo por el pueblo el muchacho?
2. ¿Anduvo a pie?
3. ¿Es la llama un animal?
4. ¿Qué hay en los alrededores del pueblo?
5. ¿Tiene un animal piel y pelo?
6. ¿Dónde tuvieron una lucha los soldados?
7. ¿Pudieron entrar en la ciudad?
8. ¿Estuvo la joven en las selvas tropicales?
9. ¿Con qué cortó una senda?
10. ¿Hay mucha vegetación en una zona árida?

B *Completen.*

1. No pudo ir en carro, anduvo _____.
2. La _____ es un animal de las montañas.
3. Llueve mucho durante la estación _____.
4. No lleva ropa. Está _____.
5. La palma tiene _____ y _____.
6. Donde llueve mucho, la región no es _____.
7. La _____ de la gente dice que sí. Hay muy pocos que dicen que no.
8. Él no es viejo; es _____.
9. No hago el trabajo solamente los lunes; es un trabajo _____ que tengo.
10. Si es un pueblo _____, no puede estar lejos de aquí.

Un continente único

Es casi imposible hablar en general de la América del Sur. Este
continente es un continente fantástico, es un continente único.
¿Único? ¿Por qué? Por muchas razones, pero una es su geografía. Tiene zonas lluviosas y tropicales. Tiene zonas áridas y
frías. Tiene picos que son de los más altos del mundo. Muchas
veces la geografía es algo que nos aburre. Tenemos que aprender
los nombres de ríos, montañas, capitales y productos. Pero no.
La geografía es más que nombres. La geografía influye enormemente en la vida diaria de la gente que vive en una zona
específica.

    ¿Estuviste alguna vez en una zona montañosa, en un valle
andino? Vamos a imaginar que sí. Tuviste amigos allí. Un día,
tuviste que llamar por teléfono a un amigo. Pero no pudiste.
Nadie tuvo teléfono. El pariente de otro amigo se puso enfermo.
Buscaste un médico pero no hubo médico. Anduviste por el
pueblo. Buscaste un carro. Pero tampoco hubo carro. El día que
viajaste, anduviste a pie acompañado de una llama, el compañero constante del indio andino. Tuviste que comprar algo pero
no pudiste ir a una tienda. En aquel pueblo no hubo tienda.

    ¿Cómo vivieron en aquel entonces y viven hoy los amigos que
conociste? Su vida es una lucha contra las fuerzas de la naturaleza y la geografía. La tierra es árida pero a pesar de esta
dificultad tienen que cultivar lo que comen. En estas alturas

razones *reasons*

se puso *became*

viajaste *you traveled*
compañero *companion*
en aquel entonces *at that
time*
contra *against*
fuerzas *forces*
tierra *land*

221

hace mucho frío. La gente tiene que hacer su ropa de las pieles o del pelo de las llamas o las alpacas. Construyen sus casas de las rocas y las piedras que encuentran en los alrededores. Su trabajo diario es su propia existencia.

propia *own*

Bien, tú estuviste en las montañas. Tu amiga estuvo en las selvas tropicales a las orillas del río Amazonas o del Orinoco. Ella también conoció a jóvenes como Uds. Un día, tuvo que ir a visitar a un amigo en un pueblo cercano. No pudo ir en carro, porque no hubo calles ni carreteras. Por consiguiente, nadie tuvo carro. Ella tomó un machete, cortó una senda por la selva, llegó al río, se sentó en una canoa y se puso a remar.

Por consiguiente *Therefore*

La vida de sus amigos de la selva es distinta a la vida de sus compatriotas de las montañas. Pero ellos también tienen que luchar contra la naturaleza y la geografía. Aquí en las selvas hace mucho calor y llueve mucho. La vegetación es densa y la gente come lo que crece en sus alrededores. Construyen sus casas del tronco y de las hojas de las palmas. En las regiones muy aisladas, andan casi desnudos porque no necesitan protección contra el frío. Como no hay luz eléctrica, la naturaleza establece su día. Se levantan cuando se levanta el sol y se acuestan cuando se pone el sol.

crece *grows*

luz *light*
establece *establishes*
se pone *sets*

Hay millones de personas que viven en estas regiones aisladas. Pero tenemos que saber también que todo el continente sudamericano no es así. Tiene también sus grandes ciudades, sus suburbios y sus comodidades modernas. Tiene sus playas y sus canchas de ski. Pero si miras un mapa, vas a ver, con pocas excepciones, que la mayoría de las grandes capitales están en la costa, porque la geografía dificulta el establecimiento de grandes metrópolis en el interior. Cuando la gente viaja de una ciudad a otra, suelen ir en avión. El avión no tiene problemas en cruzar las selvas y las montañas, pero el hombre o la mujer sí.

comodidades *comforts*

cruzar *cross*
mujer *woman*

Preguntas

1. ¿Es fantástico y único el continente sudamericano?
2. ¿Tiene zonas lluviosas y tropicales?
3. ¿Tiene zonas áridas y frías?
4. ¿Influye la geografía en la vida diaria de la gente?
5. ¿Estuvo un muchacho o una muchacha de la clase en los Andes?
6. ¿Tuvo amigos allí?
7. ¿Pudo llamar por teléfono a sus amigos?
8. ¿Tuvo alguien teléfono?
9. ¿Quién se puso enfermo?
10. ¿Hubo médico?
11. ¿Anduvo por el pueblo el muchacho o la muchacha?
12. ¿Cómo anduvo por el pueblo?

13. ¿Cómo es la vida de los habitantes de los Andes?
14. ¿Cómo es la tierra?
15. ¿Qué come la gente?
16. ¿De qué hacen su ropa?
17. ¿De qué construyen sus casas?
18. ¿Estuvo una amiga en las selvas tropicales?
19. ¿Conoció ella a muchos jóvenes allí?
20. ¿Pudo viajar en carro?
21. ¿Con qué cortó una senda?
22. ¿En qué se sentó cuando llegó al río?
23. ¿Qué tiempo hace en las selvas tropicales?
24. ¿De qué construyen sus casas los habitantes?
25. En las regiones aisladas, ¿cómo anda la gente?
26. ¿Qué establece su día?
27. ¿Dónde están la mayoría de las grandes capitales en la América del Sur?
28. ¿Por qué suele viajar la gente por avión?

Estructura

El pretérito de los verbos irregulares

Los verbos **tener, estar, andar**

TERCERA PERSONA SINGULAR

A *Repitan.*

Juan tuvo otra oportunidad.
Él estuvo en las montañas.
María anduvo por el parque.

B *Contesten.*

¿Tuvo una lucha el matador?
¿Tuvo una idea María?
¿Tuvo que salir el amigo?
¿Tuvo que ir al hospital el médico?
¿Anduvo por la selva Juan?
¿Anduvo por las montañas Elena?
¿Anduvo por todo el país el equipo?
¿Estuvo en San Juan Ángel?
¿Estuvo en Andalucía Adela?
¿Estuvo en el restaurante tu madre?
¿Estuvo en la pista el avión?

TERCERA PERSONA PLURAL

A *Repitan.*

Los dos chicos tuvieron una lucha.
Las chicas anduvieron por la Gran Vía.
Ellos estuvieron en Chile.

B *Contesten.*

¿Tuvieron un accidente los muchachos?
¿Tuvieron el accidente en las montañas?
¿Tuvieron que ir al hospital?
¿Anduvieron a pie las muchachas?
¿Anduvieron ellos de un aula a otra?
¿Anduvieron por las regiones áridas los indios?
¿Estuvieron en el hospital los chicos?
¿Estuvieron en el parque los jugadores?
¿Estuvieron en la canoa las amigas?

PRIMERA PERSONA SINGULAR

A *Repitan.*

Yo tuve un accidente.
Estuve en España el año pasado.
Anduve por el bosque.

La muchacha viaja en canoa

B *Contesten.*

¿Tuviste un accidente?
¿Tuviste que salir?
¿Tuviste una lucha con él?
¿Anduviste por el pueblo?
¿Anduviste por la plaza?
¿Anduviste por el museo?
¿Estuviste en casa ayer?
¿Estuviste en la playa?
¿Estuviste en la plaza de toros?

SEGUNDA PERSONA SINGULAR

A *Repitan.*

¿Tuviste mucho tiempo?
¿Anduviste por el centro?
¿Estuviste enfermo?

B *Sigan las instrucciones.*

Pregúntele a un chico si tuvo un accidente.
Pregúntele dónde tuvo el accidente.
Pregúntele a una chica si tuvo bastante dinero.
Pregúntele a un chico si estuvo enfermo.
Pregúntele a una chica si estuvo en España.
Pregúntele a un chico si anduvo por el barrio viejo.
Pregúntele a una chica si anduvo despacio.

PRIMERA PERSONA PLURAL

A *Repitan.*

Nosotros tuvimos un accidente.
Anduvimos por la ciudad.
Estuvimos en el autobús.

B *Contesten.*

¿Tuvieron Uds. más tiempo?
¿Tuvieron Uds. bastante dinero?
¿Tuvieron Uds. mucho tiempo?
¿Anduvieron Uds. por la selva?
¿Anduvieron Uds. por el museo?
¿Anduvieron Uds. por el bosque?
¿Estuvieron Uds. en la parada del autobús?
¿Estuvieron Uds. en la esquina?
¿Estuvieron Uds. en el comedor?

TERCERA PERSONA PLURAL—UDS.

A *Repitan.*

Uds. tuvieron que pagar.
¿Anduvieron Uds. por la acera?
¿Estuvieron Uds. tristes?

224

B *Sigan las instrucciones.*

Pregúnteles a dos amigos si tuvieron mucho tiempo.

Pregúnteles a los señores si tuvieron bastante trabajo.

Pregúnteles a dos amigos si anduvieron por el pueblo.

Pregúnteles a las señoritas si anduvieron por el museo.

Pregúnteles a dos amigos si estuvieron con el equipo.

Pregúnteles a los señores si estuvieron en la oficina.

TERCERA PERSONA SINGULAR—*UD.*

A *Repitan.*

¿Lo tuvo Ud.?

¿Estuvo Ud. allí?

B *Sigan las instrucciones.*

Pregúntele al señor si tuvo que ir a la oficina.

Pregúntele a la señora si estuvo enferma.

Pregúntele a la señorita si anduvo por la acera.

Nota gramatical

Many verbs are irregular in the preterite. However, you will find that very often certain verbs follow the same pattern. Such is the case with the verbs *tener*, *estar*, and *andar*. Study the following forms.

tener	**estar**	**andar**
tuve	estuve	anduve
tuviste	estuviste	anduviste
tuvo	estuvo	anduvo
tuvimos	estuvimos	anduvimos
(tuvisteis)	(estuvisteis)	(anduvisteis)
tuvieron	estuvieron	anduvieron

Resumen

Sigan el modelo.

> Carlos estuvo allí. ¿Y tú? →
> Yo estuve allí también.

Ellos anduvieron por el parque. ¿Y Uds.?

Carlos estuvo en un pueblo andino ¿Y tú?

Elena tuvo que salir. ¿Y los otros?

Ellos anduvieron por el museo. ¿Y tú?

Carlos tuvo un accidente. ¿Y su hermano?

Estuvimos cansados. ¿Y ellos?

Elena estuvo en el campo. ¿Y tú?

Los peatones anduvieron por la acera. ¿Y Uds.?

225

Los verbos **poder, poner, saber**

TERCERA PERSONA SINGULAR

A *Repitan.*

El soldado no pudo entrar.
Él puso la carta en la mesa.
El chico supo la verdad.

B *Contesten.*

¿Pudo hacer la ropa la india?
¿Pudo salir el niño?
¿Pudo volver el señor?
¿Puso la comida en la mesa el mesero?
¿Puso Carlos la maleta en el andén?
¿La puso en el baúl del carro?
¿Supo remar la canoa el chico?
¿Supo nadar el niño?
¿Supo algo el policía?

TERCERA PERSONA PLURAL

A *Repitan.*

Ellos no pudieron ayudar.
Lo pusieron en el tren.
Los alumnos no supieron esquiar.

B *Contesten.*

¿Pudieron ellos cultivar la tierra?
¿Pudieron vender los lápices los chicos?
¿Pusieron todo en el carro?
¿Pusieron ellos la comida en la bolsa?
¿Supieron ellas la hora de la salida?
¿Supieron los otros la verdad?

PRIMERA PERSONA SINGULAR

A *Repitan.*

Pude hacer el viaje.
Puse la falda en la maleta.
Supe el nombre.

B *Contesten.*

¿Pudiste hacer el viaje?
¿Pudiste llegar temprano?
¿Pudiste ir en avión?
¿Pusiste los billetes en la bolsa?
¿Pusiste las maletas en el andén?
¿Te pusiste enfermo?
¿Supiste la verdad?
¿Supiste nadar?
¿Lo supiste en seguida?

La tierra de la altiplanicie es árida

Casas de los Andes

Una tienda elegante, Lima

SEGUNDA PERSONA SINGULAR

A *Repitan.*

¿Pudiste hablar con él?
¿Pusiste la carta en la mesa?
¿Lo supiste?

B *Sigan las instrucciones.*

Pregúntele a un amigo si pudo trabajar.
Pregúntele a una amiga si pudo salir.
Pregúntele a un amigo dónde puso los billetes.
Pregúntele a una amiga dónde puso el sombrero.
Pregúntele a un amigo cómo lo supo.
Pregúntele a una amiga cuándo lo supo.

PRIMERA PERSONA PLURAL

A *Repitan.*

Nosotros no pudimos ir.
No pusimos nada allí.
No supimos la verdad.

B *Contesten.*

¿Pudieron Uds. salir?
¿Pudieron Uds. cortar la senda?
¿Pudieron Uds. ver las rocas?
¿Pusieron Uds. la mesa en el comedor?
¿Pusieron Uds. la guitarra en el carro?
¿Pusieron Uds. los billetes en la maleta?
¿Supieron Uds. la hora?
¿Supieron Uds. la hora de la salida?
¿Supieron Uds. el número de pasajeros?

TERCERA PERSONA PLURAL—*UDS.*

A *Sigan las instrucciones.*

Pregúnteles a los chicos si pudieron hacer el trabajo.
Pregúnteles a ellos si pusieron la comida en la mesa.
Pregúnteles a los señores si supieron la hora.

TERCERA PERSONA SINGULAR—*UD.*

A *Sigan las instrucciones.*

Pregúntele al señor cómo pudo salir.
Pregúntele a la señorita dónde puso el periódico.
Pregúntele a la señora cuándo lo supo.

227

Nota gramatical

The verbs *poder*, *poner*, and *saber* are also irregular in the preterite. Study the following forms.

poder	**poner**	**saber**
pude	puse	supe
pudiste	pusiste	supiste
pudo	puso	supo
pudimos	pusimos	supimos
(pudisteis)	(pusisteis)	(supisteis)
pudieron	pusieron	supieron

The verb *saber* in the preterite can mean "found out."

Supe la verdad.   Lo supimos ayer.

Resumen

Sigan el modelo.

Carlos lo supo. ¿Y María? →
María lo supo también.

Ellos lo pusieron allí. ¿Y Uds.?
Él pudo volver. ¿Y los otros?
Yo lo supe. ¿Y tú?

Los chicos supieron la verdad. ¿Y Uds.?
Tú pudiste empezar. ¿Y Carlos?
Ellos pusieron la bolsa allí. ¿Y tú?

La llama, el compañero del indio andino

Una casa de la zona tropical

Ejercicios escritos

A *Give the opposite of each of the following words.*

1. viejo
2. general
3. siempre
4. nos interesa
5. con ropa

B *Give a word related to each of the following.*

1. llueve
2. vegetal
3. el cultivo
4. la influencia
5. cerca
6. mayor
7. día
8. difícil

C *Rewrite each sentence in the preterite.*

1. Ellos andan por la selva tropical.
2. No tengo más tiempo.
3. ¿Por qué no estás en aquella oficina?
4. El amigo no está en la canoa.
5. Nosotros andamos por un valle de los Andes.
6. Tienes que ver al médico.
7. El niño está en el cuarto de baño.
8. No ando por aquel barrio.

D *Complete each sentence with the correct form of the preterite of the italicized verb.*

1. Él lo _____ en la maleta. *poner*
2. Nosotros no _____ salir a tiempo. *poder*
3. Yo _____ la verdad. *saber*
4. Tú no _____ hacer el viaje. *poder*
5. Yo _____ todo en aquella mesa. *poner*

6. Él _____ cortar con un machete. *saber*
7. Uds. no lo _____ hacer sin nuestra ayuda. *poder*
8. La chica _____ la blusa en la maleta. *poner*
9. ¿Cómo es que te _____ tan enfermo? *poner*
10. Nosotros no _____ a qué hora salieron. *saber*

E *Answer each question according to the model.*

¿Andan Uds. por el parque? →
No, pero anduvimos por el parque ayer.

1. ¿Puedes empezar?
2. ¿Tienen Uds. bastante tiempo?
3. ¿Pone María el dinero en la bolsa?
4. ¿Andan ellos por las tiendas?
5. ¿Saben Uds. quién habla?
6. ¿Está Carmen en clase?
7. ¿Pueden ellos terminar a tiempo?
8. ¿Estás contento?

F *Form sentences from the following in the present tense.*

1. gente / selvas / tropical / vivir / en / casas / que / hacer / tronco / hojas / palma
2. Ellos / comer / productos / que / crecer / los / alrededores
3. En / selvas / hacer / mucho / calor / y / llover / mucho
4. Cuando / ellos / viajar / ir / canoa

G *Write five sentences about each of the following.*

1. la vida en las selvas tropicales
2. la vida en las montañas
3. la geografía del continente sudamericano

Industria minera en Latinoamérica

231

Lección 14

Vocabulario

1. Don Quijote es un caballero andante.
Sancho Panza es su escudero.
Don Quijote le habló a Sancho.
Sancho no le hizo caso.
Don Quijote tiene una lanza.
Don Quijote es flaco.
Sancho Panza es gordo.

2. Don Quijote hizo muchas expediciones.
Sancho le dijo que no quiso hacer todas las expediciones.

3. Son molinos de viento.
Los brazos del molino son aspas.
Vino un viento fuerte.
El viento volvió las aspas.
Don Quijote fue hacia los molinos.

■ **conocido** famoso
en busca de para buscar
malo contrario de **bueno**
segundo el número dos
el asno la mula
la lanza un arma antigua
socorrer ayudar
el enemigo contrario de **amigo**

■ el idealista   misterioso   atacar
el realista   imaginado   convertir
el protagonista
el episodio
el gigante
la furia

Ejercicios de vocabulario

A *Contesten.*

1. ¿Qué es don Quijote?
2. ¿Quién es su escudero?
3. ¿Le hizo caso Sancho a don Quijote?
4. ¿Qué tiene don Quijote?
5. ¿Cómo es don Quijote?
6. ¿Cómo es Sancho Panza?
7. ¿Hizo muchas expediciones don Quijote?
8. ¿Quiso hacer todas las expediciones Sancho?
9. ¿Qué son los brazos del molino de viento?
10. ¿Qué vino?
11. ¿Qué volvió el viento?
12. ¿Hacia dónde fue don Quijote?

B *Den una palabra relacionada.*

1. gigantesco
2. el misterio
3. imaginar
4. real
5. el ataque

El Quijote

Una de las novelas más famosas de España y del mundo es El Quijote de Miguel de Cervantes Saavedra. El protagonista es el conocido caballero don Quijote de la Mancha.

Un día don Quijote salió de su pueblo de la Mancha. Salió en busca de aventuras para luchar contra todos los males del mundo. Era caballero andante. Pero pronto volvió a casa porque durante su primer viaje no tuvo escudero y no hay caballero andante sin escudero. Salió la segunda vez con Sancho Panza. Don Quijote, alto y flaco, montó a su caballo, Rocinante. Sancho Panza, bajo y gordo, montó en su asno.

Los dos hicieron muchas expediciones por la región de la Mancha. Tuvieron muchas conversaciones. Don Quijote, un idealista sin par, hizo muchas cosas que no quiso hacer Sancho, su escudero realista. Más de una vez Sancho le dijo:

—Pero, don Quijote, noble caballero y fiel compañero, Vuestra Merced está loco.

Pero don Quijote nunca les hizo mucho caso a los consejos de Sancho. Uno de los episodios más famosos de nuestro estimado caballero es el de los molinos de viento.

Un día, en un lugar de la Mancha, don Quijote vio algo misterioso. Le dijo a Sancho:

—Sancho, ¿tú ves lo que veo yo?

—Vuestra Merced, no veo nada.

males   *evils*

caballo   *horse*

sin par   *without equal*

fiel   *faithful*

consejos   *advice*
estimado   *esteemed*

—¿No ves aquellos gigantes que vienen hacia nosotros?

—Don Quijote, no son gigantes. Son simplemente molinos de viento. ¿Adónde va Vuestra Merced?

Don Quijote fue a atacar a los «gigantes». Gigantes como éstos no pueden existir en el mundo. En nombre de Dulcinea, la dama de sus pensamientos, él los atacó. Puso su lanza en el aspa de uno de los molinos. En aquel mismo instante vino un viento fuerte. El aspa empezó a mover. El viento la volvió con tanta furia que hizo pedazos de la lanza y levantó a don Quijote en el aire.

A toda prisa Sancho fue a socorrer a su caballero andante. Lo encontró en el suelo muy mal herido.

—¿No le dije a Vuestra Merced que no eran gigantes, sino simples molinos de viento?

—Sancho, tú no sabes lo que dices. Son cosas de guerra. Tú sabes que yo tengo un enemigo. Es aquel sabio Frestón. Sólo hace poco te dije las cosas malas que él hizo contra la bondad de mi espada. Y ahora convirtió a estos gigantes en molinos de viento.

—Yo no sé lo que hizo vuestro enemigo. Pero no tengo duda de lo que le hizo este molino de viento.

Y con eso Sancho levantó a don Quijote. Don Quijote subió de nuevo sobre Rocinante. Habló más de la pasada aventura. Sancho le hizo poco caso. Siguieron el camino de Puerto Lápice en busca de otras jamás imaginadas aventuras.

dama de sus pensamientos *lady of his dreams*
tanta *such*
pedazos *pieces*

A toda prisa *With great speed*
herido *injured*
sino *but rather*

sabio *wise*
bondad *goodness*

duda *doubt*

Siguieron *They followed*
camino *road*
jamás *nunca*

ADAPTED FROM MIGUEL DE CERVANTES SAAVEDRA

Preguntas

1. ¿Cuál es una de las novelas más famosas del mundo?
2. ¿Quién escribió la novela?
3. Un día, ¿de dónde salió don Quijote?
4. ¿En busca de qué salió?
5. ¿Por qué volvió a casa pronto?
6. ¿Con quién salió la segunda vez?
7. ¿Cómo se llama el caballo de don Quijote?
8. ¿En qué montó Sancho Panza?
9. ¿Por dónde hicieron muchas expediciones los dos?
10. ¿Qué le dijo Sancho más de una vez?
11. Un día, ¿qué vio don Quijote en un lugar de la Mancha?
12. ¿Vio algo Sancho?
13. ¿Qué vio don Quijote?
14. ¿Son gigantes?
15. ¿Qué son?
16. ¿Fue a atacar a los gigantes don Quijote?
17. ¿En dónde puso su lanza?

18. En aquel mismo instante, ¿qué vino?
19. ¿Volvió el viento el aspa?
20. ¿Levantó a don Quijote en el aire?
21. ¿Quién fue a socorrer a don Quijote?
22. ¿Lo encontró herido?
23. ¿Quién es el enemigo de don Quijote?
24. ¿Sabe Sancho lo que hizo el enemigo?
25. ¿Sabe Sancho lo que hizo el molino de viento?
26. ¿Salió don Quijote en busca de otras aventuras?

Estructura

El pretérito de los verbos irregulares

Los verbos hacer, querer, venir

TERCERA PERSONA SINGULAR

A *Repitan.*

Don Quijote hizo muchas expediciones.
El quiso hablar con Sancho.
Sancho lo vino a socorrer.

B *Contesten.*

¿Hizo el viaje Tomás?
¿Hizo mucho trabajo Elena?
¿Quiso volver a su pueblo don Quijote?
¿Quiso luchar el escudero?
¿Vino en tren el grupo?
¿Vino en seguida el médico?

B *Contesten.*

¿Hicieron el trabajo los alumnos?
¿Quisieron tener más aventuras los
    caballeros?
¿Vinieron todos montados a caballo?
¿No hiciste nada?
¿Quisiste salir?
¿Viniste con el equipo?
¿Hicieron Uds. mucho trabajo?
¿Quisieron Uds. tomar el sol?
¿Vinieron Uds. al aeropuerto en taxi?

LAS OTRAS FORMAS

A *Repitan.*

Ellos hicieron muchas expediciones.
Los jóvenes quisieron salir.
No hice nada.
Vine con ellos.
No quisimos socorrer al escudero.
No vinimos en tren.

C *Sigan las instrucciones.*

Pregúntele a un amigo si hizo el sándwich.
Pregúntele a un amigo si quiso ganar.
Pregúnteles a unas amigas si hicieron mucho.
Pregúnteles a las señoras si vinieron a pie.
Pregúntele al señor si quiso salir.
Pregúntele a la señora si vino en avión.

Molinos de viento, La Mancha

Nota gramatical

The verbs *querer*, *hacer*, and *venir* are also irregular in the preterite. Study the following forms.

querer	hacer	venir
quise	hice	vine
quisiste	hiciste	viniste
quiso	hizo	vino
quisimos	hicimos	vinimos
(quisisteis)	(hicisteis)	(vinisteis)
quisieron	hicieron	vinieron

El verbo decir

A *Repitan.*

Ellos dijeron la verdad.
Juan y Carlos me dijeron la verdad.

B *Contesten.*

¿Dijeron la verdad Juan y María?
¿Dijeron ellos que no?
¿Dijeron que sí los señores?
¿Dijeron ellos mentiras?
¿No dijeron nada los chicos?

C *Repitan.*

Él dijo la verdad.
Yo dije que sí.
Nosotros no dijimos nada.

D *Contesten.*

¿Dijo la verdad la chica?
¿Lo dijo bien el autor?
¿Dijo algo Elena?
¿No dijo nada Carlos?

¿Dijiste la verdad?
¿Dijiste algo?
¿Dijiste que sí?
¿Dijiste que no?
¿No dijiste nada?

¿Dijeron Uds. que sí?
¿Dijeron Uds. que no?
¿Dijeron Uds. la verdad?
¿No dijeron Uds. nada?

E   *Sigan las instrucciones.*

Pregúntele a un chico si dijo que sí.
Pregúntele a una chica si dijo la verdad.
Pregúnteles a unos chicos si dijeron el
    número.
Pregúnteles a los señores si dijeron algo.
Pregúntele a la señorita si dijo la hora.
Pregúntele al señor si dijo la verdad.

Nota gramatical

The verb *decir* is irregular in the preterite also. You will note that the third person
plural ending is *-eron* rather than *-ieron.* Study the following.

dije	dijimos
dijiste	(dijisteis)
dijo	dijeron

Los verbos **ir, ser**

TERCERA PERSONA SINGULAR

A   *Repitan.*

Juan fue al mercado.
Carlos fue miembro.

B   *Contesten.*

¿Fue a la playa Elena?
¿Fue a la capital el grupo?
¿Fue al mercado la muchacha?
¿Fue a la oficina la señora?
¿Fue él presidente?

TERCERA PERSONA PLURAL

A   *Repitan.*

Ellos fueron al parque.
Ellos fueron profesores.

B   *Contesten.*

¿Fueron en busca de aventuras los dos?
¿Fueron al mercado los indios?
¿Fueron al lago las chicas?
¿Fueron todos juntos?

PRIMERA PERSONA SINGULAR

A   *Repitan.*

Fui a la tienda.
Fui a la montaña.

B   *Contesten.*

¿Fuiste al lago?
¿Fuiste a la terraza?
¿Fuiste a México?
¿Fuiste en tren?
¿Fuiste a la estación de ferrocarril?
¿Fuiste miembro?

A   *Repitan.*

Fuimos a la montaña.
Fuimos secretarios.

B   *Contesten.*

¿Fueron Uds. a la ciudad?
¿Fueron Uds. al pueblo?
¿Fueron Uds. a pie?
¿Fueron Uds. al campo?
¿Fueron Uds. jugadores?

C   *Sigan las instrucciones.*

Pregúntele a una amiga si fue a la playa.
Pregúntele a un amigo con quién fue.
Pregúntele al señor cómo fue.
Pregúntele a la señora si fue al museo.
Pregúnteles a dos amigos si fueron al mesón.
Pregúnteles a los señores si fueron en avión.

Nota gramatical

The verbs *ir* and *ser* are irregular in the preterite. Study the following forms carefully.

ir	ser
fui	fui
fuiste	fuiste
fue	fue
fuimos	fuimos
(fuisteis)	(fuisteis)
fueron	fueron

Although the forms of these two verbs are identical, the correct meaning is made clear by the context of the sentence. The verb *ser* is seldom used in the preterite. This point will be studied at a later time.

Región de la Mancha

Don Quijote es popular en México también

Ejercicios escritos

A   *Complete each sentence with an appropriate word.*

1. Sancho Panza es el _____ de don Quijote.
2. Sancho Panza es bajo y _____.
3. Don Quijote es alto y _____.
4. El _____ de don Quijote es Rocinante.
5. Los molinos de viento tienen _____.
6. Sancho Panza no monta a caballo; monta en un _____.
7. ¿Tienes más amigos o _____?
8. La _____ civil española empezó en 1936.

B   *Give the word being defined.*

1. ayudar
2. cambiar una cosa en otra
3. famoso
4. arma de guerra antigua
5. mula

C *Complete each sentence with the correct form of the preterite of the italicized verb.*

1. Nosotros lo _____ ayer. *hacer*
2. Uds. _____ en tren, ¿no? *venir*
3. Don Quijote _____ muchas expediciones por la Mancha. *hacer*
4. Yo no _____ empezar de nuevo. *querer*
5. ¿Por qué no _____ tú con los otros? *venir*
6. Ellos _____ hablar con el profesor. *querer*
7. Yo no _____ nada. *hacer*
8. Todos _____ a ver el caballo. *venir*

D *Rewrite each sentence in the preterite.*

1. Ellos dicen la verdad.
2. Digo que no.
3. Lazarillo le dice mentiras al ciego.
4. ¿Por qué no lo dices al limpiabotas?
5. Uds. no dicen nada.
6. El niño dice algo.
7. Decimos que sí.
8. Digo la verdad.

E *Form sentences from the following in the preterite.*

1. Carlos / ser / miembro
2. Ellos / ir / playa / verano / pasado
3. Nosotros / ir / mercado / Teresa
4. Tú / ir / aeropuerto / taxi
5. Ellos / ir / venta / Salamanca
6. Yo / ir / capital / familia
7. Uds. / ir / parque / domingo / pasado
8. Ellas / ir / tienda / donde / comprar / blusa

F *Rewrite the following paragraphs in the past tense.*

Un día, don Quijote, el famoso caballero andante, sale de su pueblo en la Mancha. Va en busca de aventuras. Busca un escudero. Sancho Panza decide acompañar a don Quijote como escudero. Don Quijote monta a su caballo y Sancho Panza monta en su asno. Los dos salen juntos.

Andan por la región de la Mancha. Un día, don Quijote ve algo misterioso. Le pregunta a Sancho si él también ve a los gigantes. Sancho le dice que no ve a gigantes sino molinos de viento. Don Quijote no le hace caso y va a atacar a los «gigantes». Pone su espada en el aspa del molino en el momento que viene un viento fuerte. El viento vuelve el aspa y levanta a don Quijote en el aire.

Sancho Panza va a socorrer a su caballero. Lo encuentra en el suelo. Lo levanta y le empieza a hablar. Pero don Quijote no quiere hablar más. En seguida sale en busca de otras aventuras para conquistar los males del mundo.

Lección 15

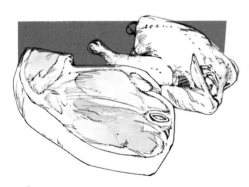

1. Es una tortilla.
La tortilla se hace de maíz.
Me gustan las tortillas.

2. La señora fríe la tortilla.

3. Es carne de res.
Es un pollo.

4. Son frijoles.

5. Es el aceite de oliva.

6. Son pescado y mariscos.
Son almejas, camarones, langosta y
mejillones.
Los mariscos tienen concha.

7. Es sal.
Es pimienta.
Es ajo.

8. Son guisantes, alcachofas y
pimientos.
Los guisantes son verdes.

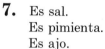 **la cocina** la manera de preparar la comida y el cuarto donde se prepara
diario de todos los días
distinto diferente

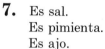 el panqueque   dispersado   repetir
el ingrediente   erróneo   servir
la salsa   tostado
el aspecto

Ejercicios de vocabulario

A *Contesten.*

1. ¿De qué se hace la tortilla?
2. ¿Qué hace la india con la tortilla?
3. ¿Comes mucha carne de res?
4. ¿Comes muchos frijoles?
5. ¿Preparas muchas comidas con aceite de oliva?
6. ¿Cuáles son algunos mariscos?
7. ¿Pones sal y pimienta en los vegetales?
8. ¿Cuáles son algunos vegetales?

B *Completen.*

1. Los _____ son vegetales.
2. Los _____ y las _____ son verdes.
3. Algunos mariscos son _____, _____ y _____.
4. Se puede freír mucho en el _____.
5. El comer es una actividad _____.

La comida hispana

Una cosa bien importante en la vida diaria es la comida. Como se habla español en países dispersados por unos tres continentes, es muy variada lo que podemos llamar la cocina hispana. Aquí en los Estados Unidos muchos hablan de la comida «española». Este término se repite mucho pero frecuentemente es erróneo. Mucha gente dice comida española cuando en realidad habla de la comida mexicana.

término *expression*

Para muchas comidas mexicanas la tortilla sirve de base. La tortilla es una especie de panqueque que se hace de maíz. Con la tortilla los mexicanos preparan muchas cosas interesantes. Por ejemplo, el taco es una tortilla dura o tostada. Se dobla, se fríe y luego se rellena de pollo, queso, carne de res o frijoles. La enchilada es una tortilla blanda con los mismos ingredientes. La comida mexicana es generalmente muy picante porque a los mexicanos les gustan mucho las salsas picantes.

Se dobla *It's folded*
se rellena *is filled*
blanda *contrario de* duro

picantes *spicy, hot*

La comida española es muy distinta. Muy pocas son las salsas picantes. A los españoles les gusta más el aceite de oliva. Se fríe mucho en el aceite.

Como España tiene costa a todos lados, sus habitantes comen mucho pescado y mariscos. Una especialidad de la cocina española es la paella a la valenciana. La paella lleva arroz condimentado con sal, pimienta, azafrán y ajo. El azafrán da un color amarillo al arroz. Al arroz se añaden pollo, almejas, camarones, langosta y mejillones. Encima se ponen unos guisantes, alcachofas y pimientos. Una paella bien preparada tiene un aspecto muy festivo: el amarillo del arroz, el verde de los guisantes, el rojo de los pimientos y el negro de las conchitas de los mejillones. Si Ud. va a un restaurante español, debe pedir una buena paella.

lados *sides*

arroz *rice*
condimentado *seasoned*
azafrán *saffron (a spice)*
se añaden *are added*
Encima *On top*

debe *you ought to*
pedir *ask for, order*

Preguntas

1. ¿Cuál es una cosa importante de la vida diaria?
2. ¿Se habla español en muchos países?
3. ¿Qué es muy variado?
4. ¿Cuál es un término erróneo que se repite mucho en los Estados Unidos?
5. ¿Qué debemos decir?
6. ¿Qué sirve de base para la comida mexicana?
7. ¿Qué es la tortilla?
8. ¿Qué es el taco?
9. ¿De qué se rellena el taco?
10. ¿Qué es la enchilada?
11. Generalmente, ¿cómo es la comida mexicana?
12. ¿Es distinta la comida española?
13. ¿Hay muchas salsas picantes en la comida española?
14. A los españoles, ¿qué les gusta más?
15. ¿Por qué comen mucho pescado y mariscos los españoles?
16. ¿Cuál es una especialidad de la cocina española?
17. ¿Con qué está condimentado el arroz?
18. ¿Qué se añade al arroz?
19. ¿Por qué tiene un aspecto festivo la paella?

Estructura

La voz pasiva con *se*

A *Repitan.*

Se hace una paella con mariscos.
Se hacen enchiladas con tortillas.
Se habla español en Venezuela.
Se hablan español y francés en aquel
   continente.

B *Contesten.*

¿Se hace la tortilla de maíz?
¿Se hacen los tacos con tortillas?
¿Se rellena el taco?
¿De qué se rellena?
¿Se doblan los tacos?
¿Se fríe el pescado?
¿Se venden chaquetas en aquella tienda?
¿Se abre temprano la escuela?
¿Se ven las montañas?

¿Se ve el monumento en el parque?
¿Se vende arroz en aquella tienda?
¿Se venden mariscos en el mercado?
¿Se habla español en Colombia?
¿Se ven muchos cuadros en el museo?
¿Se puede nadar aquí?
¿Se puede comprar refrescos aquí?

C *Sigan las instrucciones.*

Pregúntele a un chico si se habla español en
   Ecuador.
Pregúntele a una chica si se puede esquiar en
   Bariloche.
Pregúntele a un chico si se ven los cuadros en
   el museo.
Pregúntele a una chica si se venden blusas en
   aquella tienda.
Pregúntele a un chico si se come paella en
   España.
Pregúntele a una chica si se comen tortillas
   en México.

Nota gramatical

In the passive voice, the subject is also the receiver of the action of the verb. In Spanish, the passive can be formed by using the pronoun *se*. If the subject is singular, the verb is also singular. If the subject is plural, the verb is also plural. Study the following.

> Se ve el cuadro en el museo.
> Se ven las montañas a lo lejos.
> Se come paella.
> Se comen enchiladas.

El verbo *gustar*

A   *Repitan.*

Me gusta la paella.
Me gustan los tacos.
Me gusta el arroz.
Me gustan los mariscos.

B   *Contesten.*

¿Te gusta el arroz?
¿Te gusta el bocadillo?
¿Te gustan los frijoles?
¿Te gustan las enchiladas?
¿Te gusta el pescado?
¿Te gustan los mariscos?
¿Te gusta la salsa picante?
¿Te gustan las alcachofas?
¿Te gusta viajar en avión?
¿Te gusta comer?

C   *Repitan.*

Te gusta la salsa.
Te gustan los tacos.

D   *Sigan las instrucciones.*

Pregúntele a una chica si le gusta la paella.
Pregúntele a un chico si le gusta la carne de res.
Pregúntele a una chica si le gustan los tacos.
Pregúntele a un chico si le gustan los guisantes.

Pregúntele a una chica si le gusta jugar al fútbol.
Pregúntele a un chico si le gusta cantar.

E   *Repitan.*

A Juan le gusta la langosta.
A María le gustan las tortillas.

F   *Sustituyan.*

A él le gusta
| la paella.
| el taco.
| la carne de res.
| la limonada.

A ella le gustan
| los tacos.
| las salsas.
| los panecillos.
| las alcachofas.

G   *Contesten.*

¿A Juan le gusta el arroz?
¿A Juan le gustan los vegetales?
¿A María le gusta la sal?
¿A María le gustan las almejas?
¿Al chico le gusta el sándwich?
¿Al chico le gustan los frijoles?
¿A la chica le gusta el café?
¿A la chica le gustan las enchiladas?

Enchiladas con arroz

H *Repitan.*

A ellos les gusta el sombrero.
A ellas les gusta la falda.
A ellos les gustan los quesos.
A ellas les gustan los tacos.

I *Contesten.*

¿A las chicas les gusta el maíz?
¿A los chicos les gustan los mariscos?
¿A los españoles les gusta el arroz?
¿A los mexicanos les gustan las salsas picantes?
¿A ellos les gusta la limonada?
¿A ellos les gustan los camarones?

¿A ellos les gusta viajar?
¿A ellas les gusta comer?

J *Sustituyan.*

Nos gusta
| el arroz.
| el jamón.
| el queso.
| el pescado.
| la langosta.

Nos gustan
| las almejas.
| los camarones.
| los mejillones.
| las alcachofas.
| los guisantes.

K *Contesten.*

¿A Uds. les gusta el arroz?
¿A Uds. les gustan los mariscos?
¿A Uds. les gusta el panecillo?
¿A Uds. les gustan los camarones?
¿A Uds. les gusta el pollo?
¿A Uds. les gustan los frijoles?

L *Sustituyan.*

¿A Uds. les gusta

| el arroz? |
| la playa? |
| el campo? |
| la ciudad? |
| el lago? |

¿A Uds. les gustan

| las playas? |
| las montañas? |
| los cuadros? |
| los viajes en avión? |
| los mariscos? |

M *Sigan las instrucciones.*

Pregúnteles a unos amigos si les gusta la paella.
Pregúnteles a unos amigos si les gustan las montañas.
Pregúnteles a unos amigos si les gustan los guisantes.
Pregúnteles a unos amigos si les gusta el campo.
Pregúnteles a ellos si les gusta esquiar.
Pregúnteles a ellas si les gusta escribir.

Nota gramatical

The verb *gustar* literally means "to be pleasing to." Therefore, the English subject becomes an indirect object and the English object becomes the subject. Study the following.

Me gusta el maíz.
Me gustan las alcachofas.

Nos gusta el cuadro.
Nos gustan los frijoles.

A él le gusta la limonada.
A ella le gustan los tacos.

A ellas les gusta el arroz.
A ellos les gustan los panecillos.

Los verbos de cambio radical

Los verbos con el cambio **-e** *a* **-i**

TERCERA PERSONA SINGULAR

A *Repitan.*

Carlos pide paella.
Mi madre sirve la comida.

B *Contesten.*

¿Pide tacos Carlos?
¿Pide mucho María?
¿Pide dinero el pobre?
¿Sirve la comida la azafata?
¿Sirve bien el señor?
¿Repite la lección el profesor?
¿Repite la pregunta la alumna?

TERCERA PERSONA PLURAL

A *Repitan.*

Ellos piden un favor.
Carlos y Juan repiten la pregunta.

B *Contesten.*

¿Piden ellos un favor?
¿Piden dinero los niños?
¿Sirven el desayuno los muchachos?
¿Sirven ellos paella en Valencia?
¿Repiten la pregunta los niños?
¿Repiten la lección los alumnos?

PRIMERA PERSONA SINGULAR

A *Repitan.*

Pido un sándwich.
No sirvo la comida.

B *Contesten.*

¿Pides un bocadillo?
¿Le pides un favor?
¿Le pides dinero al señor?
¿Sirves la comida?
¿Sirves mariscos?
¿Repites la pregunta?
¿Repites la noticia?

SEGUNDA PERSONA SINGULAR

A *Repitan.*

¿Qué pides?
¿Por qué no lo repites?

B *Sigan las instrucciones.*

Pregúntele a un chico si pide un bocadillo.
Pregúntele a una chica si sirve tacos.
Pregúntele a un chico si repite la lección.
Pregúntele a un chico si pide dinero.

PRIMERA PERSONA PLURAL

A *Repitan.*

Pedimos café.
Repetimos la lección.
Servimos salsas picantes.

B *Contesten.*

¿Piden Uds. café?
¿Piden Uds. un favor?
¿Piden Uds. dinero?
¿Sirven Uds. la comida?
¿Sirven Uds. paella?
¿Sirven Uds. una comida mexicana?
¿Repiten Uds. la lección?
¿Repiten Uds. el vocabulario?
¿Lo repiten Uds.?

TERCERA PERSONA PLURAL—*UDS.*

A *Repitan.*

¿Piden Uds. camarones?
¿Sirven Uds. una comida española?

B *Sigan las instrucciones.*

Pregúnteles a unos amigos si piden langosta.
Pregúnteles a los señores si sirven salsas
   picantes.
Pregúnteles a ellos si repiten el vocabulario.

TERCERA PERSONA SINGULAR—*UD.*

A *Repitan.*

¿Qué pide Ud.?
¿No lo repite Ud.?

B *Sigan las instrucciones.*

Pregúntele al señor si pide café.
Pregúntele a la azafata cuándo sirve la
   comida.
Pregúntele al profesor si repite la pregunta.

Tacos con arroz

Nota gramatical

The verbs *repetir*, *pedir*, and *servir* belong to the third class of stem-changing verbs. The *e* of the infinitive changes to *i* in all forms of the present tense with the exception of *nosotros* (and *vosotros*). Study the following.

pedir	**repetir**	**servir**
pido	repito	sirvo
pides	repites	sirves
pide	repite	sirve
pedimos	repetimos	servimos
(pedís)	(repetís)	(servís)
piden	repiten	sirven

1. Son aceitunas.

2. Es una lata.
Es una lata de salsa de tomate.
Es una taza.

3. La señora corta las cebollas.
Corta las cebollas con un cuchillo.
Pone las cebollas en una sartén.

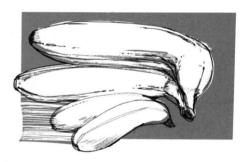

4. Son plátanos.
Los plátanos verdes son duros.
Los plátanos amarillos son blandos.

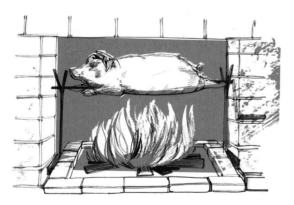

5. Es un lechón asado.
El lechón se cocina en un horno.

■ **sencillo** fácil
el mediodía las doce del día
la cena la comida de la noche

■ aparte
delicioso
favorito

254

Ejercicios de vocabulario

A *Contesten.*

1. ¿Hay muchos productos que vienen en lata?
2. ¿Se puede freír en una sartén?
3. ¿Con qué corta las cebollas la señora?
4. ¿En qué se toma el café?
5. ¿De qué colores son los plátanos?
6. ¿Cuáles son los plátanos duros?
7. ¿En qué se cocina el lechón?
8. ¿Cuándo toman Uds. la cena?

B *Completen.*

1. Corta las cebollas con un _____.
2. No es difícil; es _____.
3. Las _____ pueden ser verdes o negras.
4. Los plátanos _____ son blandos.
5. Se sirve el café en una _____.
6. Se pueden comprar muchas cosas en una _____.
7. No lo servimos en el mismo plato; lo servimos _____.
8. El _____ es una carne deliciosa.
9. Se usa un cuchillo para _____ algo.

Una paella

La comida hispana (*continuación*)

En las islas del Caribe preparan mucho arroz al estilo del arroz de la paella. Al arroz se añaden también unas aceitunas y un poco de salsa de tomate. Aquí tenemos una receta sencilla para hacer el arroz con pollo.

receta *recipe*

> Fría aparte un pollo en una sartén. Corte en pedazos pequeños un ajo, tres cebollas y dos pimientos. En una sartén fría el ajo, las cebollas y los pimientos en aceite de oliva. Añada a esta combinación una taza de arroz. Cocine el arroz unos minutos. Añada tres tazas de caldo de pollo, un poco de sal y pimienta. Ponga el pollo frito a los lados de la sartén. Después de cinco minutos, añada una lata de salsa de tomate y unas aceitunas. Cocine unos veinte minutos más y sirva.

caldo de pollo *chicken broth*
frito *fried*

Los cubanos y los puertorriqueños comen también muchos plátanos. Hay unos plátanos duros que se cortan y que luego se fríen en aceite. Los pedazos fritos se llaman tostones. Ellos comen tostones como nosotros comemos papas. No hay nada más delicioso que un lechón asado preparado al estilo del Caribe. El lechón se cocina todo el día encima de un horno, muchas veces al aire libre. Si con el lechón se sirven arroz, tostones y una ensalada, uno tiene una comida deliciosa.

En los países de la América del Sur sirven también mucho maíz. Es interesante notar que el maíz es un producto indígena de los continentes americanos y fue un alimento favorito de los indios. En Europa, la gente no come maíz. En los países sudamericanos comen también mucho biftec. La Argentina es uno de los países más importantes en la cría de ganado para la carne de res. Una especialidad de la cocina peruana son los anticuchos. Son unos pedazos de carne de res bien condimentados con una salsa picante. Se sirven con maíz y camotes.

Al contrario de la costumbre norteamericana, la comida principal en la mayoría de los países de habla española es la del mediodía. Las oficinas y las tiendas se cierran unas dos o tres horas. Así, todo el mundo tiene la oportunidad de volver a casa a tomar una buena comida. Luego, la cena no se sirve hasta las nueve y media o las diez de la noche.

alimento *comida*

cría *raising*

camotes *sweet potatoes*

se cierran *are closed*

Preguntas

1. ¿Qué preparan en las islas del Caribe?
2. ¿Qué se añade también al arroz?
3. Para hacer arroz con pollo, ¿en qué se fríe el pollo?
4. ¿Qué se cortan?
5. ¿En qué se fríen las cebollas, el ajo y los pimientos?
6. ¿Cuántas tazas de arroz se añaden?
7. ¿Cuántas tazas de caldo de pollo se añaden?
8. ¿Dónde se pone el pollo frito?
9. Después de cinco minutos, ¿qué se añade al arroz?
10. ¿Qué comen los puertorriqueños y los cubanos?
11. ¿Qué plátanos se fríen en aceite?
12. ¿Cómo se llaman?
13. ¿Dónde se cocina el lechón asado?
14. ¿Con qué se puede servir el lechón?
15. ¿Qué sirven en la América del Sur?
16. ¿Qué es el maíz?
17. ¿Dónde no se come el maíz?
18. ¿Por qué se come mucho biftec en la América del Sur?
19. ¿Cuál es una especialidad de la cocina peruana?
20. ¿Cuál es la comida principal en la mayoría de los países de habla española?
21. ¿A qué hora se sirve la cena?

Estructura

Los mandatos formales

Los verbos regulares

A *Repitan.*

Hable Ud. No hable Ud.
Mire Ud. No mire Ud.
Corte Ud. las cebollas. No corte Ud. las
  cebollas.

B *Sustituyan.*

Prepare	
Trabaje	
Mire	Ud. más.
Estudie	

	prepare	
No	trabaje	
	mire	Ud. más.
	estudie	

C *Contesten según el modelo.*

¿Corto las cebollas? →
Sí, corte Ud. las cebollas.
No, no corte Ud. las cebollas.

¿Preparo la ensalada?
¿Corto el ajo?
¿Lavo los mejillones?
¿Trabajo en la cocina?
¿Nado en el mar?
¿Estudio más?
¿Miro la fotografía?
¿Llevo la cámara?
¿Compro la maleta?

D *Repitan.*

Coma Ud. más. No coma Ud. más.
Lea Ud. la noticia. No lea Ud. la noticia.
Escriba Ud. la carta. No escriba Ud. la carta.
Sirva Ud. la comida. No sirva Ud. la comida.

Tortillas

E *Sustituyan.*

| Coma
Vuelva
Viva
Sirva | Ud. aquí. |

| No | coma
vuelva
viva
sirva | Ud. aquí. |

F *Contesten según el modelo.*

¿Leo ese periódico? →
Sí, lea Ud. ese periódico.
No, no lea Ud. ese periódico.

¿Como la ensalada?
¿Leo la receta?
¿Vendo la casa?
¿Vuelvo en seguida?
¿Vivo aquí?
¿Escribo la carta?
¿Sirvo la comida?
¿Frío los plátanos?
¿Pido más café?

G *Repitan.*

Compren Uds. la sartén.
Ayuden Uds. a mamá.
No naden Uds. más.
No esquíen Uds. allí.

H *Contesten según el modelo.*

¿Cantamos? →
Sí, canten Uds.
No, no canten Uds.

¿Compramos la cámara?
¿Llevamos la canasta?
¿Esquiamos hoy?
¿Visitamos a María?
¿Viajamos en tren?
¿Preparamos la paella?
¿Lavamos la sartén?
¿Hablamos con Pablo?

I *Repitan.*

Coman Uds. en el comedor.
Escriban Uds. mucho.
No pierdan Uds. la receta.
No frían Uds. el arroz.

J *Contesten según el modelo.*

¿Vendemos el carro? →
Sí, vendan Uds. el carro.
No, no vendan Uds. el carro.

¿Vendemos la casa?
¿Comemos en aquel restaurante?
¿Subimos al autobús?
¿Vivimos en la capital?
¿Decidimos ahora?
¿Volvemos mañana?
¿Servimos la ensalada?
¿Freímos las cebollas?

Nota gramatical

The formal commands (*Ud., Uds.*) are formed by using the vowel opposite to that which is associated with the particular conjugation. First-conjugation (*–ar*) verbs take the vowel *–e.*

| Trabaje Ud. | Ayuden Uds. |
| No nade Ud. | No canten Uds. |

Second- and third-conjugation (*–er* and *–ir*) verbs take the vowel *–a.*

| Coma Ud. | Escriban Uds. |
| No vuelva Ud. | No sirvan Uds. |

Los verbos irregulares

A   *Repitan.*

Venga Ud. ahora.   No venga Ud. ahora.
Haga Ud. el trabajo.   No haga Ud. el trabajo.
Salga Ud.   No salga Ud.

B   *Contesten según el modelo.*

> ¿Vengo ahora? →
> Sí, venga Ud. ahora.
> No, no venga Ud. ahora.

¿Vengo en seguida?
¿Salgo a la calle?
¿Hago el sándwich?
¿Pongo la lata allí?
¿Digo la verdad?
¿Vengo en carro?
¿Salgo con María?
¿Hago la comida?
¿Traigo los billetes?

C   *Repitan.*

Hagan Uds. más.   No hagan Uds. más.
Salgan Uds.   No salgan Uds.
Traigan Uds. el dinero.   No traigan Uds. el
   dinero.

D   *Contesten según el modelo.*

> ¿Venimos ahora? →
> Sí, vengan Uds. ahora.
> No, no vengan Uds. ahora.

¿Venimos ahora?
¿Salimos?
¿Ponemos las maletas allí?
¿Decimos que sí?
¿Venimos en avión?
¿Hacemos un viaje?
¿Salimos en tren?
¿Traemos los billetes?
¿Ponemos las tazas en la mesa?

Nota gramatical

The formal command form (*Ud., Uds.*) for irregular verbs is formed by dropping the ending of the first person singular of the present and adding the proper command ending. Study the following.

hago	haga Ud.	no hagan Uds.
vengo	venga Ud.	no vengan Uds.
salgo	salga Ud.	no salgan Uds.
pongo	ponga Ud.	no pongan Uds.
digo	diga Ud.	no digan Uds.
traigo	traiga Ud.	no traigan Uds.

Ejercicios escritos

A   *Give the word that does not belong in each group.*

1.   almejas, langosta, alcachofas, mejillones
2.   diario, con frecuencia, siempre, nunca, todos los días
3.   pescado, marisco, frijol, langosta
4.   guisantes, frijoles, camarones, alcachofas

B Complete each sentence with the correct impersonal pronoun and verb ending.

1. El sándwich _____ prepar_____ con pan.
2. _____ abr_____ las tiendas a las nueve.
3. _____ habl_____ español en México.
4. Del maíz _____ hac_____ tortillas.
5. _____ v_____ la montaña a lo lejos.
6. _____ dobl_____ los tacos.
7. _____ com_____ mucho arroz en España.
8. _____ vend_____ camisas en aquella tienda.
9. Las clases _____ termin_____ en junio.
10. _____ cultiv_____ vegetales en la huerta.

C Follow the models.

yo / tacos →
Me gustan los tacos.

él / maíz →
A él le gusta el maíz.

1. yo / mejillones
2. ellos / carne de res
3. él / guisantes
4. nosotros / paella
5. yo / sándwich
6. ella / blusas
7. tú / camarones
8. Uds. / tacos
9. nosotros / enchiladas
10. ellos / mariscos

D Complete each sentence with the correct form of the present of the italicized verb.

1. Carlos _____ la lección. *repetir*
2. Nosotros _____ café. *pedir*
3. Yo _____ la comida. *servir*
4. Nosotros no _____ nada. *repetir*
5. Carlos y María _____ más salsa. *pedir*
6. ¿_____ Uds. dinero? *pedir*
7. Nosotros _____ paella valenciana. *servir*
8. Yo no _____ nada. *pedir*

E Rewrite each sentence in the plural.

1. Pido café.
2. Sirvo la comida.
3. No repito nada.
4. Te pido un favor.
5. Sirvo mariscos.

F *True or false. Correct each false statement.*

1. Se puede comprar salsa de tomate en una lata.
2. Los plátanos verdes son blandos.
3. Se prepara el lechón asado en un horno.
4. Las aceitunas son amarillas.
5. Se puede freír la carne en una sartén.
6. Se puede freír mucho en aceite de oliva.
7. La cena es la comida del mediodía.
8. Una cosa indígena es de otro país.

G *Complete each sentence with the correct form of the command of the italicized verb.*

1. _____ Ud. más. *comer*
2. _____ Uds. en el lago. *nadar*
3. No _____ Ud. esta falda. *comprar*
4. _____ Uds. la comida ahora. *servir*
5. No _____ Ud. en seguida. *volver*
6. _____ Uds. esta receta. *leer*
7. _____ Ud. el arroz. *añadir*
8. No _____ Uds. la casa. *vender*
9. _____ Ud. el pollo. *preparar*
10. _____ Uds. mucho. *escribir*
11. No _____ Uds. ahora. *mirar*
12. No _____ Ud. el ajo. *cortar*

H *Complete each sentence with an appropriate command.*

1. _____ Uds. la verdad.
2. _____ Ud. la comida.
3. _____ Ud. de aquí.
4. _____ Uds. aquí.
5. _____ Ud. a la calle.
6. _____ Uds. el sándwich.
7. _____ Ud. el periódico aquí.
8. _____ Uds. el viaje en avión.
9. _____ Ud. que sí.
10. _____ Uds. las maletas en el andén.

I *Follow the model.*

> Quiero salir. →
> Pues, salga Ud.

1. Quiero hacer el viaje.
2. Queremos venir.
3. Quiero poner la maleta allí.
4. Queremos decir la verdad.
5. Queremos salir ahora.
6. Quiero traer la cámara.

J *Prepare a complete menu.*

Lección 16

1. El niño le da un besito a su madre.
El niño besa a su madre.
La madre siente alegría.

2. El mantel cubre la mesa.
La alacena está en el comedor.

3. La criada sirve la comida.
La madre llora.

- **la tristeza**   estado de estar triste; el contrario de **felicidad**
querido   amado
el pincel   el instrumento que usa el pintor
vacío   contrario de **lleno;** No hay agua en el vaso. Está vacío.
se musita   murmura
la vianda   la comida
suculento   sabroso, delicioso
el afán   un deseo fuerte

- el sacrificio   sincero
  el motivo   materno
  el sitio   ausente
                    personal
                    oscuro

Ejercicios de vocabulario

A   *Contesten.*

1. ¿Qué le da el niño a su madre?
2. ¿Qué cubre la mesa?
3. ¿Dónde está la alacena?
4. ¿Qué usa el pintor para pintar un cuadro?
5. ¿Le importa a Juan la diferencia?
6. ¿Está vacío o lleno el comedor?
7. ¿Tienes muchos amigos sinceros?
8. ¿Está ausente María cuando está enferma?
9. ¿Tienes mucho afán de ganar?
10. ¿Hacen muchos sacrificios los padres?

B   *Completen.*

1. No está presente; está _____.
2. El pintor usa un _____.
3. La carne _____ está en la mesa.
4. La muerte causa mucha _____.
5. El mantel _____ la mesa.

La poesía

Bien conocidas son las expresiones de la madre a su niñito; ven acá, da un besito, come, sé bueno.

acá   *aquí*

No hay nada en la vida como el amor que tiene la madre por un hijo. No hay amor más sincero porque la madre no espera recibir nada por el amor que da ni por los sacrificios que hace. El amor maternal le trae mucha felicidad a la madre pero también le puede traer tristeza. Sobre todo cuando el hijo está ausente. Puede estar ausente por varias razones. Puede salir de casa por un motivo personal o posiblemente porque tiene que ir a la guerra. A la madre no le importa el motivo, pero la profunda tristeza de no ver al hijo querido le importa mucho. Nos lo dice el poeta peruano Abraham Valdelomar.

El hermano ausente en la cena de Pascua

Pascua   *Easter*

La misma mesa antigua y holgada, de nogal
y sobre ella la misma blancura del mantel
y los cuadros de caza de anónimo pincel
y la oscura alacena, todo, todo está igual . . .

holgada   *cómoda*
nogal   *walnut wood*
blancura   *whiteness*
caza   *hunting*

267

Hay un sitio vacío en la mesa hacia el cual
mi madre tiende a veces su mirada de miel
y se musita el nombre del ausente; pero él
hoy no vendrá a sentarse en la mesa pascual.

La misma criada pone, sin dejarse sentir,
la suculenta vianda y el plácido manjar
pero no hay la alegría y el afán de reír

que animaran antaño la cena familiar;
y mi madre que acaso algo quiere decir,
ve el lugar del ausente y se pone a llorar.

el cual *which*
tiende . . . miel *dirige su
mirada dulce*
vendrá *will come*

el manjar *feast (food)*
reír *to laugh*

animaran *animated*
antaño *en tiempos
pasados*
acaso *perhaps*

Preguntas

1. ¿Cuáles son unas expresiones que repiten mucho las madres?
2. ¿Es fuerte el amor que tiene una madre por su hijo?
3. ¿Por qué es un amor sincero?
4. ¿Qué le trae el amor maternal a la madre?
5. ¿Qué más le puede traer?
6. ¿Cuándo le trae tristeza?
7. ¿Por qué puede estar ausente el hijo?
8. A la madre, ¿le importa el motivo?
9. ¿Quién escribió «El hermano ausente en la cena de Pascua»?
10. ¿Cómo es la mesa?
11. ¿Qué hay sobre la mesa?
12. ¿Qué tipo de cuadros hay en el comedor?
13. ¿Cómo está todo en el comedor?
14. ¿Qué hay en la mesa?
15. ¿Quién lo mira?
16. ¿Qué nombre repite la madre en voz baja?
17. ¿Se sienta hoy a la mesa el hermano?
18. ¿Quién sirve la comida?
19. ¿Hay mucha alegría?
20. ¿Hay mucho afán de reír?
21. ¿Quién quiere decir algo?
22. ¿Lo dice?
23. ¿Qué ve?
24. ¿Qué hace cuando ve el lugar del ausente?

Estructura

El mandato familiar

Los verbos regulares

A *Repitan.*

Mira.
Mira el edificio.
Habla.
Habla español.
Come.
Come más.
Escribe.
Escribe la carta.

B *Contesten según el modelo.*

¿Hablo? →
Sí, habla.

¿Hablo español?
¿Nado en el lago?
¿Preparo la comida?
¿Estudio ahora?
¿Trabajo en la oficina?
¿Compro los panecillos?
¿Espero aquí?
¿Ayudo a mi madre?

¿Leo el periódico?
¿Vendo el carro?
¿Abro la carta?
¿Escribo la carta?
¿Recibo el dinero?
¿Subo al tren?
¿Juego al fútbol?
¿Empiezo ahora?
¿Duermo allí?
¿Vuelvo con ellos?

Nota gramatical

The familiar (*tú*) form of the command for regular verbs is the same as the *Ud.* form of the verb in the present tense. Study the following.

habla	come	sube
mira	lee	escribe
juega	vuelve	duerme

Los verbos irregulares

A *Repitan.*

Ten paciencia.
Pon la comida aquí.
Ven el sábado.
Sal ahora.
Haz un sándwich.
Di la verdad.
Sé bueno.
Ve en seguida.

B *Contesten según el modelo.*

¿Debo venir ahora? →
Sí, ven ahora.

¿Debo tener los billetes?
¿Debo tener el dinero?

¿Debo decir la verdad?
¿Debo decir que no?
¿Debo venir con ellos?
¿Debo venir ahora?
¿Debo salir de aquí?
¿Debo salir a la calle?
¿Debo hacer el sándwich?
¿Debo hacer la comida?
¿Debo poner el mantel en la mesa?
¿Debo poner las maletas en el andén?
¿Debo ser bueno?
¿Debo ser sincero?
¿Debo ir con él?
¿Debo ir al mercado?

Nota gramatical

The following verbs have irregular informal commands. Study them carefully.

tener	ten	*salir*	sal	*decir*	di
poner	pon	*hacer*	haz	*ser*	sé
venir	ven			*ir*	ve

Resumen

Transformen según el modelo.

> Coma Ud., señor. →
> Y Paco, tú también, come.

Lea Ud., señor.
Mire Ud., señor.
Diga Ud., señor.
Coma Ud., señor.
Salga Ud., señor.
Nade Ud., señor.
Vuelva Ud., señor.
Trabaje Ud., señor.
Escriba Ud., señor.
Venga Ud., señor.

El complemento directo y el indirecto en la misma oración

Me lo, me la

A *Repitan.*

Él me vendió el carro.
Él me lo vendió.
Ellos me dieron la bolsa.
Ellos me la dieron.

B *Sustituyan.*

Mi padre me lo { dio. / dijo. / explicó. / compró. / escribió.

Carlos me la { dice. / vende. / compra. / explica. / anuncia.

C *Sigan el modelo.*

> El profesor me enseña la lección. →
> El profesor me la enseña.

Mi madre me da el dinero.
Carlos me lee la noticia.
La chica me trae el sándwich.
Mi madre me compró la blusa.
Mi hermana me explica la idea.
El profesor me enseña la lección.

D   *Contesten según el modelo.*

> ¿Te dio el dinero papá?   →
> Sí, papá me lo dio.

¿Te vendió el billete el empleado?
¿Te compró la blusa tu madre?
¿Te anunció la salida la azafata?
¿Te compró el sombrero Tomás?
¿Te preparó la comida papá?
¿Te dio un beso papá?
¿Te escribió la carta tu amiga?
¿Te explicó el motivo Juan?

Me los, me las

A   *Repitan.*

Mi padre me da los sombreros.
Mi padre me los da.
Mi madre me compró las blusas.
Mi madre me las compró.

B   *Sustituyan.*

Mi hermano me los
| da.
| vende.
| compra.
| lleva.

Mi hermana me las
| prepara.
| enseña.
| escribe.
| vende.

C   *Contesten según el modelo.*

> ¿Te leyó las cartas Pepe?   →
> Sí, Pepe me las leyó.

¿Te vendió los vegetales el niño?
¿Te vendió las maletas el señor?
¿Te leyó las noticias tu hermano?
¿Te escribió las cartas tu prima?
¿Te llevó los instrumentos tu amigo?
¿Te vendió las faldas la empleada?
¿Te preparó las langostas el señor?
¿Te preparó los mejillones la criada?

Te lo, te los, te la, te las

A   *Repitan.*

¿Quién te lo dijo?
¿Quién te las dio?

B   *Sustituyan.*

¿Quién te lo
| dijo?
| explicó?
| dio?
| vendió?
| escribió?

C   *Sigan el modelo.*

> Tengo una camisa nueva.   →
> Pues, ¿quién te la compró?

Tengo dos sombreros nuevos.
Tengo una casa nueva.
Tengo dos billetes.
Tengo el periódico.
Tengo dos maletas nuevas.
Tengo un carro nuevo.
Tengo una bolsa nueva.

Nos lo, nos los, nos la, nos las

A   *Repitan.*

Carlos nos lo compró.
María nos las dio.

B   *Sustituyan.*

Carlos nos lo
| explicó.
| vendió.
| escribió.
| dijo.

El señor nos las
| compró.
| leyó.
| abrió.
| dio.

C *Contesten según el modelo.*

¿Les vendió el billete el señor? →
Sí, el señor nos lo vendió.

¿Les vendió el carro Pablo?

¿Les vendió la casa la señora González?

¿Les dio los billetes la empleada?

¿Les dio las blusas mamá?

¿Les dijo la verdad el niño?

¿Les explicó los motivos el señor?

¿Les escribió las cartas su primo?

¿Les compró la comida la criada?

Nota gramatical

In many sentences both a direct and an indirect object pronoun will be used. The indirect object pronoun always precedes the direct object. Both pronouns precede the conjugated form of the verb. Study the following examples.

Carlos me lo enseñó.

El empleado nos los vendió.

La criada me la preparó.

Mamá nos las compró.

Ejercicios escritos

A *Give a word related to each of the following.*

1. la personalidad
2. triste
3. querer
4. la ausencia
5. sacrificar
6. la madre
7. comer
8. besar

B *Complete each sentence with the correct form of the familiar (tú) command.*

1. _____ más. *comer*
2. _____ las maletas. *abrir*
3. _____ el edificio. *mirar*
4. _____ ese periódico. *leer*
5. _____ la carta en español. *escribir*
6. _____ la langosta. *preparar*

7. _____ aquí. *dormir*
8. _____ a tu madre. *amar*
9. _____ con los chicos. *jugar*
10. _____ las mercancías. *vender*

C *Complete each sentence with the correct form of the familiar (tú) command.*

1. _____ paciencia. *tener*
2. _____ en seguida. *ir*
3. _____ bueno. *ser*
4. _____ ahora. *salir*
5. _____ la maleta aquí. *poner*
6. _____ la comida. *hacer*
7. _____ la bolsa en el carro. *poner*
8. _____ sincero. *ser*
9. _____ con nosotros. *venir*
10. _____ la verdad. *decir*

D *Substitute the proper object pronoun for the italicized noun.*

1. El profesor nos explicó *la gramática*.
2. Carlos me vendió *los billetes*.
3. Tú me dijiste *la verdad*.
4. El señor López nos vendió *la casa*.
5. ¿Quién te da *los billetes*?
6. Mi padre me lee *la noticia*.
7. La criada me trae *la comida*.
8. Carlos te preparó *el refresco*, ¿no?

E *Follow the model.*

> me / la gramática   El profesor explicó. $\longrightarrow$
> El profesor me la explicó.

1. nos / los sombreros   El señor vendió.
2. te / la comida   ¿Quién trae?
3. me / el billete   Compraron.
4. nos / la salida   La azafata anunció.
5. me / el bocadillo   Mi madre preparó.

F *How does Abraham Valdelomar say each of the following?*

1. La mesa del comedor es vieja.
2. Hay cuadros pero no saben quién fue el pintor.
3. Mi madre mira de una manera dulce.
4. No hay felicidad ni deseo de reír.

Actividades

A In the following crucigram there are 82 Spanish words which you have already learned. On a sheet of paper, write the letters of the crucigram. Then circle each word you can find. The words can go from left to right, right to left, from the top down, or from the bottom up.

```
C  A  C  E  R  A  A  M  A  C  E  R  C  A  N  O  F  O
A  B  B  L  A  N  C  U  R  A  D  U  R  O  L  O  E  F
B  U  E  N  O  E  D  O  S  M  A  M  I  C  N  E  L  E
E  R  C  L  E  C  L  A  R  O  T  R  A  F  E  L  I  Z
Z  R  E  A  J  A  E  S  E  T  R  I  D  E  P  T  C  I
A  E  R  G  E  L  A  R  N  E  O  P  A  I  O  C  I  P
B  P  C  O  M  A  R  G  E  O  G  R  A  F  I  A  D  A
A  Z  A  C  P  T  E  C  M  A  C  H  E  T  E  A  A  L
S  O  R  R  L  A  T  A  I  S  E  O  P  L  T  R  D  A
Q  R  I  E  O  S  E  B  G  E  T  N  E  I  R  A  P  A
U  R  M  C  U  A  R  T  O  J  O  T  O  R  I  R  O  M
E  A  R  E  H  E  R  I  D  O  P  R  E  A  A  R  R  T
T  C  O  N  C  H  A  O  O  N  R  T  O  R  T  O  I  H
B  E  D  E  L  I  C  I  O  S  O  O  R  N  S  R  L  O
O  L  L  A  B  A  C  B  N  I  N  R  A  O  O  E  L  R
L  E  J  A  I  V  V  A  A  E  T  E  G  Z  G  P  A  N
V  A  L  L  E  E  E  S  T  C  O  M  P  A  Ñ  E  R  O
I  F  T  I  A  U  C  I  A  R  O  U  N  R  A  M  O  R
D  R  T  D  O  C  M  A  L  E  R  N  O  E  L  L  T  E
O  E  S  I  A  T  E  O  P  C  M  I  R  A  D  A  A  L
N  I  Ñ  O  D  N  U  M  O  A  L  F  R  I  J  O  L  L
I  R  T  M  A  D  A  L  I  H  C  N  E  A  R  A  U  A
M  I  S  A  A  C  R  O  T  N  I  P  I  P  A  G  M  B
A  O  T  N  E  M  U  R  T  S  N  I  C  O  C  I  N  A
G  U  I  S  A  N  T  E  T  O  E  N  O  R  A  M  A  C
```

274

La Facultad de Bellas Artes, San José

La Facultad de Medicina,
México

Una clase de gimnasia, Asunción

Caracas, Venezuela

Ciudades hispánicas

San José, Costa Rica

Montevideo, Uruguay

Quito, Ecuador

La agricultura, Victoria, México

Los esposos hacen ladrillos, Pasto, Colombia

La vida rural

El señor rema su canoa, Guayaquil, Ecuador

Los pasatiempos

Las niñas saltan cuerda, México

Un matador,
España

Los niños juegan al fútbol, México

Espectadores,
Guatemala

En una oficina,
España

El trabajo

El gaucho argentino

Exportación de plátanos, Ecuador

Artesanía, México

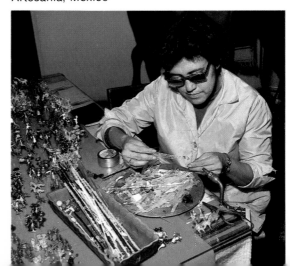

Escaparate de una tienda, Buenos Aires

El mercado, Chichicastenango

Tiendas y mercados

Un mercado de
Tegucigalpa

Playas del mundo hispánico

Puerto Vallarta,
México

La costa del Caribe,
Nicaragua

Tossa del Mar,
España

B *Rearrange the letters below to form words. Then rearrange the circled letters to describe the illustration.*

1. N Q E I U ⊙⊙ _ ⊙
2. S P A J O R A E _ ⊙ _ _ ⊙⊙ _ ⊙
3. Y P A A L _ _ _ _ ⊙ _
4. N I C E ⊙⊙⊙⊙
5. N O D D E _ ⊙⊙⊙ _
6. R T S I E T _ _ ⊙⊙ _ ⊙
7. L Ú F B O T _ _ ⊙⊙ _

_ _ _   _ _ _ _ _   _ _ _ _ _ _ _

C *Arrange the following words in each group to form a complete sentence.*

1. influye, en, zona, de, gente, la, la, geografía, vida, en, la, específica, diaria, que, vive, enormemente, una
2. mundo, los, del, de, aventuras, luchar, para, males, don Quijote, en busca, contra, salió
3. mucho, picantes, a, porque, comida, mexicanos, la, mexicana, es, les, gustan, generalmente, picante, salsas, las, muy, los
4. principal, mayoría, la, de, habla, la, es, del, mediodía, española, comida, la, en, países, de, los
5. socorrer, caballero, a, fue, a, andante, Sancho, su

Lección 17

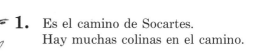

1. Es el camino de Socartes.
Hay muchas colinas en el camino.

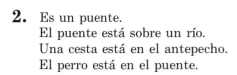

2. Es un puente.
El puente está sobre un río.
Una cesta está en el antepecho.
El perro está en el puente.

3. La niña se cayó al agua.
Hay muchas piedras en el agua.
La niña no lleva zapatos.

277

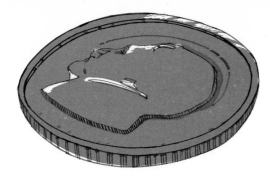

4. Es una moneda.

■ **perderse** no saber dónde está uno
simpático bueno, de buena personalidad, agradable
la voz lo que se usa para hablar
menor más joven
rato poco tiempo

■ las minas   subterráneo
el guía   raro
el ingeniero   deforme

Ejercicios de vocabulario

A *Contesten.*

1. ¿Hay colinas en el camino?
2. ¿Sobre qué está el puente?
3. ¿Qué animal está en el puente?
4. ¿Qué hay en el antepecho?
5. ¿Adónde se cayó la niña?
6. ¿Qué hay en el agua?
7. ¿Tienes una moneda?
8. ¿Se pierden los niños?
9. ¿Tienes una voz bonita?
10. ¿Quién es menor, Ud. o su hermano?
11. ¿Pasas un rato en la clase?

B *Completen.*

1. Voy a pasar un _____ aquí, pero no mucho tiempo.
2. Él es _____ porque tiene menos años.
3. El _____ del río es azul.
4. El _____ está sobre el río.
5. El _____ es un animal doméstico.
6. El camino de las montañas tiene muchas _____.
7. Se puede llevar mucho en una _____.
8. Su _____ es agradable y canta muy bien.
9. La niña no lleva _____ en los pies.
10. Elena tiene muchos amigos. Es muy _____.

Marianela

Un día se acercó cierto Teodoro Golfín al pueblo de Socartes en la región de las minas en el norte de España. Como el camino de Socartes es tan difícil, el señor Golfín se perdió. Llegaron a ayudarlo un joven, Pablo Penáguilas, y su perro, Choto. Para llegar al pueblo los tres tuvieron que subir y bajar muchas colinas y también pasar por una cueva subterránea. En aquel momento todo tuvo un aspecto misterioso.

    Por fin salieron de la cueva. De repente, el señor Golfín notó algo raro en el muchacho y le preguntó:

    —Chico, ¿eres ciego?

    —Sí, no tengo vista. Soy ciego desde mi nacimiento— contestó el pobre Pablo.

    —¡Qué lástima!— pensó el señor Golfín.

    Los dos continuaron su viaje hacia Socartes. A lo lejos oyeron una voz. Fue la voz de Marianela, una chica simpática que siempre le sirve de guía a Pablo.

    Cuando el señor Golfín vio a Marianela, notó en seguida lo fea que era la pobre muchacha. Sus ojos negros le dieron una expresión de mujer, pero su cuerpo pequeño y deforme era de una niña joven. Tiene unos dieciséis años pero parece menor.

    Los tres empezaron a hablar pero Pablo tuvo que volver a casa y así se separó de los otros. Marianela continuó el viaje con el señor Golfín. La pobre chica le habló de su vida. Se la explicó así:

    —Soy una muchacha pobre. Yo sé que también soy fea. No tengo ni padre ni madre. Mi padre fue el primero que encendió faroles en este pueblo. Un día él me llevó en una cesta. Subió a

se acercó *approached*
cierto *a certain*
tan *so*

desde mi nacimiento *since birth*
lástima *pity*
oyeron *they heard*

guía *guide*
lo fea *how ugly*
era *was*
ojos *eyes*
cuerpo *body*
parece *seems*

encendió faroles *lit street lamplights*

encender el farol de un puente y puso la cesta sobre el antepecho. Yo me salí de la cesta y me caí al río. Caí sobre unas piedras. Antes del accidente yo era bonita, pero ahora no; soy fea. Después de un rato, mi padre se puso enfermo y murió en el hospital. Mi madre empezó a trabajar en las minas. Un día se cayó en una cueva donde murió. Ahora yo vivo con los Centeno. Ellos tienen una casa en las minas.

Por fin los dos llegaron a la casa del hermano de Teodoro Golfín. Su hermano es Carlos, el ingeniero de las minas. Marianela le dice adiós al señor Golfín y sale para volver a la casa de los Centeno. Pero antes, el señor quiere darle una moneda a la pobre muchacha. Se la da y le dice que quiere tener la oportunidad de verla otra vez.

Preguntas

1. ¿Quién se acercó al pueblo de Socartes?
2. ¿Dónde está Socartes?
3. ¿Por qué se perdió el señor?
4. ¿Quiénes llegaron a ayudarlo?
5. ¿Qué tuvieron que subir y bajar los tres?
6. ¿Por dónde tuvieron que pasar?
7. ¿Qué notó el señor en el muchacho?
8. ¿Qué le preguntó el señor al muchacho?
9. ¿Qué contestó Pablo?
10. ¿Qué oyeron a lo lejos?
11. ¿De quién fue la voz?
12. ¿Cómo es la muchacha?
13. ¿De qué color son sus ojos?
14. ¿Cómo es su cuerpo?
15. ¿Cuántos años tiene?
16. ¿Por qué se separó Pablo de los otros?
17. ¿De qué le habló Marianela al señor?
18. ¿Sabe Marianela que es fea?
19. ¿Qué hizo su padre?
20. Un día, ¿en qué llevó a Marianela?
21. ¿Sobre qué cayó la niña?
22. ¿Dónde trabajó su madre?
23. ¿Dónde murió su madre?
24. ¿Con quiénes vive Marianela?
25. ¿A qué casa llegaron los dos?
26. ¿Quién es el hermano de Teodoro Golfín?
27. ¿Qué quiere darle el señor?
28. ¿Se la dio?
29. ¿Qué oportunidad quiere tener Teodoro Golfín?

Estructura

El complemento indirecto *se*

A *Repitan.*

El señor le dio el periódico a la chica.
El señor se lo dio.
El señor le dio la moneda al chico.
El señor se la dio.
Les explicó la lección a ellos.
Se la explicó a ellos.

B *Sustituyan.*

Él se lo | dio / dijo / explicó / vendió | a él.

Nosotros se la | escribimos / dimos / vendimos / explicamos | a ella.

C *Sigan el modelo.*

Le vendemos el carro. →
Se lo vendemos.

Les vendemos la casa.
Le doy la moneda.
Le escribo la noticia.
Les escribo la carta.
Le damos el dinero.
Les explico la lección.
Les doy el billete.
Le compro la falda.

D *Contesten según el modelo.*

¿Le vendes el carro a él? →
Sí, se lo vendo a él.

¿Le vendes el carro a él?
¿Le das la moneda a ella?
¿Les das el dinero a ellos?

Una vista de Abaurrea, Navarra

¿Les vendes la casa a ellos?
¿Le explicas la lección a ella?
¿Les explicas la lección a ellos?
¿Le escribes la carta a él?
¿Les escribes la carta a ellos?

E *Repitan.*

Le doy los billetes a él.
Se los doy a él.
Les escribo las cartas a ellos.
Se las escribo a ellos.

281

F *Sustituyan.*

Se los | doy / vendo / compro | a ella.

Se las | escribimos / explicamos / vendemos | a ellos.

G *Sigan el modelo.*

> Le doy los billetes a él. →
> Se los doy a él.

Le doy los billetes a él.
Les vendo las mercancías a los indios.
Le compro las sandalias a ella.
Les doy las piedras a ellos.

Le escribo las cartas a ella.
Les compro las faldas a ellas.
Le compro los sombreros a él.
Les doy las monedas a ellos.

H *Contesten según el modelo.*

> ¿Le lees los poemas a ella? →
> Sí, se los leo a ella.

¿Le lees los poemas a ella?
¿Le escribes las cartas a él?
¿Les vendes los billetes a ellos?
¿Les das las maletas a ellas?
¿Le compras las camisas a él?
¿Le compras los zapatos a ella?
¿Les das las canastas a los indios?
¿Les vendes los carros a ellos?

Nota gramatical

Note that the indirect object pronouns *le* and *les* change to *se* when used with *lo, los, la,* or *las. Se* can then mean *a él, a ella, a Ud., a ellos, a ellas,* or *a Uds.* For this reason a prepositional phrase is often used with *se* to add clarity. Study the following examples.

> Le doy la moneda a ella.
> Se la doy a ella.
> Les doy los billetes a ellas.
> Se los doy a ellas.

> Le vendo el carro a él.
> Se lo vendo a él.
> Les vendo las sandalias a ellos.
> Se las vendo a ellos.

Resumen

Contesten según el modelo.

> ¿Qué le escribes a ella? *la carta* →
> Le escribo la carta a ella.
> Se la escribo a ella.

¿Qué le vendes a él? *el carro*
¿Qué les explicas a ellos? *la lección*
¿Qué les compras a ellas? *las blusas*
¿Qué le lees a ella? *la carta*

¿Qué le das a él? *el dinero*
¿Qué les enseñas a ellos? *las fotografías*
¿Qué le das a él? *los billetes*
¿Qué le escribes a ella? *la carta*

El complemento con infinitivo

A *Repitan.*

Jaime quiere leer el periódico.
Jaime quiere leerlo.
Jaime quiere leerme el periódico.
Jaime quiere leérmelo.
María quiere vender las maletas.
María quiere venderlas.
María quiere venderte las maletas.
María quiere vendértelas.

B *Sigan el modelo.*

> *la casa* Jaime quiere vender. →
> Jaime quiere venderla.

a María Jaime quiere invitar.
la carta Elena tiene que escribir.
los platos Él tiene que lavar.
los billetes Vamos a sacar.
las montañas El chico quiere subir.
la colina El señor tiene que bajar.
el periódico Papá quiere leer.
la casa Ellos van a vender.
la carta Tomás va a escribirme.
el dinero Él tiene que darte.
los billetes Ellos pueden venderme.
las maletas Él quiere darles.

C *Contesten según el modelo.*

> ¿Vas a vender la casa? →
> Sí, voy a venderla.

¿Vas a escribir la carta?
¿Vas a invitar a María?
¿Vas a ayudar a mamá?
¿Vas a leer el periódico?
¿Vas a vender el carro?
¿Vas a hacer el bocadillo.
¿Quieres comprar la blusa?
¿Quieres sacar el billete?
¿Quieres comer los mariscos?
¿Quieres sacar las fotografías?
¿Tienes que escribir la carta?
¿Tienes que lavar los platos?
¿Tienes que hablarle a María?

D *Contesten según el modelo.*

> ¿Quieres escribirle la carta? →
> Sí, quiero escribírsela.

¿Quieres venderle el carro?
¿Quieres darles la cámara?
¿Quieres comprarle los zapatos?
¿Quieres sacarles las fotografías?
¿Vas a darme el dinero?
¿Vas a prepararme la comida?
¿Vas a leerme los poemas?
¿Vas a enseñarme las lecciones?

Nota gramatical

Very often the object pronouns are attached to the infinitive. Note that when two pronouns are added to the infinitive a written accent must appear on the infinitive to maintain the stress in the same place it would be without the pronouns.

> El profesor quiere enseñar la lección.
> El profesor quiere enseñarla.
> El profesor quiere enseñarnos la lección.
> El profesor quiere enseñárnosla.

The object pronouns may also precede the auxiliary verb.

> Carlos me quiere dar el dinero.
> Carlos me lo quiere dar.

1. La señora cuenta su dinero.

2. Es la cocina.
En el rincón de la cocina hay una
    cesta.

3. Las estrellas brillan en el cielo.

■ **las tonterías** cosas absurdas, estúpidas
casarse unirse en matrimonio
el muerto una persona que murió, que no vive
tener éxito salir bien

■ la coincidencia   generoso   operar
                     cruel

Ejercicios de vocabulario

A *Contesten.*

1. ¿Qué cuenta la señora?
2. ¿Dónde se preparan las comidas?
3. ¿Dónde está la cesta?
4. De noche, ¿qué brillan en el cielo?
5. ¿Dices muchas tonterías?
6. ¿Quiere Ud. casarse un día?
7. ¿Tiene Ud. mucho éxito en sus estudios?

B *Completen.*

1. De día, el sol brilla en el cielo; de noche las _____ _____ en el cielo.
2. La _____ es una parte importante de una casa.
3. La sala de clase tiene cuatro _____.
4. La señora quiere saber cuánto dinero tiene y lo _____.
5. Para _____ _____, es necesario trabajar.
6. Uno no debe decir _____.

Vista del campo de Navarra

Marianela (*continuación*)

Cuando el señor Golfín entró en la casa de su hermano, la Nela
volvió a casa de los Centeno. Es una casa humilde donde viven el
señor Centeno, su mujer, sus cuatro hijos y la pobre Marianela.
La señora Centeno es una mujer cruel. Siempre cuenta su dinero
y no se lo da a nadie. Trata a la Nela como a un animal. Le dice   Trata   *She treats*
siempre: «No hables. No comas tanto. No salgas ahora. No
vengas aquí». La pobre Nela tiene que dormir en la cocina. En
un rincón de la cocina hay una cesta que sirve de cama a
Marianela. Sin embargo, la Nela es una chica tan generosa que   Sin embargo   *Nevertheless*
en cuanto vuelve a casa le da la moneda del señor Golfín a   en cuanto   *as soon as*
Celipín, el hijo menor de los Centeno.

    Celipín quiere salir de Socartes. Quiere ir a Madrid a estudiar
porque no quiere pasar su vida entera en estas condiciones
miserables. Quiere ser un hombre importante. Marianela
siempre le dice: «Celipín, sé bueno con tus padres. No trates mal
a tu mamá».

    El día siguiente, como todos los días, Marianela sale de casa.
Va a buscar a Pablo y los dos andan por las minas. Pablo es un
chico guapo. Su padre es un señor importante del pueblo.
Desgraciadamente, el pobre chico no tiene vista. Mientras Pablo   Desgraciadamente
y Marianela andan por los campos Marianela siempre quiere   *Unfortunately*
explicarle cómo son las cosas del mundo. Pero la pobre chica no
tiene educación y así le dice muchas tonterías. Por ejemplo, le
dice que las estrellas en el cielo son las sonrisas de los muertos   sonrisas   *smiles*
que están en el cielo.

    Pablo promete que un día va a casarse con Marianela. Como   promete   *promises*
ella es una muchacha tan buena, también tiene que ser bonita.

Cada vez que Pablo le dice que es bonita, Marianela se mira en el agua del río y ve otra vez que no es bonita, sino fea.

Resulta que el recién llegado, Teodoro Golfín, es médico. Quiere operarle los ojos a Pablo para darle vista. Nadie sabe si la operación va a tener éxito o no, pero Pablo promete que después de la operación va a casarse con Marianela.

recién llegado *new arrival*

Todos se preparan para la operación. Llega a Socartes Florentina, la prima de Pablo. Es una muchacha bonita y generosa. Cuando ve a Marianela, se pone triste. No puede comprender cómo algunos pueden tener tanto y otros no tener nada. Florentina le dice a Marianela que va a comprarle un vestido y también unos zapatos. Para Marianela, Florentina es una santa. Sí, una mujer tan bonita y tan buena tiene que ser santa.

Preguntas

1. ¿Adónde volvió la Nela?
2. ¿Cómo es la casa?
3. ¿Quiénes viven en la casa?
4. ¿Cómo es la señora Centeno?
5. ¿A quién da su dinero?
6. ¿Cómo trata a Marianela?
7. ¿Qué le dice a Marianela?
8. ¿Dónde tiene que dormir Marianela?
9. ¿Cómo es la Nela?
10. ¿A quién da la Nela la moneda del señor Golfín?
11. ¿Por qué quiere salir de Socartes Celipín?
12. ¿Qué quiere ser?
13. ¿Qué le dice Marianela?
14. ¿Por dónde andan Pablo y Marianela?
15. ¿Cómo es Pablo? ¿Y su padre?
16. ¿Qué quiere explicarle Marianela?
17. ¿Qué le dice?
18. Según Marianela, ¿qué son las estrellas?
19. ¿Qué promete Pablo?
20. ¿Cómo tiene que ser Marianela?
21. ¿En qué se mira Marianela?
22. ¿Qué es el señor Teodoro Golfín?
23. ¿Qué quiere operar?
24. ¿Qué va a hacer Pablo después de la operación?
25. ¿Quién llega a Socartes?
26. ¿Cómo es Florentina?
27. ¿Qué no puede comprender?
28. ¿Qué promete comprarle a Marianela?
29. ¿Qué tiene que ser Florentina?

Estructura

La forma negativa de los mandatos familiares

Los verbos regulares

A *Repitan.*

¿Hablo? No, Pablo, no hables.
¿Canto? No, María, no cantes.
¿Como? No, Juanito, no comas.
¿Escribo? No, Celipín, no escribas.

B *Contesten según el modelo.*

> ¿Hablo? →
> No, no hables.

¿Nado en el mar?
¿Preparo la merienda?
¿Estudio?
¿Canto con Elena?
¿Vendo el carro?
¿Como el bocadillo?

¿Prometo escribir?
¿Leo el vocabulario?
¿Decido?
¿Vivo en la capital?
¿Escribo la carta?
¿Subo la colina?

C *Sigan el modelo.*

> ¿Leemos? →
> Juanito, lee, pero Carlos, no leas.

¿Nadamos?
¿Hablamos?
¿Comemos?
¿Leemos?
¿Decidimos?
¿Subimos?

Nota gramatical

The ending for the negative familiar (*tú*) command of regular *–ar* verbs is *–es*. The ending for regular *–er* and *–ir* verbs is *–as*. You have already studied this type of vowel change with the formal commands. Study the following.

hablar	habla	no hables
mirar	mira	no mires
comer	come	no comas
leer	lee	no leas
escribir	escribe	no escribas

Los verbos irregulares

A *Repitan.*

María, ven. Elena, no vengas.
Carlos, sal. Tomás, no salgas.
Anita, haz el viaje. Pablo, no hagas el viaje.
Pablo, sé bueno. Tú, no seas bueno.
Enrique, ve ahora. Tú, no vayas ahora.

B *Contesten según el modelo.*

¿Vengo? →
Sí, ven.
No, no vengas.

¿Vengo?
¿Vengo ahora?
¿Vengo en seguida?

¿Salgo?
¿Salgo con el médico?
¿Salgo con el perro?
¿Tengo cuidado?
¿Digo la verdad?
¿Digo que no?
¿Hago el bocadillo?
¿Hago el viaje?
¿Pongo la cesta en el rincón?
¿Pongo la comida en la mesa?
¿Soy bueno?
¿Soy generoso?
¿Voy al mercado?
¿Voy a la casa de Pablo?

Un puente en Arive, Navarra

Nota gramatical

The familiar (*tú*) negative command of irregular verbs is formed in the same way as the formal command. The first person singular of the present tense serves as the root. Study the following.

venir	vengo	no vengas
poner	pongo	no pongas
tener	tengo	no tengas
salir	salgo	no salgas
hacer	hago	no hagas
decir	digo	no digas

Note that the verbs *ir* and *ser* follow no pattern.

ir	no vayas
ser	no seas

Ejercicios escritos

A *Complete each sentence with an appropriate word.*

1. ¿Es éste el _____ de Socartes?
2. En una región montañosa, hay muchas _____.
3. Él canta bien. Tiene una _____ bonita.
4. ¿Puedes pasar un _____ con nosotros?
5. Llevamos la comida en una _____.
6. Es una _____ de cinco centavos.
7. Hay muchas _____ en el camino y los niños se caen.
8. Hay un _____ grande entre Nueva York y Nueva Jersey sobre el río Hudson.
9. ¿Quién es _____, tú o tu prima?
10. ¿Por qué no lo pones en el _____ del puente?

B *Substitute a pronoun for the italicized object and make the necessary changes.*

1. Le doy *los poemas* a él.
2. Les digo *la historia* a ellos.
3. Les escribo *las cartas* a ellas.
4. Le compro *la blusa* a ella.
5. Le vendo *el carro* a él.
6. Les explico *la lección* a los alumnos.
7. Les vendo *la casa* a ellos.
8. Le preparo *el bocadillo* a María.
9. Les doy *los billetes* a ellos.
10. Le muestro *las fotografías* a él.

Vista de Bermeo, Vizcaya

C *Rewrite each sentence, substituting pronouns for both the direct and indirect objects.*

1. Doy el dinero a los empleados.
2. Leo las poesías a mi hermana menor.
3. La azafata sirve la comida a los pasajeros.
4. Escribimos la carta a nuestro primo.
5. Marianela da el dinero a Celipín.
6. Venden las mercancías a los indios.

D *Rewrite each sentence, substituting a pronoun for the object.*

1. Tengo que ayudar a mamá.
2. Tienes que hacer el trabajo.
3. Quieren vender el carro.
4. Va a sacar los billetes.
5. Puede traer la cámara.
6. Quiere dar el dinero al pobre.
7. Van a lavar los platos.
8. Preferimos comprar la casa.
9. Quiere mostrarme las fotografías.
10. Comienzan a leer el poema.
11. Empieza a hablar a Juan.
12. Tienen que darte la ayuda.

E *Form sentences from the following.*

1. señor / querer / dar / moneda / Marianela
2. profesor / explicar / lección / alumnos
3. Nosotros / poder / terminar / trabajo / en seguida
4. Carlos / leer / poesía / hermano / menor
5. Alguien / tener que / preparar / comida
6. Ellos / ir a / dar / cámara / Susita

291

F Rewrite each sentence from Exercise E, using object pronouns.

G Form sentences from the following.

1. cesta / estar / rincón / cocina
2. Ella / siempre / decir / mucho / tonterías
3. Él / nunca / tener / éxito / porque / nunca / querer / trabajar
4. estrellas / brillar / cielo / noche
5. señora / contar / dinero / cocina
6. Ellos / querer / casarse / junio
7. Ella / ser / generoso / porque / dar / dinero / pobres
8. Uno / no / poder / ser / generoso / y / cruel

H Complete each sentence with the correct form of the tú command.

1. No _____ ahora. *bajar*
2. No _____ aquella colina. *subir*
3. No _____ ese bocadillo. *comer*
4. No _____ nada. *prometer*
5. No _____ tanto. *escribir*
6. No _____ el pan. *cortar*
7. No _____ aquel periódico. *leer*
8. No _____ en este lago. *nadar*
9. No _____ por aquel parque. *andar*
10. No _____ el carro. *vender*

I Rewrite each sentence in the negative.

1. Haz el trabajo en seguida.
2. Sal ahora.
3. Di la verdad.
4. Ve con Juanito.
5. Pon la blusa en la maleta.
6. Di que no.
7. Haz el viaje en tren.
8. Sé generoso.
9. Pon los refrescos en la cesta.
10. Ve a la estación de ferrocarril.
11. Ten paciencia.
12. Ven ahora.

J Answer the following questions in paragraph form.

¿Cómo es Marianela?
¿Es rica o pobre?
¿Tiene padres Marianela?
¿Dónde murió su padre?
¿Dónde murió su madre?
¿Con quiénes vive Marianela?
¿Cómo es su casa?
¿Cómo es la señora Centeno?
¿Cómo trata ella a Marianela?
¿Qué le dice siempre?
¿Dónde tiene que dormir Marianela?
¿A quién acompaña siempre Marianela?
¿Por dónde lo acompaña?
¿Qué le explica Marianela?

293

Lección 18

1. El médico le quita las vendas.
El médico hablará con el chico.
El médico examinará los ojos.
¿Verá el chico o no?

2. Son árboles.

■ **solo**   sin otra persona
enterrar   poner debajo de la tierra

■ el resultado   alarmada   defender
adorar

Ejercicios de vocabulario

A   *Contesten.*

1. ¿Qué le quita el médico?
2. ¿Qué examinará el médico?
3. ¿Con quién hablará el médico?
4. ¿Sabemos si verá el chico o no?
5. ¿Es necesario enterrar a los muertos?
6. ¿Hay muchos árboles en un bosque?
7. ¿Tienen buenos resultados las operaciones?
8. ¿Prefieres estar solo o con otra persona?

B   *Completen.*

1. El padre _____ a sus hijos. Siente mucho amor por ellos.
2. Cuando el paciente está bien, el médico _____ las vendas.
3. No hay nadie con él; está _____.
4. Van a _____ al muerto mañana.
5. Todo el mundo espera el _____ de la operación.

Marianela (*continuación*)

Llega el día de la operación. Todo el mundo espera los resultados. ¿Pablo verá o no? Será la cuestión. Después de unos días el médico le quita las vendas. En casa de los Penáguilas reina la alegría. Pablo tiene vista y por primera vez en su vida puede ver. Todo el mundo se pone feliz.

    La única persona que no es feliz es la pobre Nela. Está contenta porque Pablo tiene vista pero a la vez está triste porque sabe que Pablo no se casará con ella. Se casará con Florentina.

    Marianela no sabe qué hacer. Decide andar sola por los campos para pensar. No quiere estar con nadie.

    A lo lejos oye un ruido. ¿Quién puede ser? ¿Florentina? Sí, será ella. Florentina gritó:

    —Nela, espera, espera. Tengo que decirte algo.

    La Nela esperó.

    —Pero, Nela, ¿dónde estuviste?— preguntó Florentina. —¿No sabes que Pablo tiene vista?

    —Sí, yo lo sé— murmuró la Nela.

Todo el mundo *Everyone*

reina *reigns*

feliz *happy*

ruido *noise*
grító *shouted*

296

—Quiere verte. Siempre pregunta dónde está la Nela. Tú sabes que te quiere mucho. Pablo te adora, Nela. Ven conmigo. Verás a Pablo y él te hablará. Él estará muy contento.

La pobre Nela empezó a llorar y se cayó al suelo.

—¿Qué tienes? ¿Qué te pasa?— preguntó alarmada Florentina.

¿Qué te pasa? What's the matter with you?

La Nela se levantó y se puso a correr. Gritó a Florentina:

correr to run

—Pablo no me verá. No puede verme. Adiós, Florentina. Adiós.

La Nela desapareció entre los árboles. Decidió salir de Socartes en seguida. No quiso pasar más tiempo en Socartes.

desapareció disappeared

Era de noche cuando Marianela oyó otro ruido. Esta vez era Celipín, el hijo de los Centeno.

—¿Adónde vas, Celipín?— preguntó Marianela.

—Nela, por fin voy a Madrid. No digas nada a mis padres.

—Pero, Celipín, tú les escribirás mucho, ¿no? Tienes que ser bueno con tus padres.

—Sí, les escribiré—contestó Celipín. Nela, ¿por qué no vienes conmigo a Madrid? Podemos salir en el tren de mañana.

—Buena idea— dijo la Nela. Luego empezó a pensar. ¿Salir de Socartes? No, imposible. Pensó en su madre enterrada en una cueva de Socartes. ¿Dejarla sola? No. Por fin le dijo a Celipín:

Dejarla To leave her

—No, Celipín, no puedo ir. Tú tienes que ir solo. Yo tengo cosas que hacer aquí en Socartes. Pero, Celipín, serás bueno con tus padres y les escribirás mucho, ¿no? Y no te olvidarás de la Nela. Adiós, Celipín y buena suerte.

no te olvidarás de you will not forget

Preguntas

1. ¿Qué día llega?
2. ¿Qué espera todo el mundo?
3. ¿Verá Pablo o no?
4. ¿Qué le quita el médico?
5. ¿Qué reina en la casa de los Penáguilas?
6. ¿Puede ver Pablo?
7. ¿Cómo se pone todo el mundo?
8. ¿Quién no es feliz?
9. ¿Con quién se casará Pablo?
10. ¿Qué decide hacer Marianela?
11. ¿Qué oye a lo lejos?
12. ¿Quién es?
13. ¿Qué grita Florentina?
14. ¿Qué le pregunta a Marianela?
15. ¿Quién quiere ver a Marianela?
16. ¿La verá Pablo?
17. ¿Dónde se cayó Marianela?
18. Cuando se levantó, ¿qué hizo?
19. ¿Dónde desapareció ella?
20. ¿Qué decidió hacer?
21. Luego, ¿quién vino?
22. ¿Adónde va Celipín?
23. ¿Escribirá Celipín a sus padres?
24. ¿Será bueno con sus padres?
25. ¿Por qué no pudo salir con Celipín Marianela?

Estructura

El futuro de los verbos regulares

Los verbos que terminan en **-ar**

TERCERA PERSONA SINGULAR

A *Repitan.*

Marianela estará contenta.
Roberto estudiará mañana.
El chico hablará español.

B *Sustituyan.*

Él | hablará
cantará
nadará | mañana.

María | tocará
trabajará
viajará | con nosotros.

C *Contesten.*

¿Cantará María mañana?
¿Esquiará el muchacho?
¿Tocará la guitarra Elena?
¿Luchará el indio?
¿Ganará el soldado?
¿Tomará un refresco Roberto?
¿Comprará pescado y mariscos la señora?
¿Preparará las tortillas la india?
¿Viajará en avión tu prima?

TERCERA PERSONA PLURAL

A *Repitan.*

Pablo y Florentina se casarán.
Los niños llegarán.
Ellas llamarán a María.

B *Sustituyan.*

Los jóvenes | nadarán.
esquiarán.
jugarán.

Ellos | trabajarán
terminarán
estudiarán. | mañana.

C *Contesten.*

¿Cantarán ellos en la fiesta?
¿Esquiarán los chicos en el invierno?
¿Hablarán ellas con Carlos?
¿Trabajarán ellos en la oficina?
¿Prepararán ellos una paella?
¿Andarán ellas por los campos de Andalucía?
¿Sacarán los billetes tus amigos?
¿Comprarán las joyas los señores?
¿Pasarán ellos el verano en la playa?

PRIMERA PERSONA SINGULAR

A *Repitan.*

Yo estaré con María.
Empezaré mañana.
Jugaré con el equipo.

B *Sustituyan.*

Yo | ayudaré.
llamaré.
estudiaré.
buscaré.

C *Contesten.*

¿Hablarás español en España?
¿Nadarás?
¿Tocarás la guitarra?
¿Jugarás con el equipo?
¿Tomarás el sol?
¿Trabajarás con aquella compañía?
¿Terminarás el trabajo?
¿Sacarás las fotografías?

C *Contesten.*

¿Hablarán Uds. español?
¿Ganarán Uds. la lucha?
¿Pasarán Uds. el verano en la ciudad?
¿Anunciarán Uds. la salida?
¿Llegarán Uds. a tiempo?
¿Llamarán Uds. al médico?
¿Comprarán Uds. la cámara?
¿Visitarán Uds. el castillo?
¿Ayudarán Uds. a los pobres?

SEGUNDA PERSONA SINGULAR

A *Repitan.*

¿Estudiarás mañana?
¿Terminarás el trabajo?
¿Estarás en la fiesta?

B *Sigan las instrucciones.*

Pregúntele a una chica si nadará en el lago.
Pregúntele a un chico si jugará en el parque.
Pregúntele a una chica si tocará la guitarra.
Pregúntele a un chico si sacará los billetes.
Pregúntele a una chica si preparará un
   sándwich de jamón y queso.

TERCERA PERSONA PLURAL—*UDS.*

A *Repitan.*

¿Llamarán Uds.?
¿Ayudarán Uds.?
¿Estudiarán Uds.?

B *Sigan las instrucciones.*

Pregúnteles a los chicos si jugarán al fútbol.
Pregúnteles a las chicas si nadarán en el mar.
Pregúnteles a las chicas si prepararán la
   merienda.
Pregúnteles a las chicas si cantarán.
Pregúnteles a los señores si trabajarán en la
   capital.
Pregúnteles a las señoras si ayudarán.

PRIMERA PERSONA PLURAL

A *Repitan.*

Llamaremos a Carmen.
Prepararemos la comida.
Llegaremos temprano.

B *Sustituyan.*

Nosotros lo | terminaremos.
| compraremos.
| prepararemos.
| estudiaremos.

TERCERA PERSONA SINGULAR—*UD.*

A *Repitan.*

¿Cantará Ud., señor?
¿Llamará Ud. al médico, señora?
¿Sacará Ud. el billete, señorita?

B *Sigan las instrucciones.*

Pregúntele al señor López si dará el dinero.
Pregúntele a la señorita Álvarez si estará aquí
   mañana.
Pregúntele a la señora Gómez si trabajará en
   la tienda.

Nota gramatical

The future tense is formed by adding the future endings –é, –ás, –á, –emos, (–éis), –án to the entire infinitive. Study the following.

hablar	**mirar**
hablaré	miraré
hablarás	mirarás
hablará	mirará
hablaremos	miraremos
(hablaréis)	(miraréis)
hablarán	mirarán

Resumen

Contesten según el modelo.

> ¿Nadaste ayer? →
> No, no nadé ayer pero nadaré mañana.

¿Lo compraste ayer?
¿Jugó Juan ayer?
¿Esquiaron ellos ayer?
¿Llamaron Uds. ayer?

¿Lo terminaste ayer?
¿Trabajó él ayer?
¿Estudiaron Uds. ayer?

Los verbos que terminan en **-er** *e* **-ir**

TERCERA PERSONA SINGULAR

A *Repitan.*

Él comerá aquí mañana.
María volverá esta noche.
El señor asistirá a la corrida.

B *Sustituyan.*

| Él | comerá
aprenderá
escribirá
recibirá | mucho. |

C *Contesten.*

¿Leerá tu padre el periódico?
¿Comerá en el restaurante Enrique?
¿Venderá el carro el señor?
¿Vivirá en Caracas Roberto?
¿Recibirá el dinero la señora?
¿Subirá las maletas el empleado?
¿Irá María en avión?
¿Será mañana la fiesta?

Pueblo de Salduero

TERCERA PERSONA PLURAL

A *Repitan.*

Ellos volverán temprano.
Todos lo prometerán.
Ellas decidirán.

B *Sustituyan.*

Ellos lo | leerán.
| comerán.
| defenderán.
| escribirán.
| decidirán.

C *Contesten.*

¿Leerán la lección los alumnos?
¿Comerán carne de res los señores?
¿Venderán la casa sus padres?

¿Perderán el dinero los niños?
¿Verán ellos la película?
¿Vivirán en la capital los señores?
¿Subirán las colinas los chicos?
¿Escribirán ellas la carta?
¿Irán ellas al cine?

PRIMERA PERSONA SINGULAR

A *Repitan.*

Comeré en este restaurante.
Viviré en la ciudad.

B *Sustituyan.*

Yo | comprenderé
| aprenderé | algo.
| recibiré
| decidiré

301

C   *Contesten según el modelo.*

> ¿Vas a comer aquí? →
> Sí, comeré aquí.

¿Vas a comer aquí?
¿Vas a leer el poema?
¿Vas a vender el carro?
¿Vas a ver los cuadros?
¿Vas a vivir en Madrid?
¿Vas a subir la maleta?
¿Vas a escribir la carta?
¿Vas a ir a México?

SEGUNDA PERSONA SINGULAR

A   *Repitan.*

¿Comerás aquí?
¿Traerás la cámara?
¿Vivirás en el campo?

B   *Sustituyan.*

¿Aprenderás
¿Venderás   mucho?
¿Escribirás

C   *Sigan las instrucciones.*

Pregúntele a un chico si leerá el poema.
Pregúntele a una chica si venderá el carro.
Pregúntele a un chico si traerá la cámara.
Pregúntele a una chica si escribirá la carta.
Pregúntele a un chico si recibirá el periódico.

PRIMERA PERSONA PLURAL

A   *Repitan.*

Comeremos aquí.
Veremos el monumento.
Lo decidiremos mañana.

B   *Sustituyan.*

Nosotros | volveremos
comprenderemos
escribiremos
decidiremos | en seguida.

C   *Contesten.*

¿Comerán Uds. durante el vuelo?
¿Venderán Uds. la casa?
¿Leerán Uds. la carta?
¿Verán Uds. el cuadro?
¿Vivirán Uds. en México?
¿Asistirán Uds. a clase?
¿Irán Uds. a Puerto Rico?

TERCERA PERSONA PLURAL—*UDS.*

A   *Repitan.*

¿Comprenderán Uds.?
¿Vivirán Uds. aquí?

B   *Sigan las instrucciones.*

Pregúnteles a los chicos si leerán este
    periódico.
Pregúnteles a las chicas si traerán la cámara.
Pregúnteles a los señores si asistirán a la
    corrida.
Pregúnteles a las señoras si verán la película.

TERCERA PERSONA SINGULAR—*UD.*

A   *Repitan.*

¿Volverá Ud. mañana, señor?
¿Asistirá Ud., señora?

B   *Sigan las instrucciones.*

Pregúntele al señor Iglesias si leerá el poema.
Pregúntele a la señorita Romero si comerá en
    aquel café.
Pregúntele a la señora Villagarcía si escribirá
    en español.

Industria minera, Asturias

Nota gramatical

To form the future of second and third-conjugation verbs, the future endings are added to the infinitive. Study the following.

comer	vivir
comeré	viviré
comerás	vivirás
comerá	vivirá
comeremos	viviremos
(comeréis)	(viviréis)
comerán	vivirán

Resumen

Contesten según el modelo.

¿Comiste mucho anoche? →
No, pero esta noche comeré mucho.

¿Recibió él el dinero anoche?
¿Fuiste al museo anoche?
¿Subieron Uds. la colina anoche?
¿Aprendieron ellos la lección anoche?
¿Volviste temprano anoche?

¿Asistieron Uds. a la fiesta anoche?
¿Comiste allí anoche?
¿Leyeron ellos el periódico anoche?
¿Vieron Uds. la película anoche?

303

1. El perro empezó a ladrar.
El perro tiene un ladrido fuerte.

2. Es la cabeza.
Tiene los ojos cerrados.
Tiene la boca abierta.

3. Las almohadas están en la cama.
La muchacha vendrá a la cama.
La niña tendrá que dormir.
La niña podrá dormir.
La cama es cómoda.

■ **marcharse** ir, salir
llorar lo que hace una persona cuando está triste
encontrar el contrario de **perder**
anoche la noche anterior

■ el sofá solemne suicidarse
extender
inclinar
permitir

304

Ejercicios de vocabulario

A *Contesten.*

1. ¿Qué hace un perro?
2. ¿Tiene Ud. los ojos cerrados cuando duerme?
3. ¿Tiene Ud. la boca abierta cuando come?
4. ¿Dónde están las almohadas?
5. ¿Llora Ud. cuando está triste o contento?

B *Completen.*

1. El perro no habla; _____.
2. Los ojos están _____ mientras uno duerme.
3. Comemos con la _____.
4. Los niños _____ mucho.
5. Vemos con los _____.
6. Las _____ están en la cama.
7. El _____ está en la sala, no en la cocina.
8. No lo perdió, lo _____.

Pueblo de las Vascongadas

Marianela (*continuación*)

Cuando Celipín se marchó, la Nela estuvo sola otra vez. Fue a la cueva para visitar la tumba de su madre. La pobre empezó a llorar. Quiso suicidarse para estar más cerca de su madre. En aquel momento oyó el ladrido de un perro. Era Choto, el perro de Pablo.

Choto corrió a toda prisa a la casa de Pablo. Ladró tanto que salió el doctor Golfín. Supo que el perro quiso decirle algo y decidió seguirlo. El perro lo llevó a la cueva y a la Nela.

El doctor gritó: —Nela, ¿qué haces allí? Ven acá. Te quiero hablar.

—No puedo— contestó la Nela.

—Ven— insistió el doctor. Quiero decirte solamente una palabra.

palabra *word*

Marianela subió de la cueva y empezó a hablar con el doctor.

—Doctor, no quiero ser mala. Es que prefiero estar con mi madre. No hablaré con Pablo. Él nunca podrá verme. No lo permitiré. Yo sé que él cree que yo soy bonita pero no lo soy. El se casará con Florentina porque ella es bonita. No quiero hacerles ningún daño. Sé que serán muy felices y vivirán muchos años juntos. Él tendrá una vida muy buena con ella. Pero Pablo no puede verme. Él estará triste y yo también estaré triste. Yo iré con mi madre.

permitiré *I will permit*
cree *thinks*
hacerles ningún daño *to do them any harm*

La Nela no pudo terminar porque el doctor la levantó y la llevó a la casa de Pablo. Notó que la pobre muchacha en aquel momento estuvo verdaderamente enferma.

verdaderamente *truly, really*

Cuando llegaron a la casa, él la puso en un sofá. Todos cuidaron de la Nela: Florentina, el padre de Pablo y el doctor Golfín.

Al día siguiente Pablo salió de su habitación para hablar con Florentina. La consideró la muchacha más bonita de este mundo. Sin embargo, tuvo que ver a la Nela porque ella también será bonita. Cuando entró, vio a Florentina. Empezó a hablar.

—Florentina, ¿por qué no viniste hoy a verme y a hablarme?

No vio a nadie más, sólo a Florentina. Por fin miró hacia el sofá y vio la cara de una pobre muchacha con los ojos cerrados y la boca abierta.

—Ah— dijo Pablo. —Florentina encontró a esta pobre muchacha fea y la quiere ayudar. ¡Qué buena es mi Florentina!

Pablo se acercó al sofá y extendió su mano. Vio una expresión triste en la cara de la enferma. La pobre muchacha abrió los ojos, lo miró y le dio la mano. En cuanto tocó aquella mano, Pablo supo que era la mano de la Nela. Dio un grito triste y melancólico. Habló la Nela:

—Sí, Pablo, soy yo la Nela. Soy feliz porque tú tienes vista. Pablo, estarás muy contento con Florentina y por eso yo también estaré contenta. Yo saldré muy pronto.

Muy despacio ella levantó la mano de Pablo, la llevó hasta su boca y le dio un beso. Luego su cabeza se inclinó y cayó sobre las almohadas. Suspiró un adiós y cerró los ojos.

—La Nela, la Nela— dijo Pablo con una voz solemne. —La Nela, la muchacha que me ayudó tanto no vendrá a ayudarme más . . . ahora está muerta. Adiós, Marianela.

ADAPTED FROM BENITO PÉREZ GALDÓS

habitación *room*

Suspiró *She sighed*

Preguntas

1. Cuando estuvo sola, ¿adónde fue la Nela?
2. ¿Qué empezó a hacer?
3. ¿Cerca de quién quiso estar?
4. ¿Qué oyó?
5. ¿Adónde fue el perro?
6. ¿Quién decidió seguir al perro?
7. ¿Hasta dónde lo llevó el perro?
8. ¿Qué le gritó el doctor a la Nela?
9. ¿De dónde subió la Nela?
10. ¿Con quién prefiere estar Marianela?
11. ¿Con quién no hablará ella?
12. ¿Quién no podrá verla?
13. ¿Por qué no podrá verla?
14. ¿Qué tendrá Pablo con Florentina?
15. ¿Adónde la llevó el doctor?

16. ¿Qué notó él?
17. ¿Dónde puso a la Nela?
18. Al día siguiente, ¿quién salió de su habitación?
19. ¿Qué vio cuando miró hacia el sofá?
20. ¿Supo que era Marianela?
21. Cuando se acercó al sofá, ¿qué le dio Marianela?
22. ¿Qué supo Pablo en cuanto le tocó la mano?
23. ¿Qué le dio Pablo?
24. ¿Por qué estará contenta Marianela?
25. ¿Qué le dio Marianela a Pablo?
26. Luego, ¿dónde puso la cabeza?
27. ¿Qué suspiró?
28. ¿Vendrá más a ayudar a Pablo?
29. ¿Por qué le dice Pablo adiós a Marianela?

Estructura

El futuro de los verbos irregulares

Los verbos **tener, salir, venir, poner, poder**

TERCERA PERSONA SINGULAR

A *Repitan.*

Ella lo pondrá aquí.
Él vendrá mañana.
María podrá ver la película.

B *Contesten.*

¿Tendrá mucho dinero María?
¿Tendrá bastante tiempo el señor?
¿Saldrá a tiempo el avión?
¿Saldrá de Socartes la Nela?
¿Vendrá en junio su primo?
¿Vendrá en avión su padre?
¿Pondrá María la televisión en la sala?
¿Pondrá él la carta en la mesa?
¿Podrá Carlos hacer el viaje?
¿Podrá María visitar el museo?

TERCERA PERSONA PLURAL

A *Repitan.*

Ellos vendrán mañana.
Carlos y María saldrán para el aeropuerto.
Podrán sacarlos en la ventanilla.

B *Contesten.*

¿Tendrán ellos la invitación?
¿Tendrán los jóvenes bastante trabajo?
¿Saldrán todos en el mismo carro?
¿Saldrán ellos en tren?
¿Vendrán Juan y María al mesón?
¿Vendrán tus amigos a la merienda?
¿Pondrán los chicos el dinero en la mesa?
¿Pondrán ellos las almohadas en la cama?
¿Podrán ellos ayudar al ciego?
¿Podrán los muchachos jugar al fútbol?

PRIMERA PERSONA SINGULAR

A *Repitan.*

Yo vendré mañana.
Saldré para México.
Podré ayudarte.

B *Contesten.*

¿Tendrás tiempo?
¿Tendrás que salir mañana?
¿Saldrás en avión?
¿Saldrás con tus amigos?
¿Vendrás en carro?
¿Vendrás solo?
¿Pondrás ajo en el arroz?
¿Pondrás la comida en la mesa?
¿Podrás dormir en esta cama?
¿Podrás encender el farol?

SEGUNDA PERSONA SINGULAR

A *Repitan.*

¿Pondrás todo en la mesa?
¿Saldrás en avión?
¿Podrás ir en carro?

B *Sigan las instrucciones.*

Pregúntele a una chica si pondrá pollo en la
  paella.
Pregúntele a un chico si saldrá a tiempo.
Pregúntele a una chica si tendrá suerte.
Pregúntele a un chico si vendrá en agosto.
Pregúntele a una chica si podrá ver la
  película.

PRIMERA PERSONA PLURAL

A *Repitan.*

Nosotros pondremos todo en el baúl.
Saldremos temprano.
Tendremos mucho que hacer.

B *Contesten.*

¿Tendrán Uds. tiempo?
¿Tendrán Uds. los billetes?
¿Saldrán Uds. en el primer tren?
¿Saldrán Uds. pronto?
¿Vendrán Uds. a la merienda?
¿Vendrán Uds. con los otros?
¿Pondrán Uds. el lechón en el horno?
¿Pondrán Uds. la cesta en el rincón?
¿Podrán Uds. preparar los anticuchos?
¿Podrán Uds. leer la receta?

TERCERA PERSONA PLURAL—*UDS.*

A *Repitan.*

¿Saldrán Uds. mañana?
¿Vendrán Uds. en el verano?

B *Sigan las instrucciones.*

Pregúnteles a las chicas si pondrán los billetes
  en la maleta.
Pregúnteles a los chicos si saldrán a las tres.
Pregúnteles a los chicos si tendrán bastante
  dinero.
Pregúnteles a los Gómez si vendrán mañana.
Pregúnteles a los señores si podrán hacer el
  viaje.

TERCERA PERSONA SINGULAR—*UD.*

A *Repitan.*

¿Saldrá Ud. mañana, señor?
¿Podrá Ud. ayudar, señora?

B *Sigan las instrucciones.*

Pregúntele al señor Flores si tendrá tiempo de
  ir al supermercado.
Pregúntele a la señorita García si saldrá
  mañana.
Pregúntele a la señora Maceo si vendrá en
  avión.

Nota gramatical

The verbs *tener, salir, venir, poner,* and *poder* have an irregular root in the future tense. Study the following forms.

tener	salir	venir	poner	poder
tendré	saldré	vendré	pondré	podré
tendrás	saldrás	vendrás	pondrás	podrás
tendrá	saldrá	vendrá	pondrá	podrá
tendremos	saldremos	vendremos	pondremos	podremos
(tendréis)	(saldréis)	(vendréis)	(pondréis)	(podréis)
tendrán	saldrán	vendrán	pondrán	podrán

Resumen

Contesten según el modelo.

> Tendré tiempo. ¿Y tú? →
> Yo también tendré tiempo.

Ellos tendrán mucho. ¿Y Uds.?

Él vendrá en avión. ¿Y tú?

El médico podrá ir. ¿Y el ingeniero?

María saldrá temprano. ¿Y tú?

Ellos pondrán todo en la cesta. ¿Y Uds.?

Yo podré hacerlo. ¿Y los otros?

Él saldrá temprano. ¿Y tú?

Nosotros tendremos los billetes. ¿Y Carlos?

Ejercicios escritos

A   *Form sentences from the following.*

1. árboles / verde / crecer / bosque
2. Yo / preferir / ir / solo
3. médico / ir a / tener éxito / con / operación
4. Ellos / enterrar / muerto / ayer
5. médico / le / quitar / vendas / ayer

B   *Rewrite each sentence in the future.*

1. Estudiamos español.
2. Compro panecillos en el mercado.
3. Toman el desayuno en el hotel.
4. Esquío en el invierno.
5. Pablo y Florentina se casan.
6. La Nela habla con Florentina.
7. Necesitamos dinero.
8. Toco la guitarra.
9. ¿Preparas una paella?
10. Pasamos el verano en la playa.

C   Change each sentence according to the model.

> Juan vendió los periódicos ayer.   →
> Y Juan venderá los periódicos mañana.

1. Comí mucho ayer.
2. Leyeron mucho ayer.
3. No vendiste nada ayer.
4. Recibimos varios periódicos ayer.
5. Ella lo escribió ayer.
6. Juan subió las montañas ayer.
7. Le escribí una carta a Marta ayer.
8. Ellos fueron al museo ayer.

D   Complete each sentence with the correct form of the future tense of the italicized verb.

1. Ellos _____ en el lago.   *nadar*
2. Carlos _____ la lección.   *comprender*
3. Nosotras _____ bien.   *jugar*
4. Yo te lo _____.   *escribir*
5. Marianela _____ contenta.   *estar*
6. Ellos _____ generosos.   *ser*
7. Nosotros _____ los productos que cultivamos.   *vender*
8. Ellos _____ en la capital.   *vivir*
9. Yo _____ en una fábrica.   *trabajar*
10. Nosotros _____ las maletas en seguida.   *subir*
11. ¿Por qué no _____ tú?   *ayudar*
12. ¿_____ Uds. en ese restaurante?   *comer*

E   Complete each sentence with an appropriate word.

1. El niño _____ porque no está contento.
2. Si lo pierdes, lo tienes que _____ de nuevo.
3. Siempre duermo con dos _____ en la cama.
4. Uno no puede ver con los ojos _____.
5. Aquel perro _____ mucho.
6. Su boca nunca está cerrada; siempre está _____.

Vista de Eiorrio, Vizcaya

F   *Rewrite each sentence in the future.*

1. Juan y Anita salen para el aeropuerto.
2. ¿A qué hora viene Ud.?
3. Tenemos cuidado.
4. Ellos ponen todo en el baúl del carro.
5. Salgo a las ocho de la mañana.
6. ¿Qué pones en la mesa?
7. Podemos salir mañana.
8. Todos vienen a ver a Pablo.
9. Él no tiene bastante dinero.
10. Venimos a las nueve.
11. ¿A qué hora salen Uds.?
12. Vengo en avión.

G   *Rewrite each sentence in the present, preterite, and future.*

1. Carlos (*tener*) éxito.
   Hoy
   Ayer
   Mañana
2. Nosotros no (*poder*) ir.
   Hoy
   Ayer
   Mañana
3. Yo (*salir*) temprano.
   Hoy
   Ayer
   Mañana
4. Ellos (*venir*) a visitarnos.
   Hoy
   Ayer
   Mañana
5. ¿Qué (*poner*) tú en la mesa?
   Hoy
   Ayer
   Mañana

H   *Write five sentences about each of the following characters.*

Marianela
Pablo
el doctor Teodoro Golfín
Florentina
Celipín

Lección 19

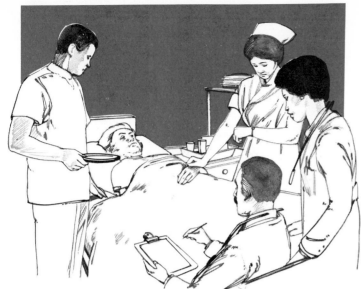

1. Los enfermeros trabajan en el hospital.
Los enfermeros ayudan al médico o a la médica.

2. Los bomberos apagan el fuego.
La agente social habla con la familia.

3. Los cajeros trabajan en el banco.

4. Hay anuncios de publicidad en la pared.
Anuncian la venta de muchas mercancías.

■ **carrera**   profesión, trabajo
escoger   seleccionar, hacer una selección
actualmente   hoy día, ahora, en el presente
diario   periódico que se publica todos los días
dominical   periódico que se publica los domingos
enriquecer   hacer más rico, darle a uno más oportunidad de aprender
extranjero   de otro país

■
el (la) intérprete	bilingüe	transmitir
el (la) secretario(a)	heterogéneo	publicar
la economía		utilizar
el contacto		comunicar
la importación		
la exportación		
la opinión		

Libros en español,
San José, California

Anuncio en español

Ejercicios de vocabulario

A   *Contesten.*

1. ¿Quiénes trabajan en el hospital?
2. ¿A quiénes ayudan los enfermeros?
3. ¿Qué apagan los bomberos?
4. ¿Ayuda mucho una agente social?
5. ¿Dónde trabajan los cajeros?
6. ¿Hay anuncios de publicidad en la pared?
7. ¿Qué anuncian?
8. ¿Hay periódicos diarios y dominicales?
9. ¿Tienes que escoger uno de los dos?
10. ¿Habla dos idiomas el secretario bilingüe?

B   *Completen.*

1. Si no comprendes el idioma, necesitarás un _____.
2. Los _____ apagan el fuego.
3. Un estudiante tiene que escoger su _____ o profesión.
4. No es de este país. Es _____.
5. Algo que viene de otro país es una _____.
6. Venden muchas _____ distintas en aquella tienda grande.

317

El idioma español en su carrera

El español es sin duda un idioma que le ayudará en casi cualquier carrera. Posiblemente Ud. me dirá que no sabe exactamente qué carrera o profesión Ud. querrá escoger. Y quizás Ud. tendrá razón. Pero hay que notar que el español ayudará al alumno o a la alumna que hará estudios universitarios y también al alumno o a la alumna que terminará sus estudios con la secundaria.

    ¿Por qué es tan importante el estudio del español hoy día y por qué le ayudará tanto? Actualmente hay millones de personas de habla española que viven en los Estados Unidos. Muchas de nuestras grandes metrópolis son en realidad ciudades bilingües. Ponen todos los anuncios de publicidad en español e inglés. Hay periódicos diarios y dominicales que se publican en español. Hay emisoras de radio y de televisión que transmiten en español.

    Por consiguiente no importa si Ud. será bombero, policía, enfermero, cajero en un banco, trabajador en una fábrica, consejero de orientación, profesor, médico, dependiente en una tienda, abogado o agente social. El español es algo que Ud. podrá utilizar. No es solamente para el profesor de español, el intérprete, la aeromoza o el secretario bilingüe.

    Posiblemente Ud. trabajará en una compañía con sucursales en uno de los muchos países de habla española. En estos días de una economía basada en contactos internacionales, hay tantas importaciones y exportaciones que miles de puestos en el campo

cualquier *any*

quizás *perhaps*

emisoras *stations*

consejero de orientación
  guidance counselor
dependiente *sales clerk*
abogado *lawyer*
aeromoza *flight attendant*

puestos *jobs*

de mercancías existen. En estos puestos un conocimiento del español es sumamente útil.

    Y no se puede olvidar que el conocimiento de un idioma le enriquecerá durante toda su vida. Al poder comunicar con gente de una cultura distinta, de opiniones distintas, de costumbres distintas, uno sabrá lo que es el maravilloso mundo en que vivimos. Pero si uno no puede hablar y tiene que quedarse calladito, ¿qué aprenderá?

    Así el estudio del español nos sirve en lo práctico mientras nos enriquece en lo cultural.

conocimiento *knowledge*
sumamente útil *extremely useful*

quedarse *remain*
calladito *quiet*

Preguntas

1. ¿Le ayudará el español en casi cualquier carrera?
2. ¿Sabe Ud. qué carrera escogerá?
3. Para usar el español, ¿tiene Ud. que ir a la universidad?
4. ¿Qué hay actualmente en los Estados Unidos?
5. ¿Son ciudades bilingües algunas de nuestras grandes ciudades?
6. ¿En qué idiomas ponen los anuncios?
7. ¿Qué se publica en español?
8. ¿Qué transmite en español?
9. ¿Cuáles son algunas profesiones o carreras?
10. ¿Hay muchas compañías extranjeras con sucursales en los países de habla española?
11. Hoy día, ¿hay muchas importaciones y exportaciones?
12. ¿Hay muchos puestos en el campo de mercancías?
13. ¿Tendremos más cultura si podemos comunicar con gente de otras culturas?
14. ¿Nos sirve en lo práctico y en lo cultural el estudio del español?

Estructura

El futuro de los verbos irregulares

Los verbos **hacer** *y* **decir**

A   *Repitan.*

Carlos hará un viaje.
El alumno dirá la verdad.
Ellos harán la comida.
Dirán que no.
Yo haré el bocadillo.
Diremos que sí.

B   *Contesten.*

¿Hará un viaje Carlos?
¿Hará él un lechón asado?
¿Dirá la verdad el chico?
¿Dirá que sí el ingeniero?
¿Harán ellos un viaje a México?
¿Harán arroz con pollo las alumnas?
¿Dirán la verdad las secretarias?
¿Se lo dirán a la médica?

¿Harás un viaje en avión?
¿Harás una tortilla?
¿Dirás que no?
¿Me lo dirás?
¿Harán Uds. el trabajo?
¿Harán Uds. la comida?
¿Dirán Uds. que sí?
¿Dirán Uds. que no?

C Sigan las instrucciones.

Pregúntele a una chica si dirá la verdad.
Pregúnteles a los chicos si harán el viaje a Puerto Rico.
Pregúnteles a las señoras si dirán que sí.
Pregúntele al secretario si hará el trabajo.
Pregúntele al señor López si dirá que no.

Nota gramatical

The verbs *hacer* and *decir* also have irregular stems in the future tense. Study the following forms.

hacer	decir
haré	diré
harás	dirás
hará	dirá
haremos	diremos
(haréis)	(diréis)
harán	dirán

Los verbos querer *y* saber

A *Repitan.*

Juan querrá salir temprano.
Él sabrá la lección.
Ellos querrán ir.
Los Gómez sabrán la verdad.
Yo querré leer el periódico.
Lo sabremos mañana.

B *Contesten.*

¿Querrá el señor acostarse temprano?
¿Querrá María comprar la falda?
¿Sabrá la lección el alumno?
¿Sabrá la pregunta el abogado?
¿Querrán operar los médicos?
¿Querrán ayudar los enfermeros?
¿Sabrán la palabra las secretarias?
¿Sabrán la cantidad los cajeros?
¿Querrás preparar la comida?

¿Querrás una carrera?
¿Lo sabrás mañana?
¿Sabrás la lección?
¿Querrán Uds. ver las películas?
¿Querrán Uds. ayudar a los enfermeros?
¿Sabrán Uds. el idioma?
¿Sabrán Uds. las razones?

C *Sigan las instrucciones.*

Pregúntele a un chico si querrá ir a la corrida.
Pregúntele a una chica si sabrá la lección.
Pregúnteles a los chicos si querrán asistir.
Pregúnteles a los señores si sabrán la verdad.
Pregúntele al señor Rodríguez si querrá ir a la oficina.
Pregúntele a la señorita Flores si sabrá la verdad.

Nota gramatical

The verbs *querer* and *saber* also have an irregular stem in the future tense. Study the following forms.

querer	saber
querré	sabré
querrás	sabrás
querrá	sabrá
querremos	sabremos
(querréis)	(sabréis)
querrán	sabrán

Resumen

Contesten según el modelo.

> Él dirá la verdad. ¿Y tú? →
> Yo también diré la verdad.

Él hará el viaje. ¿Y María?
Ellos querrán ir. ¿Y Uds.?
Nosotros haremos el trabajo. ¿Y tú?
El abogado lo sabrá. ¿Y sus amigos?

Ellos dirán que sí. ¿Y el secretario?
Yo querré terminar. ¿Y Uds.?
Ud. lo sabrá. ¿Y yo?
Los otros lo harán. ¿Y tú?

Influencia hispana en Nueva York

Ejercicios escritos

A Give the word being defined.

1. lugar adonde van los enfermos
2. personas que ayudan a un médico o a una médica
3. una profesión
4. de otro país
5. idea que alguien tiene de algo
6. hacer más rico
7. la gente que trabaja en un banco
8. lo que hacen los bomberos con un fuego
9. necesario
10. usar

B Complete each sentence with the correct form of the future of the verb hacer.

1. La agente social les _____ una visita.
2. ¿_____ tú la comida?
3. Yo _____ todo el trabajo mañana.
4. Nosotros _____ una paella para la fiesta.
5. Uds. _____ el viaje, ¿no?

C Complete each sentence with the correct form of the future tense of the verb decir.

1. Yo te lo _____ mañana.
2. Ellos _____ que no.
3. Nosotros se lo _____ a la gente.
4. ¿Me lo _____ tú?
5. El cajero _____ que sí.

D Rewrite each sentence in the future.

1. Ellos dicen que no saben lo que hacen.
2. Yo quiero hacer el viaje en avión pero los otros quieren ir en tren.
3. Ellos saben que Carlos no quiere jugar.
4. El profesor quiere preguntarme algo pero yo no sé la lección.
5. Nosotros sabemos lo que hacemos pero no se lo decimos a nadie.
6. Ellos saben la verdad pero no quieren decírnosla.

Influencia hispana en Los Ángeles

Números

1	uno	105	ciento cinco
2	dos	113	ciento trece
3	tres	117	ciento diecisiete
4	cuatro	122	ciento veintidós
5	cinco	134	ciento treinta y cuatro
6	seis	148	ciento cuarenta y ocho
7	siete	160	ciento sesenta
8	ocho	200	doscientos
9	nueve	250	doscientos cincuenta
10	diez	277	doscientos setenta y siete
11	once	300	trescientos
12	doce	400	cuatrocientos
13	trece	500	quinientos
14	catorce	600	seiscientos
15	quince	700	setecientos
16	dieciséis	800	ochocientos
17	diecisiete	900	novecientos
18	dieciocho	1000	mil
19	diecinueve	1004	mil cuatro
20	veinte	1015	mil quince
21	veintiuno	1031	mil treinta y uno
22	veintidós	1492	mil cuatrocientos noventa y dos
23	veintitrés	1861	mil ochocientos sesenta y uno
24	veinticuatro	1970	mil novecientos setenta
25	veinticinco	2000	dos mil
26	veintiséis	10.000	diez mil
27	veintisiete	40.139	cuarenta mil ciento treinta y nueve
28	veintiocho		
29	veintinueve	100.000	cien mil
30	treinta	785.026	setecientos ochenta y cinco mil veintiséis
31	treinta y uno		
32	treinta y dos	1.000.000	un millón
33	treinta y tres	50.000.000	cincuenta millones
34	treinta y cuatro		
35	treinta y cinco		
36	treinta y seis		
37	treinta y siete		
38	treinta y ocho		
39	treinta y nueve		
40	cuarenta		
50	cincuenta		
60	sesenta		
70	setenta		
80	ochenta		
90	noventa		
100	ciento (cien)		

Horas

1:00	Es la una.
2:00	Son las dos.
3:00	Son las tres.
4:00	Son las cuatro.
5:00	Son las cinco.
6:00	Son las seis.
7:00	Son las siete.
8:00	Son las ocho.
9:00	Son las nueve.
10:00	Son las diez.
11:00	Son las once.
12:00	Son las doce.
3:15	Son las tres y cuarto.
2:45	Son las tres menos cuarto.
4:30	Son las cuatro y media.
5:30	Son las cinco y media.
2:10	Son las dos y diez.
1:50	Son las dos menos diez.
1:10	Es la una y diez.
12:50	Es la una menos diez.
1:15	Es la una y cuarto.
1:30	Es la una y media.

Días

lunes
martes
miércoles
jueves
viernes
sábado
domingo

Meses

enero
febrero
marzo
abril
mayo
junio
julio
agosto
septiembre
octubre
noviembre
diciembre

Verbos

Regular verbs

		hablar *to speak*	**comer** *to eat*	**escribir** *to write*
Present		hablo	como	escribo
		hablas	comes	escribes
		habla	come	escribe
		hablamos	comemos	escribimos
		(habláis)	(coméis)	(escribís)
		hablan	comen	escriben
Preterite		hablé	comí	escribí
		hablaste	comiste	escribiste
		habló	comió	escribió
		hablamos	comimos	escribimos
		(hablasteis)	(comisteis)	(escribisteis)
		hablaron	comieron	escribieron
Future		hablaré	comeré	escribiré
		hablarás	comerás	escribirás
		hablará	comerá	escribirá
		hablaremos	comeremos	escribiremos
		(hablaréis)	(comeréis)	(escribiréis)
		hablarán	comerán	escribirán
Commands		habla	come	escribe
		no hables	no comas	no escribas
		hable Ud.	coma Ud.	escriba Ud.
		no hable Ud.	no coma Ud.	no escriba Ud.
		hablen Uds.	coman Uds.	escriban Uds.
		no hablen Uds.	no coman Uds.	no escriban Uds.

Present Tense of Stem-Changing Verbs

First Class Stem-Changing Verbs

-ar *verbs*		**-er** *verbs*	
e–ie	*o–ue*	*e–ie*	*o–ue*
sentar[1] *to seat*	**mostrar**[2] *to show*	**perder**[3] *to lose*	**volver**[4] *to return*
siento	muestro	pierdo	vuelvo
sientas	muestras	pierdes	vuelves
sienta	muestra	pierde	vuelve
sentamos	mostramos	perdemos	volvemos
(sentáis)	(mostráis)	(perdéis)	(volvéis)
sientan	muestran	pierden	vuelven

[1] *cerrar, comenzar, empezar,* and *pensar* are similar
[2] *acostar* and *costar* as well as *jugar (u–ue)* are similar
[3] *defender* and *entender* are similar
[4] *llover* is similar

-ir verbs

Second Class		Third Class
e–ie	*o–ue*	*e–i*
preferir	**morir**[5]	**pedir**[6]
to prefer	*to die*	*to ask for*
prefiero	muero	pido
prefieres	mueres	pides
prefiere	muere	pide
preferimos	morimos	pedimos
(preferís)	(morís)	(pedís)
prefieren	mueren	piden

Irregular Verbs

andar *to walk, to go*
Preterite anduve, anduviste, anduvo, anduvimos, anduvisteis, anduvieron

conocer *to know, to be acquainted with*
Present conozco, conoces, conoce, conocemos, conocéis, conocen

dar *to give*
Present doy, das, da, damos, dais, dan
Preterite di, diste, dio, dimos, disteis, dieron

decir *to say, to tell*
Present digo, dices, dice, decimos, decís, dicen
Preterite dije, dijiste, dijo, dijimos, dijisteis, dijeron
Future diré, dirás, dirá, diremos, diréis, dirán
Command (tú) di

estar *to be*
Present estoy, estás, está, estamos, estáis, están
Preterite estuve, estuviste, estuvo, estuvimos, estuvisteis, estuvieron

hacer *to do, to make*
Present hago, haces, hace, hacemos, hacéis, hacen
Preterite hice, hiciste, hizo, hicimos, hicisteis, hicieron
Future haré, harás, hará, haremos, haréis, harán
Command (tú) haz

ir *to go*
Present voy, vas, va, vamos, vais, van
Preterite fui, fuiste, fue, fuimos, fuisteis, fueron
Command (tú) ve, (Ud.) vaya

---

[5] *dormir* is similar
[6] *reír, repetir, seguir, servir,* and *vestir* are similar

poder   *to be able*

Present   puedo, puedes, puede, podemos, podéis, pueden
Preterite   pude, pudiste, pudo, pudimos, pudisteis, pudieron
Future   podré, podrás, podrá, podremos, podréis, podrán

poner   *to put, to place*

Present   pongo, pones, pone, ponemos, ponéis, ponen
Preterite   puse, pusiste, puso, pusimos, pusisteis, pusieron
Future   pondré, pondrás, pondrá, pondremos, pondréis, pondrán
Command   (tú) pon

querer   *to wish, to want*

Present   quiero, quieres, quiere, queremos, queréis, quieren
Preterite   quise, quisiste, quiso, quisimos, quisisteis, quisieron
Future   querré, querrás, querrá, querremos, querréis, querrán

saber   *to know*

Present   sé, sabes, sabe, sabemos, sabéis, saben
Preterite   supe, supiste, supo, supimos, supisteis, supieron
Future   sabré, sabrás, sabrá, sabremos, sabréis, sabrán

salir   *to leave, to go out*

Present   salgo, sales, sale, salimos, salís, salen
Future   saldré, saldrás, saldrá, saldremos, saldréis, saldrán
Command   (tú) sal

ser   *to be*

Present   soy, eres, es, somos, sois, son
Preterite   fui, fuiste, fue, fuimos, fuisteis, fueron
Command   (tú) sé, (Ud.) sea

tener   *to have*

Present   tengo, tienes, tiene, tenemos, tenéis, tienen
Preterite   tuve, tuviste, tuvo, tuvimos, tuvisteis, tuvieron
Future   tendré, tendrás, tendrá, tendremos, tendréis, tendrán
Command   (tú) ten

traer   *to bring*

Present   traigo, traes, trae, traemos, traéis, traen
Preterite   traje, trajiste, trajo, trajimos, trajisteis, trajeron

venir   *to come*

Present   vengo, vienes, viene, venimos, venís, vienen
Preterite   vine, viniste, vino, vinimos, vinisteis, vinieron
Future   vendré, vendrás, vendrá, vendremos, vendréis, vendrán
Command   (tú) ven

Vocabulario _____

The number following each entry indicates the lesson in which the word was first presented.

A

a *to, at, by, personal* a (*do not translate*) 2
  a bordo *on board* 7
  a pesar de *in spite of* 12
  a pie *on foot* 4
  a propósito *by the way* 11
  a tiempo *on time* 7
  a veces *at times* 9
abierto *open* 18
abogado *m lawyer* 19
abrir *to open* 4
absurdo *absurd* 17
aburrir *to bore* 13
acá *here* 16
acaso *perhaps* 16
accidente *m accident* 8
aceite *m oil* L
  aceite de oliva *olive oil* 15
aceituna *f olive* 11
acera *f sidewalk* 12
acercarse *to approach* 17
acompañar *to accompany* 11
acostar (ue) *to put to bed* 10
  acostarse *to go to bed* 10
actividad *f activity* 15
actual *present, of the present time* 7
actualmente *presently* 19
adiós *good-bye* 9
adonde *where, to the place where* 2
  ¿adónde? *where? to where?* 2
adorar *to adore* 18
aeromozo *m flight attendant* 19
aeropuerto *m airport* 7
afán *m strong desire* 16
afeitarse *to shave* 10
aficionado *fond of* 8
agente *m or f agent* 19
agradable *pleasant, agreeable* 3

agua *f water* 2
ahora *now* 2
aire *m air* 3
  aire libre *outdoors* 3
aislado *isolated* 2
ajo *m garlic* 15
alacena *f sideboard* 16
alarmado *alarmed* 18
alcachofa *f artichoke* 15
alegre *happy* 12
alegría *f joy* 16
alemán *German* 5
algo *something, anything* 9
alguien *someone* 9
alguno *some* 9
alimento *m food* 15
almeja *f clam* 15
almohada *f pillow* 18
almuerzo *m lunch* 11
alpaca *f alpaca* 13
alquilar *to rent* 2
alrededor (de) *around* L
  alrededores *m outskirts* 13
alto *tall, high* 1
altura *f height, altitude* 9
alumno *m student* 10
allá *over there* 9
allí *there* 6
amado *loved* 16
amarillo *yellow* 15
ambiente *m atmosphere* 10
americano *American* 1
amigo *m friend* 1
amor *m love* 5
ancho *wide* 4
andaluz *of or from Andalucía* 11
andar *to walk, to go* 9
andén *m platform* 9
andino *Andean* 9
animal *m animal* L
animar *to animate* 16
anoche *last night* 12
anónimo *anonymous* 12

antaño *long ago* 16
antepecho *m bridge rail* 17
antes *before* 7
anticucho *m piece of beef flavored with a hot sauce* 15
antiguo *old* 3
antihéroe *m antihero* 12
anunciar *to announce* 7
anuncio *m announcement, ad* 19
añadir *to add* 15
año *m year* L
apagar *to put out, to extinguish* 19
apartamento *m apartment* 7
aparte *separately* 15
aprender *to learn* 8
aquel *that* 9
aquí *here* 2
árbol *m tree* 8
argentino *Argentine* 5
árido *dry* 13
aristocrático *aristocratic* 10
armar un jaleo *to cut up, fool around* 11
arte *m art* 8
arroz *m rice* 15
asado *roasted* 15
ascendencia *f origin, background* 8
así *so, in this manner* 4
asistir *to attend* 4
asno *m mule* 14
aspa *f arm of a windmill* 14
aspecto *m aspect* 15
atacar *to attack* 14
ataque *m attack* 14
atención *f attention* 7
aterrizar *to land* 7
atleta *m or f athlete* 6
aula *f classroom* 10
ausente *absent* 16
autobús *m bus* 10

autor *m* author 12
avenida *f* avenue 8
aventura *f* adventure 14
aviación *f* aviation 7
avión *m* airplane 6
ayer *yesterday* 12
ayuda *f* help 6
ayudar *to help* 6
azafata *f* flight attendant 7
azafrán *m* saffron 15
azul *blue* 17

B

bailar *to dance* 7
baile *m* dance 7
bajar *to descend, to go down* 2
bajo *short, low* 1
balcón *m* balcony 7
banco *m* bank 19
baño *m* bath 10
   cuarto de baño *bathroom* 10
barba *f* beard 10
barco *m* ship 9
barquito *m* small boat 2
barrio *m* neighborhood, district 5
base *f* base, basis 15
básquetbol *m* basketball 6
bastante *enough* 7
baúl *m* trunk 7
beber *to drink* 12
béisbol *m* baseball 6
bendito *blessed* 7
besar *to kiss* 16
besito *m* little kiss 16
bestia *f* beast, animal L
bien *well* 2
bife *m* beef 8
biftec *m* beefsteak 15
bilingüe *bilingual* 19
billete *m* ticket 7
   billete de ida y vuelta *round-trip ticket* 9
   billete sencillo *one-way ticket* 9
blanco *white* L
blancura *f* whiteness 16

blando *soft* 15
blusa *f* blouse 5
boca *f* mouth 18
bocadillo *m* sandwich 3
boleto *m* ticket 9
bolillo *m* Mexican roll 3
bolsa *f* pocketbook, bag 2
bombero *m* fire fighter 19
bondad *f* goodness 14
bonito *pretty* 1
bordo *m* board 7
   a bordo *on board* 7
borinqueño *m* of or from Puerto Rico 7
bosque *m* forest 3
brazo *m* arm 14
brillar *to shine* 2
bueno *good* 2
buscar *to look for* L

C

caballero andante *m* knight errant 14
caballo *m* horse 14
cabaret *m* nightclub 5
cabeza *f* head 12
cacahuete *m* peanut 12
cada *each* 3
caer *to fall* 6
café *m* coffee shop, café, coffee 5
cajero *m* cashier 19
caldo *m* broth 15
   caldo de pollo *chicken broth* 15
calor *m* heat 2
   hacer calor *to be warm, hot (weather)* 2
calladito *quiet* 19
callarse *to be quiet* 12
calle *f* street 4
cama *f* bed 10
cámara *f* camera 5
camarón *m* shrimp 15
cambiar *to change* L
cambio *m* change 7
camino *m* road 14
camisa *f* shirt 7
camote *m* sweet potato 15

campo *m* country, field 5
   campo de fútbol *football field* 6
canasta *f* basket 5
canción *f* song 5
cancha de ski *f* ski resort 8
canoa *f* canoe 9
cansado *tired* 5
cantar *to sing* 2
cantidad *f* quantity, amount 4
capacidad *f* capacity 4
capital *f* capital 2
cara *f* face 10
cárcel *f* jail L
carne *f* meat 4
   carne de res *beef* 8
carrera *f* profession 19
carretera *f* highway 13
carro *m* car 7
carta *f* letter 4
casa *f* house 4
casarse *to get married* 17
casi *almost* 8
castillo *m* castle 3
catarro *m* cold 5
catedral *f* cathedral 6
caza *f* hunting 16
cebolla *f* onion 15
cena *f* dinner 15
cenar *to dine* 8
centro *m* center 3
cepillar *to brush* 10
cerca (de) *near* 2
cercano *nearby* 13
cerrado *closed* 18
cerrar (ie) *to close* 15
cesta *f* basket 17
ciego *blind* 12
cielo *m* sky, heaven 2
cierto *certain, doubtless* 17
cine *m* movie 4
cinturón *m* belt 7
   cinturón de seguridad *seat belt* 7
ciudad *f* city 3
civil *civil* L
civilización *f* civilization 9
claro *of course* 12
clase *f* class, type 5
cocina *f* cuisine, kitchen 15

cocinar *to cook* 15
coincidencia *f coincidence* 17
colegio *m secondary school* 10
colina *f hill* 17
colonial *colonial* 6
color *m color* L
combinación *f combination* 15
comedor *m dining room* 4
comenzar (ie) *to begin* 6
comer *to eat* 4
comercial *commercial* 9
comida *f food, meal* 3
como *like, as* 6
¿cómo? *how?* 1
¡cómo no! *of course!* 3
comodidad *f comfort, con-venience* 13
cómodo *comfortable* 16
compañero *m companion* 13
compañía *f company* 7
compatriota *m or f com-patriot, fellow citizen* 9
competencia *f competition* 6
completar *to complete* L
comprar *to buy* 2
comprender *to understand* 17
comunicar *to communicate* 19
con *with* 2
concha *f shell* 15
condición *f condition* 17
condimentado *seasoned* 15
confianza *f confidence* 12
conmigo *with me* 11
conocer *to know* 8
conocido *famous, well-known* 14
conocimiento *m knowledge* 19
consejero *m adviser* 19
consejero de orientación *m guidance counselor* 19
consejo *m advice* 14
considerar *to consider* 18
constante *constant* 13
construcción *f construction* 7

construir *to construct, to build* 9
contacto *m contact* 19
contar (ue) *to count* 17
contento *happy, content* 5
contestar *to answer* 10
continente *m continent* 13
continuar *to continue* 10
contra *against* 13
contrario *m contrary* 8
contrastar *to contrast* 4
convento *m convent* L
conversación *f conversation* 7
convertir (ie) *to convert* 14
corbata *f necktie* 7
cortar *to cut* 13
correr *to run* 18
corrida *f bullfight* L
cosa *f thing* 3
cosmopolita *cosmopolitan* 8
costa *f coast* 2
costar (ue) *to cost* 12
costumbre *f custom* 15
crear *to create* 12
crecer *to grow* 13
creer *to believe, to think* 18
cría *f raising* 15
criada *f maid* 16
cruel *cruel* 17
cruzar *to cross* 13
cuadro *m painting* 11
cual *which* 3
¿cuál? *what? which one?* 3
cualquier *any* 19
cuando *when* 2
¿cuándo? *when?* 2
cuanto *as much as* 2
en cuanto *as soon as* 17
¿cuánto? *how much?* 2
cuarto *m room* 15
cuarto de baño *bathroom* 10
cubano *Cuban* 1
cubrir *to cover* 9
cuchillo *m knife* 15
cuero *m leather* 5
cuerpo *m body* 17
cuestión *f question* 7
cueva *f cave* 11

cuidado *m care, careful* 8
tener cuidado *to be careful* 8
cuidar *to take care of* L
cultivar *to cultivate* 4
cultura *f culture* 19
cultural *cultural* 19

CH

chaqueta *f jacket* 7
chica *f girl* 3
chico *m boy* 3
chileno *Chilean* 5
chino *Chinese* 5
chocar (con) *to collide, to hit* 8

D

dama *f lady* 14
daño *m harm* 18
dar *to give* 3
dar lustre *to shine* 12
dar un paseo *to take a walk* 5
de *of, from* 1
de acuerdo *OK, agreed* 2
de repente *suddenly* 12
debajo (de) *under* 18
deber *to ought to (must)* 15
decidir *to decide* 12
decir *to say, to tell* 9
defender (ie) *to defend* 18
deforme *deformed* 17
dejar *to leave, to allow* 18
delicioso *delicious* 15
denso *thick* 9
departamento *m apartment* 9
dependiente *m or f sales clerk* 19
deporte *m sport* 6
desaparecer *to disappear* 18
desayunarse *to have break-fast* 10
desayuno *m breakfast* 10
describir *to describe* 12
desde *since, from* 17
deseo *m desire* 16
desgraciadamente *unfortu-nately* 17

desnudo *naked* 13
despacio *slowly* 9
despegar *to take off (airplane)* 7
despertar (ie) *to wake up* 11
después (de) *later, after* 2
destino *m destination* 7
  con destino a *going to, bound for* 7
destrucción *f destruction* 6
día *m day* 3
diario *daily* 13
diente *m tooth* 10
diferente *different* 3
difícil *difficult* 7
dificultad *f difficulty* 13
dificultar *to make difficult* 13
dinero *m money* 3
director *m director* L
dirigir *to direct* 16
discutir *to discuss* 7
dispersado *dispersed, scattered* 15
distinto *different* 3
doblar *to fold* 15
doméstico *domestic* 17
domingo *m Sunday* 3
donde *where* 2
  ¿dónde? *where?* 2
dormir (ue) *to sleep* 10
dos *two* 1
duda *f doubt* 14
dulce *sweet* 16
durante *during* 4
duro *hard, rough* 12

E

economía *f economy* 19
económico *economic* 7
ecuador *m equator* 8
echar *to throw* 5
  echar una siesta *to take a nap* 5
Edad Media *f Middle Ages* 11
edificio *m building* 4
educación *f education* 17
educativo *educational* 10
ejemplo *m example* 9
  por ejemplo *for example* 9

el *the* 1
él *he* 1
eléctrico *electric* 13
elegante *elegant* 5
ella *she* 1
ellas *they* 1
ellos *they* 1
emisora *f broadcasting station* 19
empezar (ie) *to begin* 6
empleado *m employee* 3
en *in* 2
  en aquel entonces *at that time* 13
  en cuanto *as soon as* 17
  en seguida *at once, immediately* 9
encender (ie) *to light* 17
encima *on top* 15
encontrar (ue) *to find* 12
enchilada *f filled tortilla* 15
enemigo *m enemy* 14
enfermero *m nurse* 19
enfermo *sick* 5
enfrente (de) *across from, in front of* 3
enorme *enormous* 4
enormemente *enormously* 13
enriquecer *to enrich* 19
ensalada *f salad* 4
enseñar *to teach* 10
entero *entire* 9
enterrado *buried* L
enterrar (ie) *to bury* 18
entrar *to enter* L
entre *between, among* 6
entremés *m hors d'oeuvre* 11
episodio *m episode* 14
equipo *m team* 6
erróneo *wrong, mistaken* 15
escalera *f stairway* 9
escoger *to choose* 19
escribir *to write* 4
escuchar *to listen to* 5
escudero *m squire* 14
escuela *f school* 4
ese *that* 9
eso *that* 8
espada *f sword* 14
español *Spanish* 2

especialidad *f specialty* 15
especie *f kind, type* 15
específico *specific* 13
espejo *m mirror* 10
esperar *to wait, to wait for* 9
esquiar *to ski* 2
esquina *f corner* 10
establecer *to establish* 13
establecimiento *m establishment* 13
estación *f season, station* 6
  estación de ferrocarril *railroad station* 9
estado *m state* 7
  estado libre asociado *commonwealth* 7
estar *to be* 3
este *this* 9
estilo *m style* 6
estimado *esteemed* 14
esto *this* 7
estrecho *narrow* 4
estrella *f star* 17
estudio *m study* 7
estupendo *wonderful, fantastic* 1
estúpido *stupid* 17
europeo *European* 8
exactamente *exactly* 19
examinar *to examine* 8
excepción *f exception* 13
existencia *f existence* 13
existir *to exist* 10
éxito *m success* L
  tener éxito *to be successful* 17
expedición *f expedition* 14
explicar *to explain* 11
exportación *f export* 19
expresión *f expression* 16
extender (ie) *to extend* 18
extranjero *foreign* 19

F

fábrica *f factory* 7
fabuloso *fabulous* 11
fácil *easy* 15
falda *f skirt* 5
familia *f family* 4
famoso *famous* 2

fantástico *fantastic* 1
farol *m lantern, street lamp* 17
favorito *favorite* 15
felicidad *f happiness* 16
feliz *happy* 18
feo *ugly* 1
ferrocarril *m railroad* 9
festivo *festive* 15
fiel *faithful* 14
fiesta *f party* 7
figura *f figure* 12
fila *f row* 10
filosofía *f philosophy* 8
finca *f farm* L
flaco *thin* 14
flamenco *flamenco* 11
fondo *m fund* 10
formal *formal* 10
fotografía *f photograph* 5
francés *French* 5
frecuencia *f frequency* L
frecuentar *to frequent* 11
frecuentemente *frequently* 10
freír *to fry* 15
fresco *fresh* 5
frijol *m kidney bean* 15
frío *m cold* 8
  hacer frío *to be cold (weather)* 8
frito *fried* 15
frontera *f boundary, frontier* 8
fuego *m fire* 19
fuerte *strong* 6
fuerza *f force* 13
furia *f fury* 14
fútbol *m soccer* 6

G

gamín *m street urchin* 12
ganado *m livestock, herd* 8
ganar *to win, to earn* 6
garganta *f throat* 8
garúa *f fog* 9
gaucho *m Argentine cowboy* 8
general *general* 13
generalidad *f generality* 4
generalizar *to generalize* 10

generoso *generous* 17
gente *f people* 4
geografía *f geography* 13
gigante *m giant* 14
gigantesco *gigantic* 9
gordo *fat* 14
gozar *to enjoy* 7
gramática *f grammar* 8
grande *big, large* 4
gritar *to shout* 18
grito *m shout* 18
grupo *m group* 11
guatemalteco *of or from Guatemala* 4
guapo *handsome* 1
guerra *f war* L
guía *m guide* 17
guisante *m pea* 15
guitarra *f guitar* 2
gustar *to like* 15
gusto *m pleasure* 7

H

habitación *f room* 18
habitante *m or f inhabitant* 8
hablar *to talk, to speak* 2
hacer *to do, to make* 7
  hacer buen tiempo *to be nice (weather)* 2
  hacer calor *to be warm, hot (weather)* 2
  hacer caso *to pay attention* 14
  hacer fresco *to be cool (weather)* 6
  hacer frío *to be cold (weather)* 8
  hacer la maleta *to pack one's suitcase* 7
  hacer sol *to be sunny* 2
  hacer un viaje *to take a trip* 7
hacia *toward* 2
hambre *f hunger* L
hay *there is, there are* 2
hemisferio *m hemisphere* 8
herida *f wound* 18
herido *injured* 14
hermana *f sister* 1

hermano *m brother* 1
heterogéneo *heterogeneous* 19
hijo *m son* 7
hispánico *Hispanic, Spanish* 2
hispano *Hispanic, Spanish* 6
hispanoamericano *Spanish American* 6
historia *f history, story* 8
hogar *m home, dwelling* 12
hoja *f leaf* 13
hola *hello* 6
holgado *comfortable* 16
hombre *m man* 6
hora *f hour* 2
horno *m oven* 15
hospital *m hospital* 8
hoy *today* 12
  hoy día *nowadays* 19
huarache *m (Mexican) sandal* 5
huérfano *m orphan* L
huerta *f orchard, grove* 4
humilde *humble* L

I

ida y vuelta *round-trip* 9
  billete de ida y vuelta *round-trip ticket* 9
idea *f idea* 2
idealista *m idealist* 14
idioma *m language* 19
ídolo *m idol* L
iglesia *f church* 4
igual *equal, same* 3
ilusión *f illusion* L
imaginado *imagined* 14
imaginar *to imagine* 11
importación *f import* 19
importante *important* 4
importar *to be important* 2
  no importa *it doesn't matter* 2
imposible *impossible* 6
inca *m Inca* 9
inclinar *to tilt, to incline* 18
independencia *f independence* 9
independiente *independent* 7
indígena *indigenous, native* 8

indio *m* *Indian* 4
industria *f* *industry* 8
influencia *f* *influence* 5
influir *to influence* 13
ingeniero *m* *engineer* 17
inglés *English* 2
ingrediente *m* *ingredient* 15
instante *m* *instant* 14
instrumento *m* *instrument* 14
inteligente *intelligent* 4
interés *m* *interest* 7
interesante *interesting* 4
interesar *to interest* 13
interior *m* *interior* 13
internacional *international* 7
intérprete *m or f* *interpreter* 19
invierno *m* *winter* 7
invitación *f* *invitation* 4
invitado *invited* 3
invitar *to invite* 9
ir *to go* 3
irlandés *Irish* 5
isla *f* *island* 7
italiano *Italian* 5

J

jamás *never* 14
jamón *m* *ham* 3
japonés *Japanese* 5
jarro *m* *jug, pitcher* 12
joven *young, young person* 5
joya *f* *jewel, jewelry* 5
jugador *m* *player* 6
jugar (ue) *to play* 6
jungla *f* *jungle* 9
junto *together* 3

L

la *the, her* 1
  f *you, it* 9
lado *m* *side* 15
ladrar *to bark* 18
ladrido *m* *bark* 18
lago *m* *lake* 3
langosta *f* *lobster* 15
lanza *f* *spear* 14
lápiz *m* *pencil* 12

lástima *f* *pity* 17
  ¡qué lástima! *what a pity!* 17
lata *f* *can* 15
lavar *to wash* 10
le *him, to him, for him, to her, for her, you, to you, for you* 12
lección *f* *lesson* 8
lechón *m* *pork* 15
leer *to read* 4
lejos (de) *far (from)* 4
lengua *f* *language* 4
les *them, to them, for them, you, to you, for you (plural)* 12
levantar *to raise* 10
  levantarse *to get up* 10
limonada *f* *lemonade* 3
limpiabotas *m* *one who shines shoes* 12
limpiaparabrisas *m* *windshield wiper* 12
limpiar *to clean* 12
lindo *pretty* 5
literatura *f* *literature* 8
lo *it, him* 9
lo que *what, that* 12
loco *crazy* 14
lucha *f* *fight, struggle* 13
luchar *to fight* 13
luego *then, later* 2
lugar *m* *place* 14
luz *f* *light* 7

LL

llama *f* *llama* 13
llamada *f* *call* 7
llamar *to call* L
  llamarse *to be named, to be called* 10
llano *flat* 8
llegar *to arrive* 3
  llegar a ser *to become* 9
lleno *full* 16
llevar *to carry, to wear, to take* 2
llorar *to cry* 16
llover (ue) *to rain* 9
lluvioso *rainy* 13

M

machete *m* *machete* 13
madre *f* *mother* 4
madrileño *of or from Madrid* 3
maíz *m* *corn* 15
mal *m* *bad, evil* 14
maleta *f* *suitcase* 7
  hacer la maleta *to pack one's suitcase* 7
malo *bad* 14
mandar *to send* 10
manera *f* *manner, way* 15
manjar *m* *feast, food* 16
mano *f* *hand* 6
mantel *m* *tablecloth* 16
mañana *f* *morning, m* *tomorrow* 10
mapa *m* *map* 9
mar *m* *sea* 2
maravilloso *marvelous* 19
marcharse *to leave* 18
marea *f* *tide* 9
mariachi *m* *mariachi* 5
marisco *m* *shellfish* 15
más *more* L
  más que *more than* 8
máscara *f* *mask* 9
  máscara de oxígeno *oxygen mask* 9
matador *m* *matador, bullfighter* L
matar *to kill* L
materno *maternal* 16
matrimonio *m* *matrimony* 17
mayoría *f* *majority* 13
me *me, to me, for me* 11
médico *m* *doctor* 7
mediodía *m* *noon* 15
mejillón *m* *variety of mussel* 15
melancólico *melancholy* 18
menor *younger* 17
mentalidad *f* *mentality* 4
mentira *f* *lie* 12
mercado *m* *market* 3
mercancía *f* *merchandise* 5
merienda *f* *light afternoon meal or snack, picnic* 3

mes *m* *month* 9
mesa *f* *table* L
mesero *m* *waiter* 8
meseta *f* *plateau* 5
mesón *m* *pub, inn* 11
mestizo *m* *mestizo, person of Spanish and Indian origin* 5
meter *to put* 12
metrópoli *f* *metropolis* 7
mexicano *Mexican* 3
mezcla *f* *mixture* 5
mi *my* 1
miel *f* *honey* 16
mientras *while* 3
   mientras tanto *meanwhile* 10
miga *f* *crumb* L
mil *thousand* 19
millón *m* *million* 13
millonario *m* *millionaire* L
mina *f* *mine* 17
minoría *f* *minority* 13
minuto *m* *minute* 15
mirada *f* *look* 16
   echar una mirada *to cast a glance* 16
mirar *to look at, to watch* 5
miserable *miserable* 17
misión *f* *mission* 6
mismo *same* 4
misterio *m* *mystery* 14
misterioso *mysterious* 14
modelo *m* *model* 6
moderno *modern* 3
molino de viento *m* *windmill* 14
moneda *f* *coin, money* 17
monja *f* *nun* L
montaña *f* *mountain* 2
montañoso *mountainous* 9
montar *to mount* 13
monumento *m* *monument* 3
morir (ue) *to die* L
mostrador *m* *showcase* 11
mostrar (ue) *to show* 7
motivo *m* *motive* 16
mover (ue) *to move* 14
muchacha *f* *girl* 1
muchacho *m* *boy* 1
mucho *much* 2
muerto *dead* L

mujer *f* *woman* 13
mula *f* *mule, donkey* 14
mulato *m* *mulatto, person of white and black origin* 8
mundo *m* *world* 2
murmurar *to whisper* 16
museo *m* *museum* 11
musitar *to mumble* 16
muy *very* 1

N

nacer *to be born* L
nacimiento *m* *birth* 17
nación *f* *nation* L
nacionalidad *f* *nationality* 5
nada *nothing* L
nadar *to swim* 2
nadie *no one* L
naranja *f* *orange* L
natal *native* 7
naturaleza *f* *nature* 13
neblina *f* *mist, fog* 9
necesario *necessary* 5
necesitar *to need* 3
negro *black* L
nevar (ie) *to snow* 8
nicaragüense *of or from Nicaragua* 6
niño *m* *child* L
no *no, not* 1
noble *noble* 14
noche *f* *night* L
Nochevieja *f* *New Year's Eve* 6
nogal *m* *walnut wood or tree* 16
nombre *m* *name* L
norte *m* *north* 8
norteamericano *North American* 9
nos *us, to us, for us* 11
nosotras *we* 1
nosotros *we* 1
notable *notable, noticeable* 5
notar *to notice* 5
noticia *f* *notice, news* 4
novela *f* *novel* 12
novia *f* *girlfriend, fiancée* 11
nuestro *our* 7
nuevo *new* 7

número *m* *number* 7
nunca *never* 9

O

o *or* 1
océano *m* *ocean* 9
oficial *official* 6
oficina *f* *office* 7
oír *to hear* 17
ojo *m* *eye* 17
olvidar *to forget* L
operación *f* *operation* 17
operar *to operate* 17
opinión *f* *opinion* 19
oportunidad *f* *opportunity* 4
origen *m* *origin* 12
orilla *f* *shore* 7
oscuro *dark* 16
otoño *m* *autumn, fall* 6
otro *other, another* 3
oxígeno *m* *oxygen* 9

P

pacer *to graze* 8
paciente *m* *patient* 8
padre *m* *father* 4
   pl *parents*
paella *f* *saffron-flavored dish of rice with seafood, chicken, and vegetables* 15
pagar *to pay* 3
país *m* *country* 4
paja *f* *straw* 4
palabra *f* *word* 18
palma *f* *palm tree* 13
palo *m* *stilt* 9
pampa *f* *pampa, extensive plain* 8
pan *m* *bread* L
panecillo *m* *roll* 3
panqueque *m* *pancake* 15
pantalón *m* *pants* 7
papa *f* *potato* 4
par *equal* 14
para *for, in order to* 1
parada *f* *stop* 10
parar *to stop* 11
parecer *to seem* 17

quitar *to take away* 18
quitarse *to take off* 18
quizás *perhaps* 19

R

racimo *m bunch* 12
radio *m or f radio* 19
raro *rare, odd* 17
rato *m short while* 17
razón *f reason* 13
real *real* 14
realidad *f reality* 15
realista *m or f realist* 14
receta *f recipe* 15
recibir *to receive* 4
recién *recent, newly* 17
recientemente *recently* 7
redondel *m bullring* L
refresco *m refreshment, drink* 2
región *f region* 8
reinar *to reign* 18
reír *to laugh* 16
rellenar *to fill* 15
remar *to row* 3
repetir (i) *to repeat* 15
residencia *f residence, home* 10
restaurante *m restaurant* 5
resultado *m result* 18
resultar *to result* 17
rico *rich* L
rincón *m corner* 17
río *m river* 9
robar *to rob, to steal* L
roca *f rock* 13
rodeado *surrounded* 7
rojo *red* 15
romper *to break* 8
ropa *f clothing* 7
roto *broken* 8
ruido *m noise* 18
ruina *f ruin* 9

S

sábado *m Saturday* 3
saber *to know* 8
sabio *wise* 14
sabroso *tasty, delicious* 16
sacar *to get, to take out* 9

sacar una fotografía *to take a picture* 5
sacrificio *m sacrifice* 16
sal *f salt* 15
sala *f living room* 4
sala de espera *waiting room* 9
salchicha *f sausage* 3
salida *f departure* 7
salir *to leave* L
salsa *f sauce* 15
salsa de tomate *tomato sauce* 15
saludar *to greet* 7
saludo *m greeting* 7
sandalia *f sandal* 5
sándwich *m sandwich* 3
sangre *f blood* 5
santa *f saint* 17
sardina *f sardine* 11
sartén *f frying pan* 15
secretario *m secretary* 12
seguida *f succession* 9
en seguida *immediately* 9
seguir (i) *to follow* 14
segundo *second* 14
seguridad *f safety, security* 7
cinturón de seguridad *seat belt* 7
selección *f selection* 19
seleccionar *to select* 19
selva *f jungle* 9
sencillo *simple* 9
billete sencillo *one-way ticket* 9
senda *f path* 4
sentarse (ie) *to sit down* 10
sentir (ie) *to feel* 16
señor *m Mr., gentleman, sir* 2
señora *f Ms., Mrs.* 2
señorita *f Ms., Miss* 2
separar *to separate* 17
ser *to be* 1
serie *f series* 14
servir (i) *to serve* 15
si *if* 1
sí *yes* 1
siempre *always* 6
siesta *f nap* 5
echar una siesta *to take a nap* 5

simpático *nice, pleasant* 17
sin *without* L
sin embargo *however, nevertheless* 17
sincero *sincere* 16
sino *but rather* 14
sistema *m system* 10
sitio *m place* 16
sobre *over, on, upon* 12
sobrevivir *to survive* 12
sobrino *m nephew* 7
soccer *m soccer* 6
social *social* 4
sociedad *f society* 12
socorrer *to help* 14
sofá *m sofa* 18
sol *m sun* 2
hacer sol *to be sunny* 2
tomar el sol *to sunbathe* 2
solamente *only* 12
soldado *m soldier* 13
solemne *solemn* 18
soler (ue) *to tend to* 10
sólo *only* 3
sombrero *m hat* 5
sonrisa *f smile* 17
status *m status* 7
su *his, her, its, your, their, one's* 7
subir *to go up* 9
subterráneo *underground* 17
suburbio *m suburb* 7
suculento *succulent* 16
sucursal *f branch, branch office* 8
sudamericano *South American* 13
suelo *m floor, ground* 4
suerte *f luck* L
sufrir *to suffer* 6
suicidarse *to commit suicide* 18
sumamente *very* 19
supermercado *m supermarket* 3
supremo *supreme, highest* 5
sur *m south* 8
suspirar *to sigh* 18

T

taco *m filled tortilla* 15
tal *such* 7
¿qué tal? *how's everything?* 6

también *also, too* 1
tampoco *either, neither* 9
tan *so* 17
tanto *so much* 14
tapa *f hors d'oeuvre* 11
tapacubo *m hubcap* 12
tarde *late* 3
   f afternoon 3
   por la tarde *in the after-
     noon* 3
taxi *m taxi* 8
taxista *m or f taxi driver* 8
taza *f cup* 15
te *you, to you, for you* 11
teatro *m theater* 8
techo *m roof* 4
teléfono *m telephone* 8
televisión *f television* 4
temprano *early* 10
tender (ie) *to direct, to
   stretch* 16
tener *to have* 5
   tener cuidado *to be careful*
     8
   tener éxito *to be successful*
     17
   tener que *to have to* 6
tenis *m tennis* 6
terminar *to finish* L
término *m term* 15
terraza *f terrace, outdoor
   café* 11
terremoto *m earthquake* 6
tía *f aunt* 7
tiempo *m weather, time* 2
  a tiempo *on time* 7
tienda *f store* 2
   tienda de modas *dress
     shop* 5
tierra *f land, earth* 13
típico *typical* L
tipo *m type* 9
tocar *to play* (an instrument),
   to reach, to touch 2
todavía *still, yet* L
todo *all* 3
tomar *to take, to drink, to
   eat* 2
   tomar el sol *to sunbathe* 2
tomate *m tomato* 15
tontería *f foolish thing, stu-
   pidity* 17

tonto *stupid* 8
torear *to bullfight* L
torero *m bullfighter* L
toro *m bull* L
tortilla *f type of pancake
   made from corn* 4
tostado *toasted* 15
tostón *m fried banana*
   15
trabajar *to work* L
trabajo *m work* L
traer *to bring* 7
tragedia *f tragedy* L
traje *m suit* 11
transmitir *to transmit*
   19
tras *after* 11
tratar *to treat* 17
tremendo *tremendous* L
tren *m train* 9
tres *three* 2
triste *sad* 5
tristeza *f sadness* 16
tronco *m trunk* 13
tropical *tropical* 9
tu *your* 7
tú *you* (familiar) 1
tumba *f tomb* 18
tuno *m member of a special
   choral group* 11

U

Ud., Uds. *you* (abbreviation of
   usted, ustedes) 1
último *last* 7
un, uno *a, one* 1
una *a, one* 1
único *only* 12
uniforme *m uniform* 10
unir *to unite* 17
universal *universal* 12
universidad *f university* 4
universitario *m university
   student* 11
urbanización *f urbanization*
   7
usar *to use* 7
útil *useful* 19
utilizar *to utilize* 19
uva *f grape* 12

V

vacío *empty* 16
valle *m valley* 13
vaquero *m cowboy* 8
variar *to vary* 10
varios *several, various* 6
vegetación *f vegetation* 9
vegetal *m vegetable* 4
venda *f bandage* 18
vender *to sell* 4
venir (ie) *to come* 7
venta *f inn, sale* 12
ventanilla *f small window* 7
ver *to see* 4
verano *m summer* 2
verdad *f truth, true* 7
verdaderamente *truly* 18
verdadero *true* 9
verde *green* 15
vestido *m dress* 4
vez *f time, occasion* L
viajar *to travel* 13
viaje *m trip* L
vianda *f food* 16
vida *f life* 4
viejo *old* 5
viento *m wind* 14
vino *m wine* 12
visita *f visit* 7
visitar *to visit* 5
vista *f sight* 17
viuda *f widow* 12
vivir *to live* 4
vocabulario *m vocabulary* 8
volver (ue) *to return* 6
vosotros *you* (familiar plural) 2
voz *f voice* 17
vuelo *m flight* 7

Y

y *and* 1
yo *I* 1

Z

zapato *m shoe* 12
zona *f zone* 9
zumo *m juice* 6

Índice